蓮如上人

改訂版 帖外御文ひもとき

西山邦彦

法藏館

はじめに

あるところに、ひとりの貧乏な男がいた。その男は自分の稼いだ金をみな親兄弟にあげてしまわなければならないみじめな境遇であった。一日、それを男が妻に「お前には何もしてやれない」とひどく嘆いたとき、妻はしずかにこたえた。

あたえられることを知らず、ただあたえることのみをなすのは王者のさだめです。その王者にもただ一人あたえるものがあります。それは王者の妻のみなのですよ、と。

無一文の住所不定の乞食坊主蓮如に、ひとにあたえる金もなければ、物もなかった。しかも、妻は五障・三従の女人である。おそろしいことには、すくいをもとめてはいても、あたえるなにものももってはいなかった。

総じておのれの人生に、いや人間そのものに絶望した蓮如は、如来からたまわった他力の大信心という、如来のかぎりなく大きな心を、かけがいのない、もっとも尊い宝を、すべての人々に、八十五年の生涯をかけて、あたえてやまなかった。さればこそ、蓮如は一介の乞食坊主からただちに王者になった、王者の権威をそなえる上人になった。

なにも本願寺第八世のいかめしい法主だったから、上人と呼ばれるのではない。法主であっても、一ヶ寺の住職であっても、門徒大衆から金銭や物をしぼりとる一方の物とり信心にのみあけくれれば、かならず飽きられて堕落するのが、さだめである。

それにしても、身も心もひとに惜しげもなくあたえることがどんなにむつかしいことか。あこや貝などは自らの殻の内肉を傷つけて、にじみでる分泌液で美しい真珠をそだてるという。一言一句があたかも真珠のような御文は、実は上人の汗と血と涙によってつづられた言葉なのである。そして、蓮如の悲しみは、あたえてもあたえてもなお、真にうけとってくれるものの、思いのほか多くないことであった。

ひとは上人に対面して手をあわせ、私にも一つ書いて下さいと、かろがろしくたのむ。だが、それはひそかな苦悩にのたうちまわっている蓮如に、信に死して願に生きよと迫ることであった。おのれをまったく殺そうとして、ため息をつき絶叫するその言葉がひとたび如来の旋律に乗れば、明るく生き生きとした音楽を奏ではじめる。そこに、御文製作者としての上人蓮如の秘密がかくされているのである。

ところで、『五帖御文』や『御一代記聞書』にくらべて、『帖外御文』はいささか未完成で、やや粗雑なところがないとはいえない。だから、『五帖御文』の編集の撰から洩れたのであろう。にもかかわらず、『帖外御文』のほうは、はるかに上人蓮如の生き生きとした素顔があらわれる。『五帖御文』では、なにげなく通り過ごしたところを、ここではもっと深く掘りおこすことができるのである。

そこには、心身をつらぬく苦悩はもとより、憤怒もあれば、愛憎もある。自嘲もあれば呵責もある。愚痴もあれば、絶望もある。睡眠もあれば、懈怠もある。それらすべての底も知れない煩悩擾乱のすべてをつつみかくすこともなく、捨てることもなく、弥陀如来の前にひざまづいて、無辺の生死海において、如来の袖にひしとすがりまいらせる蓮如自身の一心一向のすがたが、ここに浮き彫りにされているのである。

如来大悲の恩徳に身を粉にし、親鸞聖人をはじめ師主知識に骨を砕いて報いんとする上人蓮如に、人師をこのむカサニカカッタ意識はさらにない。ひとは蓮如に本願寺再興の上人・教化者だとか教団指導者だとかオルガナイザーだとか、いろいろのレッテルをはりたがる。それで何か自分だけでわかったような気になるから妙である。真実、そんなレッテルをすべてはがしきったところに、蓮如自身がおり難くしてある、あるがままに存在しているのである。『帖外御文』を通して、すこしでもこの寂静たる存在自身にすりより、蓮如上人がわれわれに贈ってくださったものを、全身をあげてうけとろうとするのが本書たっての願いである。それが成就したかどうかは、すべて心ある読者にゆだねるほかはないのである。

そこでひとつ問題になるのは、秘事法門・異安心・かくし念仏である。この三の起源はいずれも異なる。大ざっぱにいえば、かくし念仏は新義真言の覚鑁から発し即身成仏（この身このままが佛になる）をめざす。秘事法門は親鸞聖人に義絶された善鸞や如信・蓮如から京都の鍵屋などに伝わった御内法信仰にはじまる。異安心はそののち本願寺宗門内に発生したものといえるであろう。しかし、起源はちがっても、真言密教・即身成仏の教えに深く根ざしていることだけはまちがいない。これは日本人の精神的風土である。そして、秘密の教えを顕かに開くことこそが浄土真宗であるからには、秘事法門・異安心・かくし念仏を無用に非難・攻撃するのはあたらない。むしろ、あらゆる教えを受けいれながら、しかも、仏教の根本の願いから出発し、かつ成就しなければ、真実は顕彰できない。そこには隠密か顕彰か、〈かくされている〉か、それとも〈あらわす〉かのちがいのみであろう。それが親鸞・蓮如をつらぬく顕彰隠密の精神だと思われる。

また、すでに公刊した拙著『五帖お文こころえ』でもことわっておいたように、わたしは歴史家ではない。蓮如を日本の室町末期という歴史にはめこもうとする精妙な作業は他のゆゆしい学者の方々にまかそう。そのようなたぐいの研究書ならいくらでもある。それよりも現代に生きる蓮如である。現代に生きるわれわれが蓮如上人の『帖外御文』をひもといて、他力の大信心を決定することができるか、いなか、それこそが煩悩熾盛・罪悪深重のわれら凡夫にとっての一大事でなければならない。浄土の真実までも歴史家の手にゆだねてよいものであろうか。それが現に出来（しゅったい）しなければ、そもそも、なんのための上人蓮如ぞ。なにを指してはばかることなく現代の聖典などというぞ。

この書を重ねて日ごろから仏法にしたしみ他力真実の信心をえようとするすべての善男子・善女人におくる。

平成六年春

金沢近郊の海浜の幽居にて　著者しるす

目次

凡例

この『帖外御文』本文は『真宗聖教全書・五・拾遺部・下』所載の帖外御文章一三九章を主にし、その順序・番号にしたがいながら、つねに稲葉昌丸編著『蓮如上人遺文』を参照した。稲葉編『遺文』によれば、まだすこし帖外には残っているが、これはとらずに解説でふれるにとどめた。ともかく、この書の目的は『帖外御文』原文を、一部の宗（教）学者や専門学者向きに校訂することにあるのではない。僧でもなく俗でもない私にいまさら名聞もいらぬ。利養もいらぬ。校訂の作業をいいかげんに思うのではさらさらないが、なるべく今日の道俗男女にできるかぎり読みやすく親しみやすくわかりやすくすることだけが、本意であるから、これまでのものを、つぎのように編集しなおしていることを、あらかじめおことわりしておきたい。しかも、本文を一応、年代順に六部にわけているのは読むときの便宜上にすぎない。

◎原文について

一　収録した帖外御文は計一一九章（夏の御文四章を含む）、省略したものは計三〇章である。

一　各章のはじめにつけた漢数字は『真宗聖教全書・五・拾遺部・下』の番号、アラビア数字は稲葉昌丸編著『蓮如上人遺文』の番号である。

一　各章に伝来の章題がないので、はじめに稲葉氏によって大意をのべ標題にかえた。

一　無用に紙数がふくらまないように、ほぼ同じ内容の御文は一々ことわって略した。

一　本文の漢文はすべてのべ書きに、漢字は平がなや漢字入りの平がなにかきかえた。

【漢字変換の例】＜あ行＞　あいだ（間）　あいかまえ（相構え）　おもむき（趣）　およぶ（及ぶ）　お、おん（御）　＜か行＞　か（歟）　かえすがえす（返々）　かたがた（旁々）　かたのごとく（如形）　かの（彼）　くせ（曲）　こころえ（心得）　これ（是）　これを書く（書之）　こと（事）　これによりて（依之）　ころ、ごろ（比）　これについて（就之）　＜さ行＞　しかれば（然者）　その（其）　それ（夫）　それについて（就其）　すでに（既）　そもそも（抑）　＜た行＞　たしか（慥）　たてまつる（奉る）　てい、ていたらく（為躰）　時に（于時）　＜な行＞　なかなか（中々）　なり（也）　の（之）　＜は行＞　は（者）　はべる（侍）　ほど（程）　ふと（風度）　＜ま行＞　もてのほか（以外）　まことにもて（誠以）

一　かなづかいはすべて現代かなづかいに書きかえた。

一　原文が平がなで書かれていても、かえって読みずらくわかりにくいと思われるものは漢字にもどした。罪（つみ）　人（ひと）　候（さふらふ）　尊く（たふとく）　力（ちから）

一　漢字はすべて当用漢字になおし、読みのむずかしい漢字にはルビをつけた。

一　句読点はこれまた読みやすいように配慮して適当につけている。

一　五帖にも帖外にもはいらない御文はつぎのとおり。番号は稲葉編『遺文』による。
５　吉野紀行。応仁二年十月中旬。　９４　存覚の作った教行信証大意に冒頭を加筆したもの。文明九年十月十日。　１１４　有馬湯治、文明十五年八月廿九日湯治のため摂州有馬郡に下向す。・・・・。　１１８　山科の景勝をのべ暮齢七十になった感想。　１２１　紀州紀行。文明十八年三月八日・・。　１９２－１９７　礼状など。　２０８－２２１　実如への譲り状その他。あとは真偽未定の分である。

◎現代訳について

これは国文解釈の逐語訳ではない。蓮如上人のたましいを現代へ思いきってひらこうとする本邦最初の現代意訳である。ここで意訳とはヨーロッパの言語で読みとることができることだと思っている。

一　長たらしい雨だれのように続く文章を逐語訳しないで、なるべく区切って現代文らしい短い文章にかえるために接続詞をおもいきって言いかえたり、はぶいた。

一　〈間・あいだ〉〈事・こと〉〈ところに〉などの接続詞はなるべく訳さなかったり、〈こころは・・・・とということなり〉〈いわく・・・といえり〉などという重複は避けたりした。

一　本文を改行したところで、訳文も改行しているから、対応させながらお読みいただきたい。

一　「正」は、「正義」は〈存在理由〉というように、〈存在の〉と訳していることがある。

一　たいてい「往生」を〈生まれかわる〉、「後生たすけたまえ」を〈未来永劫のいのちあらしめたまえ〉とも訳しかえているのは、これらの言葉にまつわるこれまでの暗い死のイメージをできるかぎり払拭するためである。

一　そえられた和歌はそのままで十分わかりやすいから訳さなかった。

◎解説について

歴史や行実についてはほぼ先学を踏襲したが、教学や思想については文拠を引用しなくとも、すべて検証されており、ほしいままな私釈ではない。また『五帖御文こころえ』では蓮如の往相性を、『帖外御文ひもとき』では蓮如の還相性を強調した。これを総観できるように、あとがきにかえて「上人蓮如の光学」としてまとめておいたから、参照されたい。

第一部　吉崎の興起　十六章

一―1　寛正二年、四十七歳の蓮如が金森の道西にさづけた筆始めの御文である。一念発起平生業成の宗義をのべる。

当流《とうりゅう》上人のご勧化《かんげ》の信心の一途《いちつ》は、罪の軽重《けいじゅう》をいわず、また妄念妄執《もうねんもうしゅう》のこころのやまぬなんどという機のあつかいをさしおきて、ただ在家止住《ざいけしじゅう》のやからは、一向《いっこう》にもろもろの雑行雑修《ぞうぎょうざっしゅ》のわろき執心《しゅうしん》をすてて弥陀如来《みだにょらい》の悲願《ひがん》に帰《き》し、一心にうたがいなくたのむこころの一念おこるとき、すみやかに弥陀如来光明《こうみょう》をはなちて、その人を摂取《せっしゅ》したまうなり。これすなわち佛のかたよりたすけましますこころなり。またこれ信心を如来よりあたえたまうというもこのこころなり。さればこのうえには、たとい名号《みょうごう》をとなうるとも、佛たすけたまえとはおもうべからず。ただ弥陀をたのむこころの一念の信心によりて、やすく御たすけあることの、かたじけなさのあまり、弥陀如来の御たすけありたるご恩を報じたてまつる念佛なり、とこころうべきものなり。これまことの専修専念《せんじゅせんねん》の行者《ぎょうじゃ》なり。これまた当流にたつるところの一念発起《いちねんほっき》　平生業成《へいぜいごうじょう》ともうすも、このこころなり。あなかしこ　あなかしこ。

寛正二年　三月　日

現代意訳

当流上人がすすめられる信心のひとすじは、罪の軽い重いをいわず、また妄念妄執のこころがやまぬ機などを責めはしない。ただ此の世界にとどまって生きざるをえないごくふつうの人間が、一向にいろんな雑行・雑修にとらわれるような悪がしこい心をすてて弥陀如来の悲願に帰し、一心にうたがいなく、たのむ一念がおこったとき、ただちに弥陀如来は光をはなって、その人をすくわれる。これこそ佛の方からたすけるという意味である。それからさきは、信心を如来があたえるというのも、この意味である。それからさきは、かりに名号をとなえたとしても、佛たすけたまえ、と念ずるのではない。ただ弥陀をたのむ一念の信心によって、こんなにもたやすくたすけられた、かたじけなさを思うとき、大悲によってたすかったという弥陀如来のご恩に報いる念佛である、とさとりうなづくことである。これが真の専修専念の行者なのだ。また当流がたてる一念発起　平生業成の義とは、これを指すのである。あなかしこ　あなかしこ。(寛正二・三)

解説

寛正元年（一四六〇）近畿一帯がかってない凶作と飢饉にみまわれ、京都は破滅寸前においこまれていた。六月、蓮如は近江野洲郡金森の道西（善竜寺）に請われて『正信偈大意』をつくり、十月には奈良興福寺大乗院前門跡の経覚をおとずれ、興福寺をうしろだてとした北国進出の計画を練りはじめている。やがて、蓮如が住む吉崎のある細呂宜郷は経覚の隠居料所であった。彼は蓮如より二十歳上で関白九条経教の子で、母が大谷家と深い血縁の出身だったところから、幼少のころから蓮如は彼にかわいがられていた。しかし、このころから現門跡の尋尊とともに蓮如といっそう親密になる。十二月、『嘆徳文』を書写。この年、これまでかげひなたなく支持してくれた二俣本泉寺の叔父如乗と長いあいだいじめぬかれた義母如円尼が双方ともに亡くなった。

寛正六年（一四六五）正月十日、叡山延暦寺西塔の山徒が大谷本願寺を襲撃したのみならず、佛光寺や専修寺も破却しようとしたが、佛光寺は妙法院門跡の口入れで、専修寺はおそらく金品で難をのがれたという。なぜ山徒が本願寺を目のかたきにして襲撃するのか。

当時、越前や江州で無碍光派あるいは専修派が、親鸞聖人の門下と称して党をむすんで諸神・諸仏をすてきらい、仏像・経巻などを焼き、神明和光を軽蔑し、諸法・諸行を非難する風潮がさかんであった。『叢林集』によれば、山徒はそれがひとえに蓮如の所為だととがめ憎み、湖西では堅田の本福寺（法住）、江東では金森（道西）が張本人だとして、山門よりおしよせ、両所の本尊である親鸞真筆の無碍光如来の十字名号を奪い、五・六人の門徒をとりこにして東坂本に閉じこめた。蓮如はいろいろ才覚して三河の上宮寺（如光）が使者にたち十字名号をとりもどしたが、和議の条件が履行されていないという名目で、またもや本願寺・専修寺両所を襲い、同六年三月、ついに叡山山徒は大谷を破却した。しばらく姿をくらました蓮如は道西に迎えられて金森に下向、文明元年まで京都近江を転々とへめぐった。

道西に請われてしたためたこの御文は、世界の無気味な夜明けを感じながら、それまで息をひそめて生きてきた蓮如自身の心の底からの第一声である。その一言一句に転んでもただ起きないつらだましいをもった人間・蓮如の、はつらつとしたうぶ声が聞こえる。

思うに、これが自分だと思う姿にひとりでうっとりとしてうぬぼれ、本来あるがままの自己自身を見おとしている動物。その主な仕事といえば、人類とその他の動・植物を絶滅することだが、と同時におそるべき早さで増殖し、地球上で住めるところなら、どこでもはびこるだけの不思議なエネルギーをもつ。それが人間というものなのだ。

　この人間を、はたして蓮如は他力の信心一つで超えることができるであろうか。

二　2　龍樹・曇鸞の釈を引き平生業成の義をのべる。『執持鈔』によって帰命も発願もともに機に属することを示す。

　およそ親鸞聖人のご勧化の一義のこころは、（あながちに出家《しゅっけ》発心《ほっしん》のかたちを本とせず、捨家《しゃけ》棄欲《きよく》のすがたを表《ひょう》せず）ただ一念発起　平生業成とたてて、もろもろの雑行《ぞうぎょう》をも雑修《ざっしゅ》のこころをもなげすてて、一心一向に弥陀如来をたのみたてまつるこころの余念《よねん》なきかたを、信心発得《ほっとく》の行者といえり。されば、このくらいの人を龍樹《りゅうじゅ》菩薩《ぼさつ》は即《そく》時入必定《じにゅうひつじょう》といい、曇鸞和尚は一念発起　入正定之数《にゅうしょうじょうしじゅ》と釈したまえり。これによりて南無阿弥陀佛といえる行体《ぎょうたい》は、まず南無《なむ》の二字は帰命《きみょう》なり、帰命のこころは往生《おうじょう》のためなれば、またこれ発願《ほつがん》なり。されば、南無とたのめば、阿弥陀佛のおんかたより光明をはなちて、行者を摂取《せっしゅ》しましますがゆえに、われらが往生は治定《じじょう》なりけり、とおもうべきなり。このこころを『観経《かんぎょう》』には光明遍照《こうみょうへんじょう》　十方世界　念佛衆生《しゅじょう》　摂取《せっしゅ》不捨《ふしゃ》と、ときたまうなり。このくらいを一念帰命の信心さだまる行者とはいうなり。それにつきては、ただし信心をおこすというも、これあながちにわがかしこくておこすにはあらず。そのゆえは、宿善《しゅくぜん》のある機《き》を弥陀の大慈大悲《だいじだいひ》によりて、かたじけなくもよくしろしめして無碍《むげ》の光明をもて十方世界をてらしたまうとき、われらが煩悩悪業《ぼんのうあくごう》の罪《つみ》、光明《こうみょう》の縁《えん》にあうによりて、すなわち罪障《ざいしょう》消滅《しょうめつ》して、たちまち信心決定《しんじんけつじょう》する因はおこさしむるものなり。されば、これをなづけて佛智《ぶっち》他力《たりき》のかたよりさずけたまう利他《りた》の三信《さんしん》ともうすなり。この他力の信心をひとたび決定してのちは、弥陀如来のわれらごときの愚鈍の機をたやすくたすけましますご恩のかたじけなし、とおもいとりて、念佛をもうしその佛恩を報ずべきものなり。このうえになお、自身往生極楽《じしんおうじょうごくらく》のためならんとおもいて、すこしきの念佛をもうさば、それはなお自力はなれぬこころなりとおもうべし。ただ佛恩のふかきことをおもいて、つねに名号《みょうごう》をとなうべきなり。されば、このこころを善導大師の釈には、自信教人信《じしんきょうにんしん》　難中転更難《なんちゅうてんきょうなん》　大悲伝普化《だいひでんふけ》　真成報佛恩《しんじょうほうぶつとん》ともいえり。また親鸞聖人は真実信心必具名号《しんじつしんじんひつぐみょうごう》　名号必不具願力信心《みょうごうひつふぐがんりきしんじん》とおおせられたり。あなかしこ　あなかしこ。

文正元（文明四年仲呂下旬これを書く）

現代意訳

親鸞聖人がすすめられる教義は（むやみに出家してさとりを求めるかたちをとらず、家を捨て欲もすて清らかなすがたをあらわそうともせぬ。）ただ一念発起　平生業成とたてて、来迎を期せず臨終をまたず、此の世界にある愚鈍な身のままに、いろんな雑行・雑修をもなげすてて、一心一向に弥陀如来不思議の願力をたのんで、わきめもふらないものを信心発得の行者という。だから、この位にあづかった人をさして龍樹菩薩は「即の時必定に入る」といい、曇鸞和尚は「一念発起すれば正定の数に入る」と釈された。とすれば、南無阿弥陀佛という行の体は何か。まず南無の二字は帰命である、帰命のこころは生まれかわるためだから、これは発願でもある。したがって、南無とたのめば、阿弥陀佛の方から光をはなって、行者をすくいとる。そこで、われらが生まれかわることは、もはや定まった、と思えばよい。これを『観経』では「光明は遍《あま》ねく十方世界を照し　念佛する衆生を摂取して捨てたまわず」と説いている。この位を一念帰命の信心がさだまった行者という。もとより、信心をおこすといっても、自分が賢くてやたらにおこすのではない。宿善のある機を弥陀が大慈大悲によって、かたじけなくもよく見とどけ、さわりのない光で十方世界を照らされる時、私たちの煩悩悪業の罪は、その光の縁によって、たちまち消滅するやいなや信心を決定する因があたえられる、とさとるがいい。これを佛智他力のかたよりさずけられる利他の三信と名づける。この他力の信心がひとたび決定してのちは、私たちのような愚鈍の機を、こんなにもたやすくたすけられる弥陀如来のご恩をかたじけないことだ、と深く思い知って、念佛申し佛恩に報いなければならない。それをなおいっそう、自分が極楽に生まれかわるためだなどと思って、念佛を何度も申すのは、まだ自力をはなれぬ心である。深い佛恩をひたすら思い、つねに名号をとなえなければならない。このこころを善導大師の釈で「自ら信じ人に信を教えるのは、難の中でもいっそう難しい仕事である　だが大悲は伝わってあまねく化し　真に佛恩に報いることを成就する」という。また、親鸞聖人は「真実の信心はかならず名号をそなえているが、名号はかならずしも願力の信心をそなえてはいない」といわれた。あなかしこ　あなかしこ。（文正元・文明四年仲呂下旬）

解説

文正元年（一四六六）十一月、蓮如は金森の道西のところで報恩講をつとめた。ついで、戦雲ただならないこの年、本願寺御影堂留守職を長男の順如に譲ろうとしたが、順如にその意志がなかった。順如は柳営の奥深くに出入りしていた藝達者で、僧侶には向かない男だった。

あくる応仁元年（一四六七）正月、山名持豊と細川勝元が戦端をひらき、「ただ天下、破れば破れよ。世間、滅ばば滅びよ」といわれる応仁の乱がはじまった。二月、琵琶湖をわたって堅田の法住の馬場の道場で報恩講をつとめる。栗太高野の善宗・正善、安養寺の幸子坊の道場（金森を出た蓮如は祖像とともに七十日あまりここに逗留したのち、堅田に移った）、手原村の信覚坊、聞光寺、蓮光寺、赤の井の西蓮寺、蓮生寺など江州を転々と流浪する蓮如を道西と法住、さらに三河の如光たちが見守っている。

五濁の世・無佛の時にあたって蓮如が民衆にあたえようとしたのはただ南無阿弥陀仏のみである。いいかえれば、この六字の名号によるすべての問題の解決である。「あながちに出家発心のかたちを本とせず、捨家棄欲のすがたを表せず、ただ一念発起　平生業成とたてて、もろもろの雑行をも雑修のこころをもなげすてて、一心一向に」というのは複雑きわまる歴史的現実に処して、このように屈折しないと南無阿弥陀仏の名義が純粋にうけとってもらえないからである。人間あるがままといっても、それを忘却して迷っている人間にとって直接的でなく気の遠くなるほど間接的であることをわきまえておく必要がある。それにしても、いったい南無阿弥陀仏という言葉はわれわれにどういう意味をもつのであろうか。

ひとは生きていく時に、ものを直接見たり聞いたり感じたりするだけで十分で、南無阿弥陀仏なんかいらないと考えている。ものを見ることがすなわちものの真を知ることである、見たことが真実であると信じている。あるいは、国家や社会からあたえられたもののほかはなにも認められないと思いこんでいる。たとえば、マス・コミの報道をあたまから信じている。

しかし、その信念や思いこみにはなんらの保証もない。はたしてものの真相を見きわめたかどうかはうたがわしい。ものは人によってまったく正反対に見えたり、同じひとでも時にはちがって見えたりすることがある。人間の感覚はいろいろの矛盾や対立に満ちていて、絶対にこうだと決められるものではない。そして、人は自分の見たものが、そのものの一面にすぎない、全体ではないと思えば、事実すなわち真実だという信念はなんとかすくわれる。さらに、自分よりもよく知っているその道の専門家の意見やマス・コミの報道にたよることになるのである。

それでも、ひとが見たり聞いたりする時には、すでになんらか自分の意見をかならずもっている。自分の意見を見たものをとおして語るのである。だれでも自分が一番かわいい。すべての判断の尺度は自分なのだが、それぞれの語るところが矛盾し対立すれば、対話をとおして、おたがいの一致点をさぐらなければならない。もしまったく一致点がなかったら、どうなるか。対話する言葉がとぎれてしまったら、たちまち暴力が生ずる。

蓮如は実際、応仁の乱で足利幕府の権力の衰退によって双方が舌先三寸ではどうにもまるめこめない政治のもつれを弓矢にうったえて解決しようとするのを見た。比叡山の衆徒と本願寺の対立は一時しのぎに如光の献策で屈辱にたえて金品で解決せざるをえなかった。むろん、そんなやり方が真の解決ではないことぐらい自覚的実践者たる蓮如はわかっていた。

蓮如はひとえに南無阿弥陀仏という六字の名号からすべてを見て、すべてを行ずることを教える。これはもはや宗学や教学などといわれる主観的観念論ではない。他力の信心というプリズムを通してはじめてものの真相を見きわめることのできるという南無六字の光学なのである。

三　3　平生のすがたを改める必要がない。ただ願力を信ずるようにすすめる。

おおよそ当流の勧化のおもむきは、あながちに出家《しゅけ》発心《ほっしん》のすがたを表せず、捨家《しゃけ》棄欲《きよく》のかたちを本とせず、一念《いちねん》発起《ほっき》の信心のさだまるとき、往生《おうじょう》は決定《けつじょう》なり。されば、かものはぎのみじかきをも、つるのはぎのながきをもいろわず、おのれおのれのすがたにて、あきないをするものはあきないをしながら、奉公をするものは奉公しながら、さらにそのすがたをあらためずして、不思議《ふしぎ》の願力《がんりき》を信ずべし。これ当流《とうりゅう》の勧化《かんげ》、一念発起《いちねんほっき》　平生業成《へいぜいごうじょう》の儀《ぎ》なり、と云々《うんぬん》。

かきおきし　文のことばに　のこりけり　むかしがたりは　昨日今日にて

応仁二年　四月中旬　　蓮如御判

現代意訳

およそ当流のすすめる趣旨は、強いて出家発心するすがたをあらわさず、捨家棄欲のかたちを本ともしない。一念発起の信心が定まるとき、往生も定まる。たとえば、鴨のはぎが短かろうと、鶴のはぎが長かろうと、とやかくいわないで、それぞれのすがたのあるがまま、商売するものは商売しながら、奉公をするものは奉公しながら、すこしもそのすがたをかえないで、不思議の願力を信ずるがよい。これこそ、当流のすすめる一念発起　平生業成の義なのである。

　かきおきし　文の詞に　のこりけり　むかしがたりは　昨日今日にて（応仁二・四中旬）

解説

応仁二年（一四六八）正月、経覚を訪問、北国進出計画をさらに練りあげたのであろう。

同年三月二十八日、本願寺御影堂留守職《るすしき》を五男当時十三歳だった実如にゆずろうとする。別に責任を回避しようとしたのではない。むしろ、これは蓮如のたくましい求道心のあらわれである。

遠く釈尊は道を求めて修行し、出山《しゅっせん》して、村娘のささげる乳粥をうけ、菩提樹のもとに座し、ついに等正覚をひらいて仏になった。親鸞聖人の内室『恵信尼消息』に「(比叡の山にて堂僧つとめておわしましけるが) 山を出でて、六角堂に百日こもらせたまいて、後世を祈らせたまいけるに・・」とある。〈山を出でて〉は〈下る〉のではない。下るのなら堕落である。山を出るとは〈下へ登る〉unter－steigenことなのである。つまり、孔子のいう「下学上達」である。

そもそも、日本仏教には古来の山岳信仰も強い影響をあたえた。本山とか○○山○○寺という山号がよくそれをあらわしている。しかし、山は道をかくす。親鸞自身『正像末浄土和讃』の末尾に「この世の本寺・本山のいみじき僧ともうすも法師ともうすも、うきことなり」となげいている。比叡山における彼の修行経験からすれば、山はいたずらに難行の小路がくね曲がって迷いやすいところであった。親鸞は山を出て、はじめて法然聖人に出あい、真実の佛道を見いだした。山を出なければ、親鸞の名のりはありえないのである。これこそが遠く出山《しゅっせん》の釈迦にもとづいた無上正真の道である。仏道は深山になかった。陋巷《ろうこう》の泥沼《どろぬま》にあった。

法然とともに遠流に処せられた親鸞は、まざまざと日本海を見た。本願は海である。一仏乗の海である。山ではない。山は凡夫が仏になる道をわれわれに教えない。海はすべての川をひきいれて一味と化する。だから、僧侶をインドでは海衆《かいしゅ》とよびならわした。寺には山号ではなく、海号をつけるのが本来であった。いわば、すべての諸仏は無数のガンジス河の砂であり、すべての衆生の生死の海は一念帰命によって弥陀の本願海に転ずるのである。

今日、仏教はさかんに行われている。けっしてすたれてはいない。しかし、その仏教は寺院仏教ではない。寺院仏教はあたかも日曜日の郵便局のように幻滅的である。むかしは出家が、今は出山・出寺が如来の強縁であることを親鸞のひそみにならって蓮如はいち早くさとっている。

かっての本願寺のなかでは、比叡山衆徒に破却される前に、もはや本尊そのものが死滅している。真に尊くあがめるものがない。うす暗い本堂のなかにまことしやかに立っているのは、落ちた偶像にすぎないことを、幼少の時から蓮如は見て知っていた。

今日では教団ばかりではない。茶道といい、華道というが、今日のような家元制度はピラミッド型の〈山〉を形成した。それがかえって茶の〈道〉、華の〈道〉をかくしてしまった。「船、山に上る」のたとえのとおり、山道はいたずらに無用で複雑きわまる観念と化した。五濁の世・無仏の時の仏教は出家の仏教ではない。一文不知の在家止住の仏教である。

覚如の『改邪鈔』によれば、親鸞聖人のつねのご持言は〈われはこれ加古の教信沙彌《きょうしんしゃみ》の定《じょう》なり。・・たとい、牛盗人とはいわるとも、もしは善人、もしは後世者、もしは仏法者とみゆるようにふるまうべからず〉だったという。この牛盗人のたとえは蓮如も深く感動したのか、『帖内御文』二帖目第二通・四帖目第十一通などに引いている。牛盗人とは無実の罪をきせられた時、自分は後世者とか仏法者の相をあらわさず、十二年も獄中にあった阿羅漢離越《あらんかんりえつ》の故事からくる。

加古の教信沙彌《きょうしんしゃみ》の定《じょう》！　これが僧でもなく俗でもない親鸞・蓮如をつらぬく根本姿勢であった。

同年三月二十四日幕府方と手を結んだ比叡山の衆徒が堅田を襲撃したために、堅田は全焼、蓮如は祖像を奉じて難を湖上にのがれ、三井寺満徳院の斡旋で、大津南別所の近松に一宇の小坊（後の顕証寺）を造って御影像をうつした。五月より九月まで関東を巡化し、十月中旬、高野十津川・吉野へ旅行する。北陸進出前のせきたてられるような多忙のなかの閑日月である。

四　4　（夢中文）　夢をしるし学匠沙汰のえせ法門に落ちる自己自身をいましめる。

かきおきし　筆のあとこそ　あわれなれ　むかしをおもう　今日の夕暮

このごろの　信心がおの行者たち、あらあさましや、真宗の法をえたるしるしには、学匠沙汰《がくしょうざた》のえせ法門、わが身のほかは信心のくらいをしりたるものなし、と思うこころは、憍慢のすがたにてはなきかとよ。その心むきはよきとおもう安心か。これよく経釈《きょうしゃく》をしりたるふたつの勘文《かんもん》かや。

　応仁二年四月廿二日夜、予が夢にみるよう、たとえばある俗人《ぞくじん》二人ありけるが、そのすがたきわめていやしげなるが、一人の俗人に対してかくのごとく文を二三返ばかり誦しければ、かの俗人この文の心をうちききて申すよう、あらあさましや、さては年ごろわれらがこころえのおもむきはあしかりけり、とおもうなり、といいはんべるとおぼえて、夢さめおわりぬ。この文をたしかにそらにおぼえけるままにかきしるしおわりぬ。不思議なりしことなり、と云々《うんぬん》。

　かきとむる　筆のあとこそ　あわれなれ　わがなからんのちの　かたみともなれ

現代意訳

（夢中文）かきおきし　筆のあとこそ　あわれなれ　むかしをおもう　今日の夕暮
このごろの信心をしたり顔する行者たちほどあさましい輩はいない。真宗の法をえた証拠だといって学匠沙汰するえせ法門、自分のほかに信心のくらいをえたものがない、と思うこころがそもそも惰慢な態度ではないか。そんな気持をよしと思うのが安心なのか。これがよく経釈を知った二つの釈文とでもいうのかな。
　応仁二年四月二十二日の夜、私は夢を見た。夢に俗人二人があらわれて、すがたがいかにも卑しそうなほうがもう一人の俗人に対して御文を二・三べん読むと、俗人がこの文のこころを聞きとって、ああなさけないことだ。これまで私たちがこころえてきた趣旨はまちがっていたと思う、といったかと思うと夢がさめた。この御文をたしかにそらでおぼえるままに、私はかきとめたものである。なんとも不思議な夢ではあった。(和歌略)

解説

応仁の乱では蓮如は被害をうけたにしろ要するに第三者にすぎない。また叡山衆徒のたびかさなる襲撃は、さまざまな矛盾葛藤をはらむとはいえ、いよいよ蓮如の集団を結束せしめた。しかし、蓮如自身をふくめて当流に名をかける人々の信心のしたり顔や学匠沙汰のえせ法門は見すごすことができない。これは蓮如のともすれば人師を好む自己自身に対する痛烈な批判である。

しかし、学匠沙汰の何を批判するのであろうか。なぜ学匠沙汰がえせ法門なのであろうか。

およそ、仏教が出家発心の形をあらわし捨家棄欲のすがたをとるかぎり、世間を超えた出世間に遊べばよい。しかし、在家止住の男女をめざすかぎり、世間を第三者として眺めているのではなく、世間の中に主体的に生きて、世間の諸問題に当面して、その矛盾葛藤に真の解決をもたらすことができなくてはならない。それができなくて、なんのすくいであろうか。

ところが、蓮如自身を含めたいわゆる学匠沙汰ときたら、矛盾対立して血みどろの闘争までひきおこす現状に対して、なんらの解決をもあたえようとはしない。抽象的・観念的といわれてもしかたがあるまい。たしかに、歴史的現実は、弓と矢のように逆方向にたがいに張りあっているから調和がなりたつ。矛盾葛藤そのままが美しい調和であるという見方もできないわけではない。これが色即是空・空即是色の(たとえば『般若心経』的な)立場であろう。空とは一切の矛盾・対立がそこへ没落していく絶対否定的原理である。般若即非の論理に基づく絶対矛盾の自己同一というテーゼもまたそれとひとしい。ここで、蓮如が自己批判するのは、その観念的抽象性なのだ。

それは歴史的現実に対しておごりたかぶった第三者的・傍観者的見地ではなかろうか。だから、

自己自身のように信心顔する行者の学匠沙汰のみに終止するのをえせ法門だと蓮如はいうのである。

五　8　文の終わりに「近北加州山里居住仕候」と付記されている。蓮如は文明三年五月中旬に、北国に下向しているから、これが北国に居をかまえてはじめて蓮如の浄土真宗宣言の御文である。帖外御文としてもとりあつかわれているが、『五帖御文』（以下「帖内」と略す）一の一にのせられてあるから、今はこれを略す。

六　7　僧と俗の問答。安心の要をのべ、施物たのみをいましめる。このなかに帖内五の十がふくまれている。

文明第三炎天のころ、賀州加卜郡五ヶの庄の内かとよ、或片山辺《あたり》に、人十口ばかりあつまりいて申しけるは、このごろ佛法の次第《しだい》、もてのほかわろきよしを讃嘆《さんだん》しあえり。そのなかに勢たかく色くろき俗人のありけるが、かたりけるは、一所の大坊主分《だいぼうずぶん》たる人に対して佛法の次第を問答しけるよしを申して、かくぞかたりはべりけり、と云々。

件《くだん》の俗人、問うていわく。当流の大坊主達はいかようにこころねをもちて、その門徒中の面々をばご勧化候うやらん、お心《こころ》もとなく候、くわしく存知《ぞんち》つかまつり候うて聴聞《ちょうもん》すべく候。

大坊主、答えていわく。佛法のご用《よう》をもて朝夕をまかりすぎ候えども、一流のようをもさらに存知せず候。ただ

手つぎの坊主へ礼儀《れいぎ》をも申し、また、弟子の方より志《こころざし》をもいたし候うて、念佛だに申し候えば肝要《かんよう》とこころえたるまでにてこそ候え。さそうろうあいだ、一巻の聖教をも所持《しょじ》候分も候わぬ、あさましき身にて候。委細《いさい》かたりたまうべく候。

俗のいわく。その信心と申すすがたは、さらさらご存知なく候うやらん。

答えていわく。我らがこころえおき候う分は、弥陀の願力に帰したてまつりて、朝夕念佛を申し、ほとけ御たすけ候え、とだにも申し候えば、往生するぞ、と心得てこそ候え。そのほかは信心とやらんも安心とやらんも存ぜず候。これがわろく候わば、ご教化候え、聴聞すべく候。

俗、いわく。さては大坊主分にてご座候えども、さらに聖人一流のご安心《あんじん》の次第をばご存知なく候。我らは俗体の身にて大坊主分の人に一流の信心のよう申し入れ候うは斟酌のいたりに候えども、四海みな兄弟なり、とご沙汰候えば、かたのごとく申し入れるべく候。

坊主、答えていわく。まことにもて貴方《きほう》は俗人の身ながら、かかる殊勝《しゅしょう》のことを申され候うものかな。いよいよ我らは大坊主にては候えども、いまさらあさましくこそ存じ候え。早々うけたまわり候え。

答えていわく。かくのごとく御定《ごじょう》候うあいだ、如法出物《にょほうでもの》に存じ候えども、聴聞《ちょうもん》つかまつりおき候うおもむき、たいがい申し入れるべく候。お心をしずめられ候うてきこしめさるべく候。まず聖人一流のご勧化のおもむきは信心をもて本とせられ候。そのゆえは、もろもろの雑行をなげすてて一心に弥陀に帰命すれば、不可思議の願力として佛のかたより往生を治定《じじょう》せしめたまう。このくらいを一念発起《いちねんほっき》入正定之聚《にゅうしょうじょうしじゅ》とも釈したまえり。このうえには、行住座臥の称名《しょうみょう》念佛《ねんぶつ》は如来わが往生をさだめたまうご恩報尽《おんほうじん》の念佛と心得るべきなり。これを信心決定の人と申すなり。つぎに坊主様《ぼうずさま》の信心の人とご沙汰《さた》候うは、ただ弟子のかたより細々《さいさい》に音信《いんしん》をも申し、またなにやらんをもまいらせ候を信心の人と仰せられ候。これは大いなる相違とぞ存じ候。よくよくこの次第を御こころえ候うて、真実の信心を決定あるべきものなり。当時は大略かようの人を信心のものと仰せられ候。あさましき事にはあらず候うかな。この次第をよくよくご分別候うて、ご門徒の面々をもご勧化候わば、いよいよ佛法ご繁昌《はんじょう》あるべく候うあいだ、御身《おんみ》も往生は一定、また、ご門徒中もみな往生決定せられ候うべきこと、うたがいなく候。これすなわち、自信教人信《じしんきょうにんしん》　難中転更難《なんちゅうてんきょうなん》　大悲伝普化《だいひでんふけ》　真成報佛恩《しんじょうほうぶつとん》の釈文に符合《ふごう》し候うべきよし申し候うところに大いに坊主悦《よろこ》んで、殊勝《しゅしょう》のおもいをなし、まことに佛の在世《ざいせ》にあいたてまつりたるこころして、解脱《げだつ》の法衣《ほうい》をしぼり歓喜《かんき》のなみだをながし、改悔懺悔《がいけさんげ》のこころ、いよいよふかくして申されけるは、向後は我らが少門徒も貴方へ進じおくべく候。つねにはご勧化候うて信心決定させたまうべく候。我らも自今已後《じこんいご》は細々《さいさい》に参会をいたし聴聞申して、佛法讃嘆つかまつるべく候。まことに同一念佛《どういつねんぶつ》　無別道故《むべつどうこ》の釈文《しゃくもん》、いまにおもいあわせられて、ありがたく候うとて、この炎天《えんてん》のあつさにや、扇うちつかいて、骨おりそうにみえて、この山中をぞかえるとて、またたちかえり、ふるきことなれども、かくぞ口ずさみける。

うれしさを　むかしは袖につつみけり　こよいは身にも　あまりぬるかな

と申しすててかえりけり。まことにこの坊主も宿善の時いたるかともおぼえて、佛法不思議の道理もいよいよありがたくこそおぼえはんべり。あなかしこ　あなかしこ。

現代意訳

文明三年　炎天のころ、賀州加卜郡　五箇庄の内であったか、ある片山あたりに十人ばかりあつまってこのごろ佛法の秩序が、思いのほか乱れているありさまを嘆きあっていた。そのなかに背丈の高く色黒の俗人がいて、さる所の大坊主格ともあろうお方に対し佛法の実情について問答したことをのべて、つぎのように語った。

その俗人が問うた。当流の大坊主の方々はどんな心根で、門徒の人々を教化していられるのか、不安でなりません。くわしく知りたいものと思ってお聞きします。

大坊主が答えていう。佛法のご用で朝夕過ごしてはいるけれども、一流のことはなにもわかってはいない。ただ手つぎの坊主へ礼儀・作法をつたえたり、弟子が志をくれれば、ただ念佛申すのが大切だ、ということをわきまえているまでのことさ。そんな始末で、一巻の聖教ももちあわせていない、あさましいかぎりさ。委細を知っているなら、話してほしいものだ。

俗人がいう。信心というすがたを、まったくご存知ないのでしょうか。

答えていう。私がこころえているのは、弥陀の願力に帰して、朝夕念佛を申し、佛よ、たすけたまえ、とだけいえば、往生するということだけだ。そのほかに信心も安心もさっぱりわからない。これがわるいというのなら、教えてくれたまえ、聴聞しようよ。

俗人がいう。さても大坊主格でいらっしゃるのに、聖人一流の安心の次第を何もおわかりになっていないとは！　私どもは世俗の身で、大坊主分ともあろう人に一流の信心の要をいうことは、さしひかえるべきでしょうが、四海の人々はみな兄弟だと聖人もおっしゃってもいるのですから、いつものようにふだんとかわらず、申すことにいたしましょう。

坊主は答えていう。あなたは俗人の身なのに、よくもそんな立派なことをいえるものだ。私らは大坊主ではあるが、今さらながら、ますますあさましいことに思える。早く聞かせてほしいものだ。

答えていう。むかしからこのようにおさだめになっているので、あつかましいとはいえ、聴聞いたしたことを、そのまま申しあげましょう。こころをしずめてお聞きください。

まず聖人一流の教えのおもむきは信心が本です。というのは、いろんな雑行をなげすてて一心に弥陀に帰命すれば、不可思議の願力として佛の方より往生を定められる、この位を「一念発起すれば　正定の聚に入る」と釈されています。それからの行住座臥の称名念佛は如来が私のようなものを生まれかわらせてくださったご恩がえしの念佛だとわきまえることです。これを信心決定の人と申します。ひるがえって、坊主分にいわせれば、ただ弟子の方から寺をしばしば訪れたり、何か物を贈るのが信心の人であるそうな。これは大まちがいと存じます。よくよくこの次第をこころえられ、真実の信心を決定しなければなりません。今どきはたいていこんな人を信心深いといわれています。なんとあさましいことではありませんか。この事情をよくわきまえて、ご門徒の面々を教化なさるなら、ますます佛法は繁昌するでしょう。あなたの往生も定まり、ご門徒中もみな往生が定まること、うたがいありません。これはとりもなおさず、自信教人信　難中転更難　大悲伝普化真成報佛恩の釈文にぴったりと一致しましょう。

というと、坊主はたいへん悦んで、けなげに思い、まこと佛の在世にあったようなここちだと、歓喜の涙をながして解脱の法衣をしぼり、これまでの心得ちがいを悔いあらため、深く懺悔していわれるには、これからは私らのわずかな門徒も貴方にさしあげましょう。いつも教化されて信心決定させてくださるように。私らもこれからは時々参加して聴聞し、佛法を讃嘆いたしましょう。まことに「同一に念佛して別の道なきが故に」の釈文をいま思いあわせて、ありがたく思います。といい、この炎天の暑さからか、汗みどろになってパタパタ扇をつかい、この山中をかえるのだとしながら、ふりかえって、つぎのような古歌を口ずさむのだった。

うれしさを　むかしは袖につつみけり　こよいは身にも　あまりぬるかな

といいつつ、かえっていった。まことにこの坊主にも宿善の時がきたのかと思って、佛法不思議の道理がいよいよありがたく思いしられたことである。あなかしこ　あなかしこ。

解説

坊主（寺院僧侶）分の施物だのみ・物とり信心は苦悩する民衆の真のすくいにはならない。なぜなら、それが当流の安心をよくこころえるためであるなら、それもゆるされようが、門徒大衆のうえにあぐらをかいて寺院僧侶の経済生活を豊かにすることだけが目的だからである。この御文はその事実を民衆の側から坊主分を告発するかたちをとっているが、苦悩する民衆の真のすくいをめざして、ここ北国の地で立ち上がった蓮如のきびしい自己批判がうかがわれる。つぎの御文も同じく僧侶へのはげしい批判であるが、御文が凡夫往生の鏡なら、この大坊主分に蓮如は自己自身のあさましくいやしいカリカチュア（諷刺画）を見ているのだ。これまでの物とり信心ではなにも真宗教化にはならないことを、蓮如自身がまざまざと痛感している御文である。

この章のみならず、問答・対話形式をとって廻心にいたる御文がすくなくない。

これには古代インドにつちかわれてきた伝統がある。もともと古代インドには西暦前六世紀から三世紀にわたって『ウパニシャッド』という思惟と論議の沈積があった。これは権威ある全智の教師と問いただし順序正しく真理をうけとめる生徒との間におこなわれたインド式教育方法であった。それをとりいれた仏教の『ウパデーシャ（漢字をあてて優婆提舎と書く）』は佛の論議（形式の）経の名となった。ウパデーシャとは佛と凡夫の対話であり、大悲心にもとづく口外された言語（口外されない自問自答、独語が思慮分別である）によって構成されるが、時に佛は沈黙の光で示すこともあり、真実の言葉（実語）のみならず方便の言葉（時語）が用いられることもある。

当流で最初にこれをとりあげたのが天親《てんじん》（世親）菩薩の『無量寿経《むりょうじゅきょう》優《う》婆《ば》提《たい》舎《しゃ》願《がん》生《しょう》偈《げ》』（『浄土論』）である。これを『大経』『観経』『小経』の浄土三部経にくわえて三経一論といって当流のよりどころとしたのは法然上人の『選択集《せんじゃくしゅう》』であった。曇鸞はこの『浄土論』を註して『浄土論註《じょうどろんちゅう》』をつくり、これが親鸞教学の源流である。蓮如があらためて御文にとりあげた表現形式はこの〈廻心《えしん》の対話《たいわ》〉なのである。むろん、廻心にいたらないような対話は世間話、議論、争論であり、戯論《けろん》である。その末の多数決など、独断を許さない民主主義にとっても、中途半端で一時しのぎのかりそめの結論にすぎない。

古代ギリシアの哲人ソクラテスが死の毒杯を仰いだのはアテネの法廷の陪審員による多数決によってであった。

七　9　僧と俗の問答。前章と同じおもむきである。

文明第三初秋中旬のころ、加州　或山中辺において、人あまた会合《かいごう》して申すよう、近ごろ、佛法讃嘆《さんだん》、ことのほかわろきよしを申しあえり。そのなかに俗人の一人ありけるが申すよう、去るころ、南北《なんぼく》の大坊主もちたる人に対して法文問答《ほうもんもんどう》したるよし申して、かくこそかたりはべりけり。

俗人、いわく。当流の大坊主たちはいかように心ねをおもちありて、その門徒中の面々をば、ご勧化《かんけ》候やらん。おこころもとなく候。委細《いさい》仰せこうむりたく存じ候。

坊主、答えていわく。当流聖人のご勧化の次第は、我らも大坊主一分にては候えども、巨細《こさい》はよくも存知せず候。さりながら、おうよそ先師《せんし》なんどの申しおき候うおもむきは、ただ念佛だにも申せば、たすかり候、とばかりうけたまわりおき候うが、近ごろはようがましく、信心とやらんを具《ぐ》せずば、往生《おうじょう》は不可と若　輩《じゃくはい》の申され候うが不審《ふしん》にこそ候え。

俗、問うていわく。その信心と申すはいかようなることをもうし候かな。

答えていわく。まず我らが心得おき候う分は、弥陀如来に帰したてまつりて朝夕念佛を申して御たすけ候え、とだにも申し候えば、往生は一定《いちじょう》と心得てこそ候え。そのほかは大坊主をばもちて我らも候えども、委細は存知せず候。

俗、問うていわく。さては以前《いぜん》、仰せこうむり候う分はもってのほか、このあいだ、我ら聴聞つかまつり候うには大きに相違して候。まず大坊主分にておわたり候えども、さらに聖人一流の安心の次第はご存知なく候。我らがことはまことに俗体《ぞくたい》の身にて候えども、申し候うことばをもげにもとおぼしめしより候わば、聴聞つかまつり候う分を申しいれるべきにて候。

坊主答えていわく。まことにもって貴方は俗体の身ながら、かかる殊勝のことを申され候うものかな。委細おんかたり候え、聴聞すべく候。

俗、答えていわく。如法《にょほう》出物《でもの》なるように存じ候えども、かくのごとく仰せこうむり候うあいだ、聴聞つかまつり候うおもむき、おおむね申しいれるべく候。我らがことは奉公《ほうこう》の身にて候うあいだ、つねに在京《ざいきょう》などもつかまつり候うあいだ、東山殿《ひがしやまどの》へも細々《さいさい》まいり候うて聴聞つかまつる分をば、心底《しんてい》をのこさずかたり申すべく候。お心をしづめられ、きこしめさるるべく候。まず御流ご勧化のおもむきは信心をもて本とせられ候。そのゆえは、もろもろの雑行をすてて一心に弥陀如来の本願はかかるあさましき我らをたすけましますます不思議の願力なり、と一向にふたごころなきかたを、信心決定《けつじょう》の行者とは申し候うなり。さ候うときは、行住座臥《ぎょうじゅうざが》の称名《しょうみょう》も自身の往生《おうじょう》の業《ごう》とはおもうまじきことにて候。弥陀他力《みだたりき》のご恩を報じ申す念佛なりと心得るべきにて候。

つぎに、坊主様《ぼうずさま》の仰せこうむり候、信心の人とご沙汰候うは、ただ弟子《でし》のかたより坊主《ぼうず》へ細々に音信も申し、また、物をまいらせ候うを、信心の人と仰せられ候。大きなる相違《そうい》にて候。よくよくこの次第をお心得あるべく候。されば、当世はみなみなかようのことを信心の人とご沙汰《さた》候。もっての外のあやまりにて候。この子細《しさい》をご分別《ふんべつ》候うて、ご門徒《もんと》の面々をもご勧化候わば、御身も往生は一定にて候。また、ご門徒中もみな往生せられ候うべきことうたがいもなく候。これすなわち、まことに自信教人信《じしんきょうにんしん》乃至《ないし》大悲伝普化《だいひでんふげ》の釈文にも符合せりと申しはべりしほどに、大坊主も殊勝のおもいをなし、解脱の衣をしぼり、歓喜《かんぎ》のなみだをながし、改悔《がいけ》のいろふかくして申すよう、向後《こうご》は我らが散在《さんざい》の小門徒《しょうもんと》の候うをも貴方《きほう》へ進じおくべき由申しはべりけり。また、なにとおもいいれられけるやらん、申さるるようは、あらありがたや弥陀の大悲はあまねけれども、信ずる機を摂取《せっしゅ》しましますものなり、とおもいいでて、かくこそ一首は申されけり。

月かげの　いたらぬところは　なけれども　ながむる人の　こころにぞすむ
といえる心もいまこそおもいあわせられて、ありがたくおぼえはんべれ、とて、この山中をかえらんとせしが、おりふし日くれければ、また、かようにこそくちずさみけり。
つくづくと　おもいくらして　入りあいの　かねのひびきに　弥陀《みだ》ぞこいしき
うちながめ日くれぬれば、足ばやにこそかえりにき。あなかしこ　あなかしこ。
文明三年　七月十六日

現代意訳

文明三年初秋中旬のころ、加州の山中あたりで、人々が多く会合し、近ごろ佛法の讃嘆が極度に乱れているありさまを嘆きあっていた。そのなかの一人の俗人が、先日、南北の大坊主格の人に対し法門について問答したことを、つぎのように話したものである。

俗人がいった。当流の大坊主たちはどんな心根で、その門徒中の面々を、教化されているのやら、たよりなく思っております。くわしくおっしゃってくださいまし。

坊主が答えていう。当流上人のご勧化の次第は、私らも大坊主分ではあるが、くわしいところはわからないのさ。ともかく、だいたい先師が申しおかれたのは、ただ念佛さえ申したら、たすかるとだけきいている。それなのに近ごろは大げさに信心をともなわなければ往生ができないなどと若い者たちがいっているのはおかしなことだ。

俗人が問うていう。その信心というのはどのようなことでしょう。

答えていう。まず私らがこころえているのは、弥陀如来に帰し朝夕念佛を申したすけたまえ、とさえいっていれば、往生はかならずきまるということだ。そのほか私らは大寺をもっているから、忙しくて、くわしいことまではわかりかねるのだ。

俗人が問うていう。さては以前にご説教なさったのはもってのほか、ここで我らが聞いたこととは大ちがいですね。まずは大坊主分でいらっしゃるのに、上人一流の安心の次第はなんにもご存知ないとは！　私どもはまこと俗人の身ですが、申すことばがなるほどとお思いなら、聴聞したとおりを申しましょう。

坊主が答えていう。あなたは俗体の身なのに、よくそんなえらいことがいえるものだ。くわしく話しておくれ。聴聞しようほどに。

俗人が答えていう。出しゃばるようですが、このように仰せをいただいたので、聴聞いたしたことを、おおむね申すことにいたしましょう。私どもは主人につかえる身ですから、つね日ごろから京都にいることがあり、東山の本願寺にしばしば参って聴聞いたしたことを、かくさないでお話し申しましょう。心をしづめて、聞いてくださいませ。まず、ご一流の教化のおもむきは信心が根本なのです。それというのは、いろんな雑行をすてて一心に弥陀如来の本願はこんなあさましい私どもをたすけてくださる不思議の願力である、と一向にふたごころない人を、信心決定した行者と申します。それで、行住座臥の称名もわが身の往生の業とは思ってはなりません。弥陀他力のご恩に報いる念佛だと心得るべきです。

それに反して、あなたのような坊主の方々は、ただ弟子の方から時々寺を訪れたり、物を贈ったりするのを信心の人とおっしゃいます。大まちがいです。よくこの次第を心得なくてはなりません。当世のはやりはみなこのようなのを信心の人といわれます。もってのほかのあやまりでしょう。この子細をよく分別して、門徒の面々を教化されるなら、ご自身も往生がさだまり、ご門徒中もみな往生されること、うたがいありません。これこそが、ほんに自信教人信　乃至　大悲伝普化の善導和尚の釈文に一致いたしましょうと申すと、大坊主もひどく感激して、歓喜の涙で解脱の袖をしぼり、顔に改悔の色を深くにじませて、これからは私らに、あちこち散在するわづかの門徒があるのもあなたに進上しようとさえいう。しかも、何と思いこまれたのか、ああ！　ありがたい、弥陀の大悲はあまねく照らすけれども、信ずる機のみをおさめとられるのだ、といい、一首を思いだしていわれた。

月かげの　いたらぬところは　なけれども　ながむる人の　こころにぞすむ

この心が今こそ思いあたった、ありがたいことだといいながら、この山中をかえろうとされたが、折も折、日が暮れかけたので、また歌を口ずさむ。

つくづくと　おもいくらして　入りあいの　かねのひびきに　弥陀ぞこいしき

というまに日が暮れてしまったので足早に帰っていった。あなかしこ　あなかしこ。

（文明三・七・十六）

解説

いつのころか、蓮如がご内法《ないほう》信仰をはじめた張本人だと、といわれてきた。それは親鸞に義絶された善鸞の子、如信が弘安年中（一二七八―一二八八）に常陸國茨城郡大網（茨城県東茨城郡大洗）にたてた願入寺を後年再興した福島県白河市の真宗本寺常瑞寺において祖父親鸞から安心実語を面授口訣されて長男浄如（その妹善照尼は覚如の内室）につたえた、といわれる。

覚如は如信に遇って相伝したが、これを蓮如が大網から法義を中興して相承した。これを実如は相承できず、金森の道西（善従）がつたえたと大網二十四世釈如証（大網信暁）の『大網本寺如信上人本願寺八代蓮如上人法燈書録写』にあるそうな。この系譜は金森の道西から近江の八郎右衛門・京都の鍵屋・山崎杢左衛門（伊達水沢家中小姓、宝暦四年〈一七五四〉真宗僧侶の提訴を受けた仙台藩により磔刑に処せられた）につながるいわゆる秘事法門である。秘事法門はこれのみにとどまらず渋谷地派・上福派・紫波派・順証派・小舟渡派・八重畑派・桜井派・片子沢派・大橋派・鍵屋派・三本柳派・嘉兵衛派・雲髄派などにわかれ、いずれも京都柳馬場の鍵屋よりつたえたと自称している。

秘事法門《ひじぼうもん》とは、鍵屋十三代（道西の妹妙三から数えて二十五代）高橋梵仙元東洋大教授によれば「浄土真宗の教義が方便として偽托された結果、本来の密教的起源と異義は忘却せられ、真宗にその起源が求めらることになった」一益法門・不拝秘義・知識帰命などのことであり、江戸時代にもっとも広く行われ、土蔵とか麹室で伝授されたものをいう。

蓮如がとくにご内法のような秘法をすすめなかったことは、多くの御文であきらかである。だが、大綱からの伝統かどうかはおぼつかないが、蓮如の大いなる勇猛健志をあの小心でただ実直なだけの実如がうけとることができないで、むしろ金森の道西あたりがしかとうけとったといえないことはあるまい。しかも、在家止住の見地からの僧侶自身の物とり信仰批判の御文がたびかさなると、僧分としてこころよいはずがない。恨みが内にこもって蓮如の没後、とくに江戸時代の幕藩体制の下、僧侶中心の教団確立のために、在家止住の信仰を秘事法門としてかえって弾圧をくわえるようになったとも考えられる。秘事法門を本山の教条主義によって排除せずに、かえってつつんでいけば、それだけ教団が豊かに大きくなったのではなかろうか。必要なのは、本山における冷酷な思想統制ではなく、双方のあかるく健康な〈廻心の対話〉であった。

八 11 下間安芸蓮崇の帰向のすがたをのべる。

勢《せい》ひきき人のいわく。先年《せんねん》、京都上洛のとき、高野《こうや》へのぼるべき心中にて候うところに、乗専《じょうせん》申されけるは、御《ご》流《りゅう》の義はあながちに高野なんどへまいるは本義《ほんぎ》にあらず。当流安心決定せしめんときは、いかにもご本寺《ほんじ》に堪忍《かんにん》つかまつりたらんが報恩謝徳《ほうおんしゃとく》の道理《どうり》なり。しかれば、我らもその義にて堪忍もうすなり、とこまごまと佛法の次第かたりたまうほどに、それより御流の安心にはもとづきたてまつるなり。さいわいに、和田のご新発意《しんぼち》、その時分ご在京《ざいきょう》候うあいだ、随逐《ずいちく》もうし候うて、いよいよ佛法の次第聴聞つかまつり候いて、それよりこのかた御流の安心にはなおなおもとづきもうすなり。これしかしながら、ご新発意《しんぼち》のご恩いまにあさからざるなり。さ候うあいだ、聴聞つかまつり候う次第、すこしはわろくももうし候。またはあらくももうし候ういわれにや。越前《えちぜん》・加州《かしゅう》の不信心の面々《めんめん》には、件《くだん》の心源《しんげん》ともうされ候うて、かぜをひき候いき。しかれども、正法《しょうほう》の威光《いこう》によりて義理のちがい候うところをもうけたまわりわけ候うによりて、已前のごとくにはあいかわりて沙汰《さた》つかまつり候うあいだ、すでにはやその名をあらためて蓮崇《れんそう》とこそもうし候うなり。なおなおも相違の子細はあるべく候うほどに、たれびともよくよくご教訓《きょうくん》にあづかり候わば、まことにもて同一念佛《どういつねんぶつ》　無別道故《むべつどうこ》のことわりにあいかない候うべきものなり。あなかしこ　あなかしこ。

文明三年　九月十八日

現代意訳

ある背丈の低い人がいった。先年、京都へ上洛したついでに、高野山へのぼるつもりだったが、乗専が〈一流の義はやたらに高野山なぞへまいるのが本来ではない。当流の安心を決定するときは、どうしても本願寺まいりでこらえておくのが報恩謝徳の道理というものだ。そこで、私たちもその義にしたがって堪忍するのである〉とこまごまと佛法の次第を話されたので、それからは一流の安心にもとづいて行動するようになった。さいわい和田の新発意がその時分に在京されていたので、つきっきりで、たちいって佛法の次第を聴聞し、それよりのちは、一流の安心にいっそう深くもとづくようになった。だから、今もって新発意のご恩はあさくはないのである。聴聞したあげくなお、ややもすれば他人の悪口をいい、また荒っぽいことも口にするので、越前や加賀の不信心の面々は、それがもとで、風邪をひいた者さえいたくらいである。しかしながら、正法の威光に照らされて義理のちがいも聞きいれて、それまでとはうってかわったものの言い方をするようになった。すでにはやその名をあらためて蓮崇という。まだこまかい点で心得ちがいはあるけれど、だれでも、よく教えられれば、やがて「同一に念佛するのは、別の道がありえないからだ」という道理にかなっていくものであろう。あなかしこ　あなかしこ。（文明三・九・十八）

解説

下間《しもつま》安芸の蓮崇《れんそう》については、すでに拙著『五帖御文こころえ』三帖目第十一通の注記でのべておいたから、それを参照していただきたい。ここではじめから蓮崇がひとすじなわではいかないことを見て、困惑しながらも、むしろ、それをたのしみ苦笑している蓮如の心中がおもしろい。吉崎を去る寸前、破門した門徒からはとりかえすのが当時一般に行われていたのに、蓮如は蓮崇にかえって親鸞絵伝と影像をあたえている（京都常楽寺・石川県恵光寺蔵）。やがて破門する蓮崇に蓮如は終生最大限の愛情をそそいでいる。

九　13　（ぬきがき）　蓮如の抜き書きである。

一念・他念のこと

「真宗の肝要は、一念往生をもって淵源《えんげん》」とし、「一念をもては往生治定《じじょう》の時尅《じこく》とさだめて、そのときのいのちのぶれば、自然《じねん》と他念《たねん》におよぶ道理」なり。「されば、平生《へいぜい》のとき一念往生治定のうえの、佛恩報謝の他念の称《しょう》名《みょう》となるところ」なり。「一念も他念もともに往生のための正因《しょういん》たるようにこころえみだす條《じょう》、すこぶる経釈《きょうしゃく》に違《い》せるものか。されば・・・・先達《せんだつ》よりうけたまわりつたえしがごとくに、他力の信をば一念に即得往生ととりさだめて、そのときいのちおわらざらん機は、いのちあらんほどは念佛すべし。これすなわち上《じょう》尽《じん》一形《いちぎょう》の釈にかなえり。しかるに、世の人つねにおもえらく、上尽《じょうじん》一形《いちぎょう》の他念も宗の本意とおもいて、それにかなわざらん機のすてがてらの一念とこころうるか。これすでに弥陀の本願に違し釈尊《しゃくそん》の言説《ごんせつ》にそむけり。そのゆえは、如来の大悲、短命《たんめい》の根機《こんき》を本と(したまえり。もし他念をもて本願と)せば、いのち一刹那《いっせつな》につづまる無常《むじょう》迅速《じんそく》の機いかでか本願《ほんがん》に乗《じょう》ずべきや」

(『口伝鈔』下第二十一章)

上尽一形　下至一念のこと

「下至一念というは、本願《ほんがん》をたもつ往生決定の時剋《じこく》なり。上尽一形というは、往生即得《おうじょうそくとく》のうえの佛恩報謝のつとめなり」。

(同　上)

平生業成《へいぜいごうじょう》のこと

そもそも宿善開発《しゅくぜんかいはつ》の機において「平生《へいぜい》に善知識《ぜんちしき》のおしえをうけて」、「至心信楽欲生《ししんしんぎょうよくしょう》の帰命の一心、他力よりさだまるとき」、「正定聚《しょうじょうじゅ》のくらいに住し」、また「即得往生《そくとくおうじょう》住不退転《じゅうふたいてん》の道理を」こころえ「なん機は、ふたたび臨《りん》終《じゅう》の時分《じぶん》に往益《おうやく》をまつべきにあらず。そののちの称名《しょうみょう》は佛恩報謝の他力催促《たりきさいそく》の大行たるべき條、文にありて顕然《けんぜん》なり」。「念佛往生には臨終の善悪を沙汰せず、至心信楽欲生の一心、他力よりさだまるとき、即得往生住不退転の道理を善知識にあうて聞持《もんじ》する平生のきざみに、往生は治定《じじょう》する」ものなり、と云々。

(『口伝鈔』下第十六章・中第十四章錯綜)

（文明四年　二月八日

そもそも宿善開発《しゅくぜんかいはつ》の機において至心信楽欲生の帰命の一心、他力よりさだまるとき、正定聚《しょうじょうじゅ》のくらいに住し、また即得往生《そくとくおうじょう》　住不退転《じゅうふたいてん》の道理をこころえなん機は、ふたたび臨終の時分に往生をまつべきにあらず。その後の称名は佛恩報謝の他力催促《さいそく》の大行《だいぎょう》たるべき條は、文にありて顕然なり。念佛往生は臨終の善悪を沙汰せず、至心信楽欲生の帰命の一心、他力よりさだまるとき、即得往生住不退転の道理を善知識にあうて聞持《もんじ》する平生の刻《こく》、往生は治定するものなり、と云々。

それ往生のさだまるところは一念帰命の時節なり。すなわちこれ佛智《ぶっち》なり。この一念までにてたすかりつるかたじけなさよと、念佛申して報謝しもうすなり。これも一念の信心より顕《あら》われて申す念佛なれば、他力催促《さいそく》の大行なりとしるべし。あなかしこ　あなかしこ。

一念の　うちにさだまる　往生を　となえてのちと　思うはかなさ）〈（　）内は重複もあるがあえてここに掲載した。〉

善導　云わく。諸衆生等《しょしゅじょうとう》　久流生死《きゅうるしょうじ》　不解安心《ふげあんじん》。文

この文のこころは、あらゆる衆生ひさしく生死に流転《るてん》することは、なにのゆえといえば、安心決定せぬいわれなり。

また　云わく。　安心定意《あんじんじょうい》　生安楽《しょうあんらく》　文

この文のこころは、安心さだまりぬれば、安楽にかならずむまるるなり、といえり。

「一　真宗においては、もはら自力をすてて他力に帰するをもて宗の極致《きょくち》とする」なり。

（『改邪鈔』本第二章）

「一　三業のなかには、口業《くごう》もて他力のむねをのぶるとき、意業《いごう》の憶念《おくねん》帰命の一念おこれば、身業礼拝《しんごうらいはい》のために竭《かつ》

仰《ごう》のあまり瞻仰《せんごう》のために、絵像木像《えぞうもくぞう》の本尊を、あるいは彫刻《ちょうこく》しあるいは畫図《がず》す。しかのみならず、佛法示悔《じげ》の恩徳を恋慕《れんぼ》し仰崇《こうすう》せんがために、三国伝来《でんらい》の祖師《そし》先徳の尊像を図絵し安置《あんち》すること、これつねのことなり」。（同　上）

「一　光明寺《こうみょうじ》の和尚《おしょう》の御釈《おんしゃく》をうかがうに、安心《あんじん》・起行《きぎょう》・作業《さごう》の三ありとみえたり。そのうち起行《きぎょう》・作業《さごう》の篇《へん》をばなお方便のかたとさしおきて、往生浄土の正因は安心《あんじん》をもて定得《じょうとく》すべきよしを釈成《しゃくじょう》せらるる條、もちろんなり。しかるに、わが大師《だいし》聖人このゆえをもて他力の安心をさきとしまします。それについて三経《さんぎょう》の安心あり。そのなかに『大経《だいきょう》』をもて真実とせらる。『大経』のなかには第十八の願をもて本《もと》とす」。（『改邪鈔』本第十一章）

一　第「十八の願にとりては、また願成就《じょうじゅ》をもて至極《しごく》とす。信心歓喜乃至一念《しんじんかんぎないしいちねん》をもて他力の安心とおぼしめさるるゆえなり。この一念を他力より発得《ほっとく》しぬるのちには、生死の苦海《くかい》をうしろになして涅槃《ねはん》の彼岸《ひがん》にいたりぬる條、もちろんなり。この機のうえは、他力の安心よりもよおされて、佛恩報謝の起行《きぎょう》・作業《さごう》はせらるべきによりて行住座臥を論ぜず、長時不退《ちょうじふたい》に到彼岸《とうひがん》のいいあり」と云々。（同　上）

一　「『観経《かんぎょう》』所説の至誠心《しじょうしん》・深心《じんしん》（廻向発願心）等の三心をば、凡夫《ぼんぶ》のおこすところの自力《じりき》の三心ぞ、とさだむなり」。（『改邪鈔』末第十九章）

一　「『大経』所説の至心信楽欲生等の三心をば、他力よりさづけらるる佛智とわけられたり。しかるに、方便《ほうべん》より真実《しんじつ》へつたい、凡夫発起《ぼんぶほっき》の三心より如来利他《りた》の信心に通入《つうにゅう》するぞ、とおしえおきましますなり、と云々。（同　上）

廃立《はいりゅう》といえること

一　真宗の門においてはいくたびも廃立をさきとせり。

廃《はい》というは捨《しゃ》なり、と釈《しゃく》す。聖道門の此土入聖得果《しどにっしょうとくか》　己身《こしん》の弥陀　唯心《ゆいしん》の浄土等の凡夫不堪《ぼんぶふかん》の自力の修道《しゅうどう》をすてよ、となり。

立というは、すなわち弥陀他力の信をもて凡夫の信とし、弥陀他力の行をもて凡夫の行とし、弥陀他力の作業をもて正業として、この穢界《えかい》をすてて、かの浄刹《じょうせつ》に往生せよとしつらいたまうをもて真宗」のこころとするなり、と云々。

（『改邪鈔』末第十八章）

文明四年　二月八日

一「一向専修《せんしゅう》の名言《みょうごん》をさきとして、佛智の不思議をもて報土往生をとぐるいわれをば、その沙汰におよばざる、いわれなきこと。

それ本願の三信心というは、至心・信楽・欲生これなり。まさしく願成就したまうには、聞其名号　信心歓喜乃至一念とらとけり。この文について凡夫往生の得否《とくひ》は乃至一念発起の時分なり。このとき願力をもて往生決得《けっとく》すというは、すなわち摂取不捨のときなり。もし『観経義』によらば、安心定得《じょうとく》といえる、これなり。また『小経《しょうきょう》』によらば、一心不乱《ふらん》ととける、これなり。しかれば、祖師聖人ご相承弘通《そうじょうぐずう》の一流の肝要《かんよう》これにあり。ここをしらざるをもて他門とし、これをしれるをもてご門弟《もんてい》のしるしとす。そのほかかならずしも外相《げそう》において一向専修行者のしるしをあらわすべきゆえなし」といえり。

（『改邪鈔』末第十五章）

一「当教の肝要《かんよう》は、凡夫のはからいをやめて、ただ摂取不捨《せっしゅふしゃ》の大益《だいやく》をあおぐべきものなり」。

（同　上）

一「『七箇條のご起請文《きしょうもん》』には、念佛修行の道俗《どうぞく》男女、卑劣《ひれつ》のことばをもてなまじいに法門をのべば、智者《ちしゃ》にわらわれ愚人《ぐにん》をまよわすべし、と云々。かの先言《せんげん》をもていまを案《あん》ずるに、すこぶるこのたぐいか。もとも智者《ちしゃ》にわらわれぬべし。かくのごときのことはもとも頑魯《がんりょ》なり荒涼《こうりょう》」なり、と云々。

（『改邪鈔』末第十三章）

一「ただ男女善悪《ぜんまく》の凡夫をはたらかさぬ本形《ほんぎょう》にて、本願の不思議をもてむまるべからざるものをむまれさせたればこそ、超世の願ともなづけ横《おうちょう》超の直道《じきどう》ともきこえはんべ」るものなり。

（『改邪鈔』本第十章）

宿善開発の機のこと

そもそも「宿善ある機は正法《しょうほう》をのぶる善知識《ぜんちしき》にしたしむべきによりて、まねかざれども、人をまよわすまじき法《ほう》灯《とう》にはかならずむつむべきいわれ」あり。「宿善もし開発の機ならば、いかなる卑劣《ひれつ》のともがらも願力の信心をたくわえつべし」と云々。

（『改邪鈔』本第八章・末第十五章）

無宿善の機のこと

「宿善なき機は、まねかざれども、おのずから悪知識《あくぢしき》にちかづきて、善知識にはとおざかるべきいわれなれば、むつびらるるも、とおざかるも、かつは知識の瑕瑾《かきん》もあらわれぬべし。所化《しょけ》の運否《うんぴ》、宿善の有無ももとも能所《のうしょ》ともにはづべきものをや。しかるに、このことわりにくらきがいたすゆえか。一旦《いったん》の我執《がしゅう》をさきとして宿善の有無をわすれ、わが同行、人の同行と相論すること。愚鈍《ぐどん》のいたり、佛祖《ぶっそ》の照覧《しょうらん》をはばからざる條、至極つたなきものか。いかん。しるべし」と云々。

（『改邪鈔』本第八章）

一　曇鸞《どんらん》和尚《おしょう》の「同一念佛　無別道故」といえり。されば「同行はたがいに四海《しかい》のうちみな兄弟《きょうだい》のむつびをなすべきに、かくのごとく簡別隔略《かんべつかくりゃく》せば、おのおの確執《かくしつ》のもとい我慢《がまん》の先相《せんそう》たるべき」ものなり。

（『改邪鈔』本第十二章）

現代意訳

（ぬきがき）一念他念のこと

真宗の肝要は、一念往生を淵源《えんげん》とする。一念は往生が定まる刹那《せつな》であり、その刹那のいのちがのびれば、おのずと他念になる道理である。だから、平生のとき、一念に往生が定まれば、それからは佛恩報謝の他念の称名となる。一念も他念もともに往生のための正因であると錯乱して解釈しては、経釈とはまったくちがってくる。したがって・・・先輩よりうけたまわったとおりに、他力の信をえた一念に即得往生すると定め、そのときにいのちがおわらない機は、いのちのあるかぎり念佛すべきである。これこそ（善導の）上尽一形の釈にかなっている。それなのに、一般にはつねに上尽一形の他念も宗の本意と思って、一念帰命にかなわない機の余分の一念と考えている。これはもう弥陀の本願にたがい釈尊の言説にそむくものである。もともと如来の大悲は命の短い根機を本とされた。もし他念がめあての本願であれば、いのち一刹那につづまるような無常迅速の機がどうして本願に乗ずることができるであろうか。

（『口伝鈔』下第二十一章）

「上一形を尽くし、下一念にいたるまで」ということ（善導の『往生礼讃』にあるが、一念は十声一声等になっている）。

下至一念とは、本願をたもつ往生が決定する刹那であり、上尽一形とは、往生が定まってからの佛恩報謝のつとめである。

（同　上）

平生業成のこと

そもそも宿善開発の機に平生に善知識の教えをうけて、至心・信楽・欲生の帰命の一心が他力よりさだまる刹那に、正定聚の位に住する。即得往生　住不退転の道理を身につけた機が、ふたたび臨終になって往生の利益をまつべきものではない。往生が定まってのちの称名は佛恩報謝の他力催促の大行であること、経文によって顕らかである。念佛往生には臨終のよしあしをとやかくいわず、至心・信楽・欲生の帰命の一心が他力より定まるやいなや、往生して不退転に住する道理を善知識に遇うて聞きたもつ平生の一瞬に、往生は定まる、といわれている。（文明四年　二月八日）

（『口伝鈔』下第十六章・中第十四章錯綜）

（そもそも宿善開発の機に至心・信楽・欲生の帰命の一心が、他力よりさだまる刹那、正定聚の位に住する。即得往生　住不退転の道理を身につけた機は、二度とふたたび臨終になって往生をまつべきではない。不退転に住してのちの称名は佛恩報謝の他力催促の大行であること、経文によってあきらかである。念佛往生には臨終のよしあしを問わず、至心・信楽・欲生の帰命の一心が他力よりさだまるやいなや、往生して不退転に住する道理を善知識に遇って聞きたもつ平生の時刻に往生は定まるのである、といわれている。

往生がさだまるのは一念帰命の刹那である。すなわちそれが佛智である。この一刹那にたすかるかたじけなさよと念佛を申して報謝するのである。これも一念の信心より開かれて申す念佛だから、他力が催促する大行だとさとるべきである。あなかしこ　あなかしこ。

一念の　うちにさだまる　往生を　となえてのちと　思うはかなさ）

善導はいう。　もろもろの衆生等　久しく生死に流転して　安心をさとらず。文

この文は、ありとあらゆる衆生がひさしく生死に流転するのは、なぜかといえば安心を決定しないからだ、というのである。

またいう。　安心の定まったそのこころが安楽に生ずる。文

この文は、安心の定まったそのこころは安楽浄土にかならず生まれる、というのである。

一　真宗では、もっぱら自力をすてて他力に帰するのを宗の極致とする。(『改邪鈔』本第二章)

一　身・口・意の三業において、口業で他力のむねをのべる時、意業の憶念帰命の一念がおこり、身業は礼拝のために竭仰のあまり瞻仰するために、絵像や木像の本尊を彫刻したり図畫したりする。のみならず佛法示悔の恩徳を恋慕し仰崇するために、三国伝来の祖師先徳の尊像を図絵し安置するのはあたりまえのことである。(同　上)

一　光明寺の和尚の解釈をうかがうと、浄土往生の行には安心・起行・作業の三ありという。そのうち起行・作業を方便としてさしおき、往生浄土の正因は安心と定めてうるべきことを実現されたのが本来である。そこで、親鸞聖人はこれをもとに他力の安心をさきとされた。それについて『浄土三部経』それぞれの安心がある。そのなかに『大経』を真実の教とされる。しかも『大経』のなかの第十八の願を本とするのである。(『改邪鈔』本第十一章)

一　第十八の願では、願成就を至極とする。信心歓喜乃至一念を他力の安心とうけとられたからである。この一念を他力より発得してのちは、生死の苦海をわたって涅槃の彼岸にいたることが本来である。この機は、他力の安心よりもよおされて、佛恩報謝の起行・作業をすることは行住座臥を問わず、ながらく退転しないで彼岸にいたるわけである、といわれる。(同　上)

一　『観経』に説かれる至誠心・深心・廻向発願心の三心は、凡夫のおこす自力の三心である。

一　『大経』に説かれる至心・信楽・欲生の三心を、他力よりさづけられる佛智とされた。しかるに方便より真実に伝わり、凡夫が発起した三心より如来利他の信心に通入するのだ、と教えておかれた、といわれる。

（『改邪鈔』末第十九章）

廃立ということ。

（同　上）

一　真宗の門では、どこまでも〈廃立〉をさきとする。

廃とは、捨てることである、と釈する。聖道門がいう此土で聖に入り佛果を得たり自身を弥陀とし浄土を観念したりするなどの凡夫には堪えられない自力の修行をすてよ、というのである。立とは、すなわち弥陀他力の信を凡夫の信とし、弥陀他力の行をもて凡夫の行とし、弥陀他力の作業をもて正業とし、この穢界をすてて、かの浄刹に往生せよとしつらえたまうのが真宗のこころとすることである、といわれている。

（『改邪鈔』末第十八章）

文明四年　二月八日

一　一向専修の名言をさきとし佛智の不思議によって報土往生をとげるいわれを沙汰しないのは、なんの根拠もない。

本願の三信心とは、至心・信楽・欲生のことである。本願が成就すれば「其の名号を聞いて　信心歓喜し　乃至一念せん」と説かれている。この文について凡夫が往生できるかできないかはまさしく乃至一念の発起の刹那にかかっている。この刹那、本願力によって往生決得する。それが摂取不捨の時でもある。『観経義』が「安心定んで得る」というのはこれだ。『小経』が「一心不乱」と説くのはここだ。したがって、祖師聖人が相承された弘願の一流の肝要はここにある。これを知らないのを他門とし、これを知るのをご門弟のしるしとする。それ以外なにも外相に一向専修行者のしるしをあらわすものはない、といわれている。（『改邪鈔』末第十五章）

一　当教の肝要は、凡夫のはからいをやめて、ただ摂取不捨の大益を仰ぐのである。（同　上）

一　『七箇條の起請文』に、念佛修行の道俗男女、卑劣の言葉でいいかげんに法門をのべれば、智者に笑われ愚人を迷わすであろう、といわれる。かの先言によって今を思うと、たいていこのたぐいである。智者にも笑われるだろう。こんなのはもともと愚かでわびしいはなしである、といわれている。（『改邪鈔』末第十三章）

一　ただ男女善悪の凡夫のはからいをいれない本願の不思議をもって生まれられない者を生まれさせたればこそ、超世の願といい、横超の直道ともいわれるのである。（『改邪鈔』本第十章）

宿善開発の機。そもそも宿善のある機は正法をのべる善知識にしたしみ、招かなくとも、人をまよわさない法灯にかならずちかづくものである。もし宿善開発の機なら、どんな卑劣のものも願力の信心をたくわえることができる、といわれている。（『改邪鈔』本第八章・末第十五章）

無宿善の機。宿善のない機は、招かなくとも、いつのまにか悪知識にちかづき、善知識には遠ざかるものだから、近づくのも遠ざかるのも、かつは知識その人の欠点もあばかれることになる。教えられる者の運否、宿善の有無は、教える人の最大の恥辱になるであろう。にもかかわらず宿善の有無を見通せないため、かりそめの我執をさきとして宿善のありなしを忘れ、自分の同行や他人の同行とかといって争論するのは、愚の骨頂、佛祖が見ていらっしゃるのもはばからないとは、なんとはしたないことか。どうだ、思い知るべきである、といわれている。

（『改邪鈔』本第八章）

一　曇鸞和尚は「同一に念佛するのは、別の道がありえないからだ」という。だから、同行はたがいに四海のうちみな兄弟の縁を結ぶべきなのに、このように差別し疎隔すれば、おたがいに確執のもと、気ままかってな煩悩擾乱の先ぶれとなるであろう。

（『改邪鈔』本第十二章）

解説

これは御文のさしあたって覚如の著書を中心としたよりどころであるが、『三部経』をはじめ七高僧の釈義における真宗の肝腑《かんぷ》を蔵する。いずれも浄土真宗の教義には欠くことのできない言葉ばかりである。むろん、蓮如光学の背景はとてもこれだけではいいつくせるものではない。

十　16　第二女見玉尼の往生についてのべる。

静かにおもんみれば、それ人の性は名によるともうしはんべるも、まことにさぞとおもいしられたり。しかれば、今度往生せし亡者の名を見玉といえるは、玉をみるとよむなり。されば、いかなる玉ぞといえば、真如法性《しんにょほっしょう》の妙理、如意宝珠《にょいほうしゅ》をみるといえるこころなり。これによりて、かの比丘尼《びくに》見玉房は、もとは禅宗《ぜんしゅう》の喝食《かつじき》なりしが、なかごろは浄華院《じょうけいん》の門徒《もんと》となるといえども、不思議《ふしぎ》の宿縁《しゅくえん》にひかれて、ちかごろは当流の信心のこころをえたり。そのいわれは去ぬる文明第二・十二月五日に伯母にてありしもの死去せしを、ふかくなげきおもうところに、うちつづきまたあくるおなじき文明第三・二月六日に、姉《あね》にてありし者おなじく臨終《りんじゅう》す。ひとかたならぬなげきによりて、その身もやまいつきてやすからぬ体なり。ついにそのなげきのつもりにや、病となりけるが、それよりして違例の気なおりえずして、当年五月十日より病の床に伏して、首尾《しゅび》九十四日にあたりて往生す。されば、病中のあいだにおいてもうすことは、年来《ねんらい》浄華院《じょうけいん》流の安心のかたをふりすてて、当流の安心を決定《けつじょう》せしむるよしをもうしいだして、よろこぶことかぎりなし。ことに臨終より一日ばかりさきには、なおなお安心決定せしむねをもうし、また看病人の数日のほねおりなんどをねんごろにもうし、そのほか平生におもいしことどもをことごとくもうしいだして、ついに八月十四日の辰《たつ》のおわりに頭北面西《ずほくめんざい》にふして往生をとげにけり。

されば、看病人《かんびょうにん》もまたたれやの人までもさりともとおもいし色のみえつるに、かぎりあるいのちなれば、力なく無常《むじょう》の風にさそわれて、かようにむなしくなりぬれば、いまさらのようにおもいて、いかなる人までも感涙《かんるい》をもよおさぬはなかりけり。まことにこの亡者は宿善開発《しゅくぜんかいほつ》の機といいつべし。かかる不思議の弥陀如来の願力の強縁《ごうえん》にあいたてまつりしゆえにや、この北国地にくだりて往生をとげしいわれによりて、数万人のとむらいをえたるは、ただごとともおぼえはんべらざりしことなり。

それについてここにある人の不思議の夢想《むそう》を八月十五日の荼毘《だび》の夜あかつきがたに感ぜしことあり。その夢にいわく、所詮葬送《そうそう》の庭において、むなしきけむりとなりし白骨《はっこつ》のなかより三本の青蓮華出生《しょうれんげしゅっしょう》す。その花のなかより一寸ばかりの金ほとけひかりをはなちていでたまうとみる。さて、いくほどもなくして蝶《ちょう》となりてうせける、とみるほどに、やがて夢さめおわりぬ。

これすなわち、見玉《けんぎょく》といえる名の真如《しんにょ》法性《ほっしょう》の玉《たま》をあらわせるすがたなり。蝶となりてうせぬとみゆる、そのたましい蝶となりて法性《ほっしょう》のそら極楽世界涅槃のみやこへまいりぬるといえるこころなり、と不審もなくしられたり。

これによりて、この当山に葬所《そうしょ》をかの亡者《もうじゃ》往生せしによりてひらけしことも、不思議なり。ことに、荼毘《だび》のまえには雨ふりつれども、そのときはそらはれて月もさやけくして、紫雲《しうん》たなびき月輪《げつりん》にうつりて五色なり、と人あまねくこれをみる。まことにこの亡者においては、往生極楽をとげし一定の瑞相《ずいそう》を人にしらしむるか、とおぼえはんべるらものなり。

しかれば、この比丘尼見玉このたびの往生をもてみなみなまことに善知識とおもいて、一切の男女にいたるまで、一念帰命の信心を決定して、佛恩報謝のためには念佛もうしたまわば、かならずしも一佛浄土の来縁《らいえん》なるべきものなり。あなかしこ　あなかしこ。

文明五（四？）年　八月廿二日　これを書く。

現代意訳

静かにかえりみれば、人の本性は名によるといわれているのも、まさしくその通りと思いあたるふしがある。このたび往生した亡者の見玉という名は、玉を見るとよむ。どのような玉かといえば、真如法性の妙理、如意宝珠という宝玉である。かの比丘尼見玉房（蓮如の第四子）は、もとは禅宗の喝食（禅寺で大衆に食事を給仕する稚児）であり、成人してから浄華院（存如の姉常楽台の見秀尼）の門徒となっていたけれども、不思議の宿縁にみちびかれて、ちかごろは（こちらへもどり）当流の信心をうるまでになった。

そのゆくたてというのは、去る文明二年十二月五日に（大）伯母（見秀尼）の死去した（二十四歳の時）のを深くなげきおもう折しも、つづいてまたあくる文明三年二月六日に（仲のよかった）姉の如慶が（わずか二十六歳の若さで）臨終した。ひとかたならず嘆いて、その身もめっきり弱って立ちいふるまいもはかばかしくない様子であった。そのなげきがつもりつもって、ついに病にかかってしまった。それより病気が快復しないまま、今年の五月十日からどっと病の床に伏して、九十四日目に往生した。

病床に伏しているあいだに、これまでの鎮西浄華院流の安心の方をふりすてて、当流の安心を決定したことを告白し、たいへんに喜んでいた。とくに臨終より一日ばかり前、いっそう安心を決定したむねをいい、また看病人の数日のほねおりをねぎらい、そのほか平生に思ったことなどをことごとくいいのこして、ついに八月十四日の朝十時前ごろ、頭北面西に伏して往生をとげていった。看病人ばかりでなくだれもかれも、そんな気配はうすうす感じてはいたものの、かぎりあるいのちだから、力なく無常の風にさそわれて、このように空しくなってしまえば、今さらくやんでもはじまらないと思いながらも、感涙をもよおさぬ人はなかった。本当にこの亡者は宿善開発の機といわねばならない。弥陀如来の願力の不思議な強縁にあいたてまつったからか、この北国地に下って往生をとげ、数万人の弔いをうることができたのは、なみやおろそかのこととは思われない。

それにつけても、ここにある人（蓮如自身）が不思議な夢想を八月十五日の茶毘の夜の明け方に感じた。その夢で、葬送の庭で空しい煙となった白骨のなかより三本の青い蓮華が生れた。その花のなかより一寸ばかりの金色の佛が光をはなってあらわれたのを見た。しかも、それがみるみる蝶となって消えていく、と見るまに、やがて夢がさめてしまった。これこそ見玉という名の真如法性の玉をあらわしたすがたであった。蝶となって消えうせたとみえたのは、そのたましいが蝶と化して法性の空高く舞い上がり、極楽世界、涅槃のみやこへまいったのだとなんの不審もなく信ずることができたのである。

こうして、この当山に葬所がかの亡者の往生したことによってひらかれたことも、不思議な縁である。ことに、前には雨がふっていたが、荼毘のときは空がからりと晴れて、月もさやけく、紫雲がたなびき月輪にうつって五色となるのを人々はみな仰いだ。きっとこの亡者が往生極楽をとげたにちがいないという瑞相を、人々に告げ知らせるのかと思われたものである。

こうして、比丘尼見玉のこのたびの往生を見て、これぞまことの善知識と仰ぎ、一切の男女にいたるまで、一念帰命の信心を決定して、佛恩報謝のために念佛を申されるなら、かならず一佛浄土の来縁たるべきものであろう。あなかしこ　あなかしこ。

(文明四・八・二十二)

解説

文明四年(一四七二)正月、吉崎への諸人も群集を禁止する。群衆はうんといわない。その大混乱の渦中に、見玉尼は静かに往生した。内と外にひろがる蓮如の悲嘆はさこそと思われる。

鎮西浄華院流とは殊勝にただ称名するのみであって、これを〈無信称名(単称)の異計〉という。なおこの異計には、信心も起行もわけないで称名するような藤沢の一遍上人の念仏や了誉の単《たん》直愚《ちょくぐ》痴《ち》の念仏もふくまれている。彼らは浄土荘厳の美にひかれるのだが、そこにとどまり美のおそろしさを知らない人々である。

十一　17

継母如円尼十三回忌（寛正元年十月四日卒）にあたり、みずからの感想をのべて、異母弟学本坊蓮照（如円の子、円光院応玄、当流に帰して後加賀大椙谷に住す）にあたえたものであろう。

文明第四　十月四日　亡母十三廻にあいあたり候。今日のことに候うあいだ、ひとしおあわれにこそ候え。三月ひきあげ佛事をなされ候うあいだ、さだめて亡者も佛果菩提にもいたりたまい候らん。さりながらかくのごとくおもいつづけ候。

十三年を　おくる月日は　いつのまに　今日めぐりあう　身ぞあわれなる

また愚老なにとなく当年さえこの国に居住せしめ、十三廻の佛事にあい候うも、真実の宿縁とこそおぼえ候え。さりながら、この亡者、安心のかたもいかがとこころもとなく候うあいだ、かくのごときのおもむきをなして、かようにつづけ候なり。

おぼつかな　まことのこころ　よもあらじ　いかなるところの　住家なるらん

さりながら他経《たきょう》によらば、一子出家《いっししゅっけ》　七世の父母皆往生とやらん。また当流のこころならば、還来穢国度人天《げんらいえこくどにんでん》と。これはいまだしきことにてや候うべき。しかりといえども、まことに変成男子《へんじょうなんし》・転女成男《てんにょじょうなん》の道理はさらにうたがいあるべからざるものなり。

いまははや　五障の雲も　はれぬらん　極楽浄土は　ちかきかのきし

かようにふでにまかせてなにともなきことをもうし候うなり。ご違例も今日はよきよしもうすあいだ、めでたくおぼしめし候うところに、はやこれへおいで候。対面《たいめん》申し候うほどに、なおなお殊勝に候。あなかしこ　あなかしこ。

文明五（四?）年　八月廿八日

現代意訳

文明四年十月四日は亡母《ぼうぼ》の十三回忌にあたる。今日も今日とて今さらながら、いっそうもののあわれをさそうことである。三月にひきあげて佛事《ぶつじ》を行ったから、きっと亡者《もうじゃ》も佛果菩提《ぶつかぼだい》にいたられたことであろう。とはいえ、つぎのように思いつづけたことである。

十三年を　おくる月日は　いつのまに　今日めぐりあう　身ぞあわれなる

愚老《ぐろう》もなんとなく当年までもこの国に居住し、十三回忌の佛事にあうのも、まことの宿縁といわねばならぬ。それにつけて、この亡者の安心の面はどうであろうとたよりなく思い、つぎのような歌を作ってみた。

おぼつかな　まことのこころ　よもあらじ　いかなるところの　住家なるらん

もとより他経《たきょう》によると、一子が出家《しゅっけ》すれば、七世にわたる父母がみな往生する、という。当流のこころなら、穢国《えこく》に還来《げんらい》して人天《にんでん》を度《ど》さん、といえようが、これもまだ不徹底《ふてってい》である。ともあれ、まことに変成男子　転女成男の第三十五の願の道理はさらにうたがうことはできまい。

いまははや　五障の雲も　はれぬらん　極楽浄土は　ちかきかのきし

とそう筆のすさびにとりとめもないことを詠んだものである。実子の蓮照（もと応玄）どのもすぐれなかったご気分が今日はよろしそうで、うれしく思っていると、はや私の前においでになった。対面できて、なお結構であった。あなかしこ　あなかしこ。（文明四・八・二十八）

解説

ここで、死んだ人をすべて〈ほとけ〉でなく〈亡者〉という。亡者とは生存の大地が亡くなったものである。所詮、われわれは亡者として永遠に流転するか、生まれかわって仏になるかのいずれかであろう。これは恩讐のかなたに雄々しくも生きる蓮如の面目躍如《めんもくやくじょ》たる御文である。

十二　19　僧俗の問答。施物だのみをいましめる。

そもそも去年冬のころ、ある人のいわく、路次《ろじ》にて興《きょう》ある坊主にゆきあいぬ。さるほどにこの坊主《ぼうず》をみるに、くだんの門徒《もんと》のかたより物とり信心ばかりを存知せられたる人なり。それがしおもうよう、よきついでにて候うあいだ、一句たずねもうすよう、いかように御流の安心をばおこころえ候うや、これにてまいりあい候うことも不思議の宿縁《しゅくえん》とこそ存じ候うあいだ、おそれながら信心のようもうしいれべく候。また領解《りょうげ》候分委細うけたまわり候え、ともうすところに、おおせ候うようは、もろもろの雑行をすてて一向一心に弥陀に帰するが、すなわち信心とこそ存じおき候え、ともうされけり。この分ならば、子細なく存じ候いつれども、この坊主はまさにさようのこころえまでもあるまじく心中に存じ候うあいだ、かさねてもうすようは、さいわいにまいりあい候ううえは、なにごとも心底をのこさずもうしうけたまわるべく候。所詮已前おおせ候うおことばにも、もろもろの雑行をすてて一心一向に弥陀に帰する、とうけたまわり候わば、雑行をすて候うようをも、また一心一向に弥陀に帰するようなんどをも、よくご存知候うてかくのごとくうけたまわり候やらん。

答えていわく。いまの時分みな人々のおなじくちにもうされ候うほどに、さてもうして候。そのいわれを存知せず候。われらがことはなまじいに坊主にて候うあいだ、あまりに貴方にむかいもうしてそのご返事をもうさではいかが、と存じ候いてもうして候うなり。さらに、信心の次第をばかって存知せず候うあいだ、あさましく候。さいわいにまいりあい候うあいだ、ねんごろに信心のようをうけたまわるべく候。かようにうちくつろぎおおせ候うあいだ、くわしくもうしいれべく候、よくよくきこしめさるべく候。

そもそも、もろもろの雑行をすてて一心一向に弥陀に帰すともうすは、ことばにてこそ候え、もろもろの雑行をすてともうすは、弥陀如来一佛をたのみ、余佛《よぶつ》・余菩薩《よぼさつ》にこころをかけず、また余の功徳《くどく》・善根《ぜんこん》にもこころをいれず、一向に弥陀に帰し一心に本願をたのめば、不思議の願力をもてのゆえに弥陀にたすけられぬる身とこころえて、この佛恩のかたじけなさに行住座臥に念佛もうすばかりなり。これを信心決定の人ともうすなり、とかたりしかば、歓喜《かんぎ》のいろふかくして感涙《かんるい》をもよおしけり。

また坊主もうされけるは、先度、身が同朋《どうぼう》を教化つかまつり候うことの候いつる。これもいまはあやまりにて候。懺悔《さんげ》のためかたりもうすべく候、お聞き候え。所詮、身が門下に有徳なる俗人の候うなるを、随分勧化つかまつり候うここちにてもうすようは、貴方はさらに信心がなきよしもうし候うところに、かの俗人おおきなるまなこにかどをたてもうすようは、すでにわれらが親にて候うものは、坊主において忠節《ちゅうせつ》のものにて候。そのいわれは少寄進《きしん》なんどもうし候。また家なんどつくられ候うときも、助成《じょせい》をももうし候。またわれらにおきても、自然のときは合力《ごうりき》ももうし候。そのほかときおりふしの礼儀なんども今日にいたるまでそのこころざしをはこび、物を坊主にまいらする信心をいたしもうし候。そのうえには、後生《ごしょう》のためとては念佛をよくとなえ候。なにごとによりてわれらが信心がなきなんどうけたまわり候うやらん。さようになにともなきことをおおせ候わば、門徒をはなれもうすべく候うあいだ、かの仁《じん》はわれらがためには一の力同朋《どうぼう》にて候うあいだ、万一《まんいつ》他門徒へゆき候わば、力をうしなうべく候うあいだ、さては貴方の道理にて候うあいだ、さようにもうすよしきき候うあいだ、さてこそもうしつれ、向後《こうご》におきてはさようにもうすべからず。あいかまえてあいかまえて他門下へゆくべからざるよしもうし候いき。これもわれらがあやまりにて候うあいだ、おなじく懺悔《さんげ》もうすなり。あなかしこ　あなかしこ。

文明五年　二月一日　これを書く。

現代意訳

ある人がいった。去年の冬のころ、路次で面白い坊主にゆきあったものだ。この坊主は日ごろ門徒から物をまきあげる信心ばかりを身につけた人のようである。そこで、私は考えた。いい機会だから、ちょっとからかってやろうと思って、どのように一流の安心をこころえていられるのやら、ここでおあいしたのも不思議なご縁、おそれながら信心のもようを聞かせてほしい、また、おわかりになっていられるところをくわしくうけたまわりたい、といったものだ。

すると、いろんな雑行をすてて一向一心に弥陀に帰するのが、すなわち信心だと思っておくがいい、と申される。そんなことなら私だってとっくに知っているが、この坊主自身そんなことすら身についていない様子と見えたので、念をおした。さいわいにおあいできた以上は、なにごとも心底をのこらずうけたまわりたいものだ。この前もいわれた言葉に、いろんな雑行をすてて一心一向に弥陀に帰する、とあったが、雑行をすてるというのも、一向一心に弥陀に帰するというのも、あなた自身がよく身につけた上で、そうおっしゃるんでしょうね、と。

答えていった。いま時分、人々がみんな、同じようにいっているから、そういったまで。実はわけがわからんのだ。私なんかなまじ坊主だから、貴方にむかって返答しなければいかんと思っていったまでのことだ。なさけないことに、わしは信心の次第など全然知らぬ。さいわいここで会ったからには、こっちの方がねんごろに信心のもようをうけたまわりたいものだ、とざっくばらんにいわれるので、くわしくお話し申しましょう。よく聞いてくだされ、とたのんだ。

さて、いろんな雑行をすてて一心一向に弥陀に帰す、というのはたかが言葉にすぎぬとはいえ、いろんな雑行をすててとは、弥陀如来一佛をたのみ、余の佛や余の菩薩にこころをかけず、また余の功徳善根にもこころをうばわれず、一向に弥陀に帰し一心に本願をたのめば、不思議の願力で弥陀にたすけられる。それからは弥陀にたすけられたこの身とさとって、佛恩のかたじけなさにいつでもどこでも念佛申すのみである。これを信心決定の人というのです、と話すと、歓喜のいろふかく感涙をうかべて坊主はいった。

先度、わしは同朋一人を教化したことがあった。これも今となればあやまりだったわい。懺悔と思って話すから、聞いてくれよ。つまり、わしの門下に徳のある俗人がいるのを、徹底的に教化してやろうとかまえて、まず貴方はさらに信心がないといったら、かの俗人が大きな眼にかどをたてていうには、私らは親の代からずっと、お寺の坊さんには忠節をつくしたものです。それというのも寄進などいくらでもしたし、家などをつくられるときも、助成もしました。私らも、自然の災害の時には合力もしました。そのほか、折にふれての礼儀など今日が日までせっせと布施のこころざしをはこび、いろんな物を坊主に上げるような信心をいたしました。さらに後生のためといって念佛もよくとなえました。それがいまさらどうして私らに信心がないなどとおっしゃるのですか。さように根も葉もないことをおっしゃるのなら、門徒をはなれます、という。ところが、その男はわしらのためには力のある同行だから、万が一にも他門徒へいこうものなら、それだけ寺の力がなくなるから、なるほど貴方のいうのはもっともだ。ただ人がそういうのを聞いたから、わしもちょっといってみたまでのことだ。これからはけっしてこんなことといわぬから、けっして他の門下へゆかないでくれとたのんだものだ。これもわしらのまちがいだった。いっしょに懺悔しなくてはなるまい。あなかしこ　あなかしこ。（文明五・二・一）

解説

念仏するのはなんのためめか。坊主の施物だのみやまじめ一点ばりの昔風の同行連中の利己主義にはまったく手のつけようがない。蓮如はさじをなげかける。ならぬ堪忍するが堪忍である。

文明五年（一四七三）正月、吉崎退去を決意し、三月、『正信偈《しょうしんげ》』『和讃《わさん》』四帖を開版する。

十三　21　多屋坊主の懈怠《けたい》をいましめる。

そもそも昨日人のもうされ候いしは、たれびとにてわたり候いつるやらん、かたりもうされけるは、このごろなにとやらん坊主たちのまことに佛法にこころをいれたまい候うか、身にとりて佛法のかたにちときずもいたかもおわたり候うか、さらに心中《しんちゅう》のとおりをもしかしかとも懺悔の義もなく、またとりわけ信心のいろのまさりたるかたをもうされ候う分もみえず候うて、うかうかとせられたるようにおぼえ候うは、いかがはんべるべく候うや。ただ多屋《たや》役ばかりおなうらい候うて、座敷すぎ候えば、やがて多屋多屋へかえらせたまい候うは、よきおふるまいにて候うか、よくよくご思案《しあん》あるべく候。

されば、善導の御釈にも自信教人信《じしんきょうにんしん》　乃至真成報佛恩《しんじょうほうぶっとん》と釈せられ候うときは、自身もこの法を信じ、人をしても信心なきものをすすめ候わんこそ、まことにもて佛恩報謝の道理にてもあるべくおぼえ候。また上尽一形《じょうじんいちぎょう》　下至一念と判ぜられ候うときも、一念の信心発得《ほっとく》のすがたもみせず、御わたり候。また一形憶念《いちぎょうおくねん》の義もさらに成就せられたるとも見およびもうさず候。よくよくご校量《こうりょう》あるべく候。あさまし　あさまし。こころにうかぶとおりもうすなり。ごめん　ごめん　南無阿弥陀佛　南無阿弥陀佛

文明五年　二月九日

現代意訳

昨日人がいったことには、だれであったか話していたが、このごろどうしたことか坊主たちはま

ことに佛法にこころをいれているのやら、佛法の方にほんとに身をいれた自覚があるのやら、何も心中のとおりはこれこれだと懺悔する気もなく、またとりわけ当流の信心のいろが他の宗にまさっていることを話される気持も見えないで、うかうかと暮らしていられるように思われる。どうなることやら。ただ葬式・法事の作法ばかり見ならって、門徒の座敷から座敷をわたって歩きさえすれば、やがてそれぞれの自坊へ帰る。はたしてそれがりっぱな仏事のふるまいといえるのであろうか、よくよく思案なさるがいい。

善導の御釈にも「自信教人信・・・真成報佛恩」とあるからには、自身もこの法を信じ、他人の信心のないものをすすめてこそ、まことに佛恩報謝の道理であると思われる。また「上尽一形　下至一念」といわれても、一念の信心を発得するすがたもみせずに暮らしている。また一形憶念の義もさらに成就されたとは見うけられない。よくよくご反省いただきたいものである。なんたるあさましいことであろう。ここで、こころに浮かんだままをのべたが、ごめん　ごめん。南無阿弥陀佛

南無阿弥陀佛　（文明五・二・九）

解説

苦悩する民衆にこたえようとしないで、権力奪取をこころみながら、門徒の葬式・法事ばかりにとびまわっている多屋坊主のこの堕落ぶりは何たることか。ごめん　ごめんとは、真の佛道が多屋坊主のなかから消え失せていることに対する蓮如のやりきれない心中をあらわしている。

十四　23　睡眠をめぐる問答。京都大谷家一族の懈怠をいましめる。

ある人いわく、きのうははや一日の雨中《うちゅう》なれば、さみだれにもやなるかとおもい、また海上《かいじょう》のなみのおとまでも、たかくものさびしくおとづれければ、もとよりいとどこころのなぐさむこともなきままに、いよいよ睡眠《ずいめん》はふかくなりぬれば、生死海《しょうじかい》にうかみいでたるその甲斐《かい》もなく、あさましくこそはおもいはんべれ、ともうしたりしかば、

　ここにある若衆のわたり候うがもうされけるは、われらはあながちにさように睡眠のおこりそうらえばとて、いたくかなしくもおもわず候。そのゆえは、安心《あんじん》のことはこころえ候いつ、また念佛はよくもうしそうらいぬ。また雑行とてはさしてもちいなく候うあいだ、つかうまつらず候。ことにわれらは京都のご一族分《いちぞくぶん》にて候うあいだ、ただいつもものよくくい候うて、そののちはねたく候えば、いくたびもなんどきもふみぞりふせり候。また佛法のかたはさのみこころにもかからず候。そのほかなにごとにつけても人のもうすことをばききならいて候うあいだ、聖人のご恩にてもあるかなんど、ときどきはおもうこころも候うばかりにて候。

　ここにまたある人の申しけるは、さてはあれらさまは京都のご一族にてご座候うあいだ、さだめてなにごともご存知あるべく候うほどに、われらがもうすことはおよばぬ御ことにてこそ候え。

　ある人また問うていわく。われらがようなる身にてかようのもうしごと如法《にょほう》如法そのおそれすくなからぬことにて候えども、佛法のかたなれば、もうすにて候。あまりにおこころえのとどきそうらわぬおもむきをひとはしもうしたく候。そのいわれは当流の次第は信心をもて先とせられ候うあいだ、信心のことなんどはそのさたにおよばず候うて、京都のご一族を笠《かさ》にめされ候うこと、これひとつおおきなる御あやまりにて候。ことにねむりなんどもいたくかなしくもおもわぬなんどおおせられ候うこと、これひとつもったいなく候。貴方は随分の佛法者にてごいり

候えども、いまの子細をご一族におそれもうされ候うて、ひとはしおもうし候わぬこと、くれぐれ御あやまりとこそ存じ候え。

答えていわく。われらもともその心中にては候いつれども、ご存知のごとく、不弁短才の身にて候えば、ふかく斟酌をなしてもうさず、貴方にゆずりもうし候うなり。ひとはしこの子細をおもうし候わば、興隆にてあるべく候。

問うていわく。われらも斟酌《しんしゃく》に候えども、ご所望候うえはこれ聴聞つかうまつり候うおもむき、ひとはしもうすべく候。そのゆえは、われらもすでに無明のやみにねむり、しずみいたる身にて候うが、たまたま五戒の功力によりていま南浮《なんぶ》の生をうけて、あいがたき佛法にあえり。されば、このたび信心決定するむねなくば、三途《さんづ》の旧里《きゅうり》にかえらんことをかなしみおもわば、などかねむりをこのみ候うべきや。されば、『観経』には唯除睡時《ゆいじょすいじ》　恒憶此事《こうおくしじ》とときし、善導は煩悩深無底《ぼんのうじんむてい》　生死海無辺《しょうじかいむへん》とも云何楽睡眠《うんがらくすいめん》とも判ぜり。この文のこころは煩悩はふかくしてそこなし、生死の海はほとりなき身の、いかんが睡眠をこのまんや、といえり。また『観経《かんきょう》』にも、ただねむりをのぞきてこのことをおもえ、ととかれたり。経釈《きょうしゃく》ともにねむりをこのむべからず、ときこえたり。このときは、ご一族にてご座候うとも、佛法のおこころえあしくそうらわば、報土往生いかがとこそ存じ候らえ。ふかくご思案候いて、佛法の方をおたしなみそうらわば、まことにもて千秋萬歳めでたく存じ候。かえすがえすご所望によりてかくのごとくの次第もうしいれ候う條、千万おそれいり候。あらもったいなや。南無阿弥陀佛　南無阿弥陀佛。

文明五年　五月　日

現代意訳

ある人がいった。昨日ははや一日中雨降りで、五月雨になるのかと思い、また海上の波の音も、高くものさびしく聞こえるから、もともと心をなぐさめるなにもないままに、そろそろ睡眠がふかくなっていけば、生死の海に浮かびでた生き甲斐もない、あさましいことだと思う、と。

ここにある若衆がいて、私らは強いてそのように眠気がおこったからといって、いたく悲しいとも思わない。というのは、安心のことはこころえているし、また念佛だってよく申す。また雑行なんか必要ないから、するわけがない。ことに私らは京都の大谷一族だから、いつもただよく食べて、そのあと寝たければ、いつでもいくらでもふんぞりかえって眠るまでのこと。佛法の方なんぞあづかりしらぬ。ほかになんでも人のいうことを聞きならっているから、これが聖人のご恩かもしれぬ、とときどきは思う気持がないではない、といったものである。

そこである人は思った。さてさてあの方々は京都の大谷一族だから、きっとなんでも知っていらっしゃる。私らが口をはさむことなど、まったくなかろう、と。

それでも、ある人は問うた。私らのような身でかように申すことはさしでがましくおそれ多いことですが、佛法のことだから、あえていいます。あまりにお心得のとどかぬところを、一言いいたいのです。というのは、当流の次第は信心を先とされるにもかかわらず、信心のことなどまったくとりあげないで、京都の大谷一族であることをカサニカカッテいられることは、大まちがいです。ことに睡眠の煩悩なんかいたくもかゆくもないなどといわれる、なんというもったいないことでしょう。あなたは自分をいっぱしの佛法者だと気どっていられるかもしれませんが、信心の子細をご一族の方に遠慮なさって、すこしもおっしゃらないことは、かえってまちがいだと在じます。

答えていう。私らはもともとその心中なんだが、ご存知のように、弁もたたず才もおとる身だから、何分にもいたく遠慮して、いおうとしないのだ。君にゆずるよ。ひとつ信心の子細をいってくだされば、佛法もさかんになるだろうて。

問うていう。私らみたいなものが申すのははばかり多いとはいえ、おのぞみとあらば、これまで聴聞してきたおもむきを、ひとつ申し上げることにいたしましょう。それというのも、私ら人間はすでに無明の闇にねむりこけた身であるが、たまたま生前に五戒をたもった功力によって今この世に生まれて、遇いがたい佛法に遇えました。だから、このたび信心を決定しなかったら、地獄・餓鬼・畜生の三途の旧里にかえらねばなりません。それを悲しく思えば、どうして睡眠をこのんでいられるものですか。そこで『観経』には「唯除睡時　恒憶此事」と説き、善導は「煩悩深無底　生死海無辺」とも、「云何楽睡眠」ともいわれます。善導がいおうとするのは煩悩は深くて底がない、生死の海はかぎりない身が、どうして睡眠をこのんでよいものか、というのです。また『観経』のは、ただ眠りを除いて常日ごろからこのことを憶念せよ、と説かれます。経も釈もともに眠りをこのんではならない、といわれているのです。

今生ではご一族という身分であっても、佛法の自覚がなかったら、報土への往生はどうかと思われます。深く反省なさって佛法の方をおこころがけくだされば、ほんに千秋萬歳　なんとうれしいことでしょう。くれぐれもおのぞみのままに、このような次第を申し上げました。千万おそれいります。なんともったいないことよ。南無阿弥陀佛　南無阿弥陀佛。（文明五・五）

解説

このカサニカカッタ大谷家の若い衆は、当流の教化を直接自分の体験や確信にもとづかない、ただ他人の無智にあてこんで説得するのみの口先だけのデマゴギーととりちがえている。言葉たくみに他人をあざむくのは、相手を暴力でうち殺すのと根本ではすこしもかわらないであろう。喰っては寝、喰っては寝ている、なんの邪心もない良家のお坊ちゃんがこの世ではもっとも危険な存在であることをこの御文は指摘している。自らを吟味しない生活は人間の生活ではない。他人が使ったからといって一家衆の椀を砕いたが、今はその怠慢をはげしく鞭打つ蓮如である。

だいたい、蓮如は〈こころえる〉という言葉を連発するが、これほどきびしい言葉はないのである。それはわれわれの日常の怠慢と油断をそのまま肯定しない。もし「知らぬが花」、迷いあるところに人生があるとするなら、〈こころえる〉ということは、信知するということ、現在に死んで、未来に生きることを断固として命令しているのである。

十五　24　吉崎の繁昌をのべて、宗要を説く。

そもそもこの両・三ヶ年のあいだにおいて、あるいは宮方あるいは禅《ぜん》・律《りつ》の聖道《しょうどう》等にいたるまで、もうし沙汰する次第は何事ぞといえば、所詮越前国加賀ざかい長江瀬越の近所に細呂宜郷《ほそろぎ》の内《うち》吉崎とやらんいいて、ひとつのそびえたる山あり。その頂上をひきくづして屋敷となして、一閣を建立《こんりゅう》すときこえしが、いくほどなくて、つづいて加賀・越中・越前の三ヶ国のうちの、かの門徒の面々よりあいて、多屋と号して、甍《いらか》をならべ家をつくりしほどに、いまははや一・二百間の棟かずもありぬらんとぞおぼえけり。あるいは馬場大路をとおして、南大門《なんだいもん》・北大門《ほくだいもん》とて、南北のその名あり。されば、この両・三ヶ国のうちにおいて、おそらくはかかる要害《ようがい》もよくおもしろき在《ざい》所《しょ》、よもあらじとぞおぼえはんべり。さるほどにこの山中に経廻の道俗男女、そのかずいく千万ということなし。しかればこれひとえに末代《まつだい》いまのときの罪ふかき老少男女において、すすめきかしむるおもむきは、なにのわづらいもなく、ただ一心一向に弥陀如来をひしとたのみたてまつりて、念佛申すべし、とすすめしむるばかりなり。これさらに諸人の我慢《がまん》・偏執《へんじゅう》をなすべきようなし。あらあら殊勝の本願や、まことにいまのときの機にかないたる弥陀の願力なれば、いよいよ尊ぶべし、信ずべし。あなかしこ　あなかしこ。

文明五年　八月二日

現代意訳

この二・三年のあいだに、神社の方々や禅宗・律宗などの聖道門の人々までが、しきりにうわさしているのは何かといえば、つまり越前国と加賀のさかい長江・瀬越（現在の加賀市）の近所に細呂宜郷（福井県坂井郡）の内の吉崎という、そびえたつひとつの山がある。その頂上を平にして屋敷を造り一閣を建立したと聞いたが、ほどなく、つづいて加賀・越中・越前の三ヶ国の門徒の面々がよりあい、多屋（他屋とも書く）と称して、甍をならべ家をつくったのが、今ははや一・二百戸の棟数もあろうかと思われるほどになった。それに馬場の大路を通して南大門・北大門と、南北にわたるほどの名さえつけている。この二・三ヶ国のなかで、おそらくこのような要害の固く立派な在所はありそうにないと思われる。しかも、この山中に往ったり来たりする道俗男女の数はなんなん千万と数えきれない。そこでは、末代今どきの罪ふかい老少男女にすすめきかせるおもむきは、なにのわづらいもない。ただ一心一向に弥陀如来をひしとたのみたてまつって、念佛申すべし、とすすめるのみである。そこには、まったく人々の高慢や偏見のつけいるすきもない。ああいともすぐれた本願！　まことに今のときの機にかなった弥陀の願力だから、いよいよ尊ぶべし、信ずべし。あなかしこ　あなかしこ。（文明五・八・二）

解説

蓮如が求めた当流教化の拠点・吉崎は意外に大きくふくらんでしまった。みごとに整理され構成され美しく出来上がった寺内町。だからといって、それで人が他力の信心を決定する度合いが高まったとはいえぬ。たとえ酔っぱらいの一語であっても、それが真理の全重量を蔵する時には、この繁昌する世界が一瞬にして砂漠と化し、蛆《うじ》の市場と化すほどに、この町の全構成を破壊しさって無意味になることもまたありうるのである。それはあまりに皮肉で無情な見方といわれるかもしれないが、このような現実の重みいかんの問題は依然《いぜん》としてのこるのである。さればこそ、蓮如は弥陀の本願をこそ尊ぶべし、信ずべしと絶叫する。

十六　29　正しい宗名である浄土真宗をかかげる。

それ当流を一向宗とわが宗よりもまた他宗よりも、その名を一向宗といえること、さらにこころえがたき次第なり。祖師聖人はすでに浄土真宗とこそおおせさだめられたり。他宗の人の一向宗ということは是非なし。当流の中にわれとなのりて一向宗ということは、おおきなるあやまりなり。まづ当流のことは自余の浄土宗よりもすぐれたる一義あるによりて、わが聖人も別して真の字をおきて浄土真宗とさだめたまえり。つぶさにいえば浄土真宗というう。略していえば真宗というべきなり。されば、他宗には宗の字にごりてつかうなり。当流にはすみてつかうべきなり、とこころうべきものなり。あなかしこ　あなかしこ。

文明五年　九月下旬

現代意訳

さて当流の名をわが宗からも他宗からも、一向宗《いっこうしゅう》というのは、さらさらなっとくしがたいことである。祖師聖人はすでに浄土真宗と仰せさだめられた。他宗の人が一向宗というのはしかたがないが、当流のなかでみずから一向宗と名のるのは、大まちがいである。まず当流はほかの浄土宗よりすぐれた一義があるから、親鸞聖人はとりわけ真の字を入れて浄土《じょうど》真宗《しんしゅう》とさだめられたのである。つぶさにいえば浄土真宗、略していえば真宗というべきである。しかも、他宗には宗の字をにごって使う、当流は澄《す》んで使うべきだ、とわきまえておかなければならない。あなかしこ　あなか

しこ。（文明五・九・下旬）

解説

ここで一向宗の名を捨ててあらためて浄土真宗を名のるのは、さしあたって一向一揆と当流を区別する歴史的意義をもっている。しかし、この名のりには蓮如のなみなみならぬ自信がみなぎっている。権力の衰微した足利幕府の裁定にたよらないで、自らの主体性を確保できる道があるということである。主体性とは自分だけで考えたり自分と同類の人たちとだけひそかに語るような独断におちいらず、たえずわれわれの確信を吟味する問答し対話する勇気、物をいおうとする決意をいう。御文が多く対話の形式をとっているのは具体的にそれを示している。それにはできるだけいっそう自我中心の力を超越していかなければならない。だから、単なる話し合い・談合ではない。信に死して願に生きるような廻心の対話でなければならない。

もっときりつめていえば、この対話を通して自力を捨てて他力の安心をえなくてはならない。問答し対話すれば、どんな矛盾葛藤《かっとう》でもどこかに一致点があるはずである。その一致点を仮の足場として、さらに深く自己自身を吟味していく。それまで自分が確信していたことがたとえまちがった、自己自身を欺くものだったとしても、それを素直にみとめることが一歩でも真実の信心にちかづくことができるのなら、愚鈍無智の自覚もまたよしとすることができるであろう。

このような問答・対話こそ曇鸞のいった不退の風航というものではないか。われわれは大悲の願船に乗って生死の大海をわたる危険をおかしながらも、安心して滅度にいたることができる。この道を吉崎の興起という歴史的現実のなかで、あらためて見いだした蓮如の喜びと自信が浄土真宗を名のらせたといって過言ではあるまい。

十七　30　浄土真宗の名をかかげて問答し、真宗別途の法門である南無阿弥陀佛の六字の意義を説く。帖内一の十五に通ずるから、これを略する。

十八　35　（端書云）　蓮崇が書写した御文のはしがき。

右斯文《このもん》どもは、文明第三のころより同じき第五の秋の時分まで、こころにうかぶままに、何の分別もなく連連《つれづれ》に筆をそめおきつる文どもなり。さだめて文体のおかしきこともありぬべし。また、ことばなんどのつづかぬこともあるべし。かたがたしかるべからざるあいだ、その斟酌《しんしゃく》をなすといえども、すでにこの一帖の料紙《りょうし》をこしらえて書《しょ》写《しゃ》せしむるあいだ、力なくまづゆるしおくものなり。外見《げけん》の儀《ぎ》くれぐれあるべからず。ただ自然のとき自要《じよう》ばかりにこれをそなえらるべきものなり。あなかしこ　あなかしこ。

時に　文明第五　九月廿三日に藤嶋の内　林之郷　超勝寺において、この端書を蓮崇所望のあいだ、同廿七日中の尅にいたりて筆をそめおわりぬ。

釈蓮如　在御判

現代意訳

（端書にいう）これらの文は、文明三年ころから同五年秋の時分まで、心に浮かぶままに、何の分別もなくつづけて筆をそめておいたものである。きっと文体のおかしいこともあろう。また文章がつづかないこともあろう。とのついでに書いたのであって、公けにできるものではなく、はしたないものだが、すでに蓮崇がこの一帖の料紙をこしらえて書写しておいた。しかたないから許しておくことにした。しかし、くれぐれも外見してはならない。ただ自分の心おぼえとしてのみそなえておくべきものである。あなかしこ　あなかしこ。

(時に文明五年九月廿三日に藤嶋の内　林之郷・超勝寺でこのはしがきを蓮崇が望んだので司廿七日、中の尅に筆をそめおわる。　釈蓮如　在御判)

解説

蓮如の御文蒐集は奇しくも蓮崇がはじめである。ここに、「外見の儀くれぐれあるべからず」とある。これは第三者に見せてはいけないという意味もあろうが、第三者や傍観者のつもりで読んではいけないという意味もあるであろう。蓮如が何度も使う〈こころえる〉とは、語り手の蓮如自身からも読み手の自我からもはなれて、あたかも医者に身をゆだねるように、御文の一言一句に自分自身を投げこむことである。それが南無六字の光学への尊い入門であろう。

はたして蓮崇がその機微を了解したであろうか。

第二部　落日の吉崎　二十章

十九　37　牢人攻撃に備え吉崎に要害をかまえる多屋衆の評定（決議）文。本文は漢文。

右この両・三ヶ年のあいだ、この当山において今まで占居《せんきょ》して堪忍《かんにん》せしむる根元《こんげん》はさらに名聞《みょうもん》利養を本とせず、栄花栄耀《えいがえいよう》をこととせず、ただ願うところは往生極楽のためばかりなり。しかるあいだ、当国加州・越中のうち、土民百姓已下《いげ》等《とう》において、その身一期《いちご》はいたずらに罪業《ざいごう》をつくり一善もおさむる子細これなくして空しく三途《さんづ》に堕在《だざい》すべきあいだ、あながちに不便《ふべん》するによって、さいわいに弥陀如来の本願はまことにもて当時の今の根機《こんき》において、相応の要法たるうえ、ひとえに念佛往生の安心《あんじん》をすすむるのほか他のことなきのところ、ちかごろ牢人《ろうにん》出張《しゅっちょう》の儀、諸方より種々雑説《ぞうせつ》をもうすの條、言語道断《ごんごどうだん》・迷惑《めいわく》の次第なり。愚身《ぐしん》さらに所領《しょりょう》所帯《しょたい》においてその望みを作らざるのあいだ何をもてその罪咎《ざいし》に処すべけんや。不運のいたり悲しみてなおあまりあるものか。これによってこころ静かに念佛修行せしめんにその在所において別してその要害《ようがい》なからんときは、一切の諸魔《しょま》・鬼神《きじん》そのたよりをえしむるゆえに、深く要害を構えるものなり。かつはまた、盗賊《とうぞく》用心のためなり。その余においては所用なし。万一今の時分に無理の子細出来《しゅったい》せしめるときのその儀においては、まことに今このたびの念佛もうして順次《じゅんじ》の往生をとげ死去せしむ。また非分難《ひぶんり》の苦にあい、死去せしむるも、共にもて同篇にして、前業《ぜんごう》の所感に任《まか》すものなり。しかるうえは佛法のために一命を惜しむべからず。合戦《かっせん》すべきのよし、兼日に諸人一同治定《じじょう》せる衆議《しゅうぎ》ならくのみ。

文明第五年　九月　　多屋衆

現代意訳

この二・三年の間、当山で今まで居住して、たえしのんできた根元は、さらに名聞や利養にはしらず、栄花や栄耀にふけらず、願うところはただ往生極楽のひとすじであった。それで越前・加賀・越中の土民や百姓などが、その身の一生にいたずらに罪業をつくり一善すらおさめるすべもなく、いつなんどき地獄・餓鬼・畜生の三悪道におちるのかと、やたらにわずらい悩んでいるのを憐れみ、ゆくりなくも弥陀如来の本願がまことに当今の根機にふさわしい要法であるからには、それによってひとえに念佛往生の安心をすすめるほかに何の下心もなかった。

にもかかわらず、近ごろ武士たちがこのへんに出没し攻撃してくるという、いろいろのうわさが各方面から流れるのは、言語道断、迷惑至極である。私のような愚かな身が所領、所帯をえようとする下心などさらさらない。それなのに、なんで罪咎に処するというのであろうか。不運のいたりといって、悲しんでもなおたりぬ。こんな世のありさまだから、心静かに念佛修行するためには、この在所にあえて特別の要害をかまえざるをえない。でなければ、一切の諸魔・鬼神につけいる隙をあたえることになる。だから、堅固な要害をかまえるのである。これはまた、盗賊の用心のためにもなろう。そのほかに利用することは絶対にない。もし万一今の時分に面倒なことがおこったときには、まことにこのたび念佛申しながら死んでしまって、この次の世で往生をとげることになる。また、ひどい艱苦にあって死ぬるのも、ともにおなじ運命なら、前業の所感にまかすほかはないであろう。かくなる上は、佛法のために一命を惜しんではならぬ。いざとなれば、合戦をも辞すまいと、連日一同が評定して衆議一決したのである。(文明五・九　多屋衆　多屋はもと本家・本坊に対する他屋の意である)。

解説

文明五年(一四七三)八月のあわただしいなかに、大乗院経覚が没している。『一期記』によればこの年、関東巡化をこころみるが、越中井波の瑞泉寺から引きかえした、といわれる。

蓮如の基本的態度はきまっている。それは讃嘆・談合にきわまる。讃嘆は南無阿弥陀仏のいわれをよくかみしめて信心決定し、そののちはご恩がえしの念仏に徹することである。談合はこのごろあまりよい言葉ではなくなっているが、すでにのべたようにウパデーシャ、つまり仏法による対話である。それは当流において現実の矛盾対立すべてをつつみうるほどの広大なものであった。その蓮如の立場をきりつめていえば「心静かに念佛修行」することである。

要害建設は防備の手段である。ふりかかる火の粉ははらわなければならない。蓮如の好戦的な態度をあらわすものではないことは、この御文を読めば一応わかる。とはいえ、この多屋衆の決議文を蓮如が自分の意志のみで書いたのであろうか。もしかしたら、かなり多屋衆の意見をとりいれた妥協の産物ではなかったろうか。たとえふりかかる火の粉をはらうための防御のためとはいえ、本願念仏の拠点を要塞化することは自力の悪いはからいである。のち石山御坊も証如の手によって法城となるが、織田信長の軍勢によって陥落させられた。戦国時代の運命といえばそれまでだが、要塞化・城塞化は南無阿弥陀仏の心に根本的にそむいているといわなければならない。蓮如が吉崎を静かに退去する決意の方がはるかに正しい。しかし、好戦的ではないが、無類の実践家だった蓮如はここで自分の実践そのものの陥し穴についにおちたのである。親鸞も寛喜の内省で自力の執心の深さを痛烈に自覚して「これは何事ぞ！」といっているが、吉崎における蓮如は、他力の信心をひとにすすめながらもなお、心の底深くに自力の執心をのこしていたようである。「つまづきはきたらざるべからず」。自力のはからいは一旦解決しているかのような状態になるが、それがいっそうひどい裏目になることは、道綽が「夜に氷に湯をかけて溶かしても、朝になればもっと氷が厚くなっている」という譬喩で警告するとおりだ。

この決議文はかえって吉崎の落日をいっそう早めた不吉の文字であった。

二十　36　上洛しようとして藤島へ移ったが、多屋面々の懇請で吉崎へ帰ったみずからの感想をのべる。

そもそも去ぬる文明第三の暦林鐘《りんしょう》上旬候より当年までは、すでに三ヶ年の間、当山に堪忍《かんにん》せしむる志《こころざし》は、ひとえに後生菩提のためにして、さらに名聞利養《みょうもんりよう》をのぞまず、また栄花栄耀《えいがえいよう》をもこととせず、ただ越前加賀の多屋坊主達当流の安心をもて先とせられず、未決定《みけつじょう》にして不信心なる間、坊主一人の心得のとおりよく信心決定したまわば、そのすえずえ門徒までもことごとく今度の一大事往生をとげなば、まことにもて自信教人信の釈義にもあいかない、また聖人報恩謝徳にもなりなんと思うによりて、今日まで堪忍せしむるものなり。殊《こと》に此の方ということは、冬來れば、そぞろに山ふく風もはげしくして、また海辺にうつ浪の音までもたかくして（耳にそびえてかまびすし、また）空にはときどきいかづちなりて、大雪なんどにふりこめられ（て、冥冥《めいめい》）たる体たらく、まことにもて身労《しんろう》なり。これらの次第さらにもてならわぬすまいをするによりて、本病のおい物なんどもいたくおこりて、（ひとしれず）迷惑至極なり。しかりといえども、本懐のごとく面々各々の信心も堅固ならば、それをなぐさみとも思うべきに、その信心のかたはしかしかともなきあいだ、この方に今日までの堪忍所詮《しょせん》なきによりて。

当年正月時分よりあながちに思案をめぐらすところに、牢人出張の儀についてそのひまなく、あるいは要害《ようがい》あるいは造作《ぞうさく》なんどに日をおくり、すでに春もすぎ夏もさり、秋もはやさりなんとするあいだ、かくのごとくいたづらに日月をおくりなんとすること、まことに本意にあらざるあいだ、まず暫時《ざんじ》と思うて藤嶋《ふじしま》あたりへ上洛せしむるところに、多屋の面々帰住すべき由しきりに申さるるあいだ、まず帰坊せしめおわりぬ。

しかるに今のごとくんば、冬の路次中、難儀《なんぎ》なるうえ、命をかぎりに心ならずに当年中も越年《えつねん》すべきかのところに、程もなくはや聖人のご正忌もちかづくあいだ、また、当年も此の方において報恩謝徳の御いとなみをいたすべきかのあいだ、まことに北国に両三ヶ年のあいだ、機縁《きえん》ふかくして、諸人と一同に無二の（志をぬきいでて、かの）お勤《つと》めをいたすべき條、真実々々不可思議である。まことにもて尊ぶべし。喜ぶべし。

これは今度藤嶋よりかえりてのち、心にうかぶとおり、書きしるすものなり。

現代意訳

さる文明三年六月上旬ころから当年まで、すでに三年間も当山でたえしのんできた私の気持をいえば、ひとえに未来永劫のいのちをあたえられて佛に生まれかわるためであって、まったく名聞利養をのぞまず、また栄花栄耀にふけりたくもなかった。ただ越前や加賀の多屋坊主たちが当流の安心を先とせず、未決定であり信心がない。坊主一人が当流の心得のとおり、よく信心を決定すれば、その下の末端の門徒までもみな今度の一大事の往生をとげることができる。これこそ、まこと自信教人信の釈義にかない、また聖人への報恩謝徳にもなると思ったから、今日までこらえにこらえてきたものだ。ことにこのあたりは、冬が来れば、そぞろに山に吹く風もはげしく、また海辺にうつ浪の音までとどろいて、耳をつんざいてうるさいほどだ。また空にときどき雷が鳴るかと思えば、たちまち大雪に降りこめられて、昼間も真っ暗なありさま。まったく苦労なことである。こんな状態につけくわえて、なれない暮らしだから、年来の持病のできものが寒さにおかされ、ひどくおこって、ひとしれず迷惑のきわみである。とはいえ本懐のとおり、多屋衆一人一人の信心が堅いなら、それをなぐさめとも思えるが、その信心ときたら、すこしもしっかりきまらない始末。そこで今日までの堪忍袋の緒もぷっつりと切れた。

今年正月時分よりあれこれ思案をめぐらしていたら、またぞろ武士たちが吉崎を攻撃するうわさがひろがり、信心の溝をさらえるいとまもなく、あるいは要害や造作などに日をおくり、すでに春もすぎ夏もさり、秋もはや去ろうとしている。こんなことで無駄に月日をついやすのは、まったく本意ではない。そこでしばらくの間と思って、まず藤嶋あたりまで上洛しようとしたところ、多屋の面々が帰住してほしいと、しきりにせがむので、ともかくも吉崎の坊へ帰ってきた。

けれども、今のままかわりばえもしなければ、冬の路次が難儀なだけである。かててくわえて、一年一年を命のかぎりとして、心ならず当年もここで年をこすのかと思っているまに、ほどなくはや聖人のご正忌が近づいた。今年もまたここで報恩講をいとなむのであろうか。まことにここ北国にくらすこと二・三年。機縁もふかく、みな一同にふたごころのない志をささげて、勤行をつくすのは、なんたる不思議なえにしというほかはない。げにや尊ぶべし。あら喜ぶべし。（このたび藤嶋より帰って、心に浮かぶまま書きしるした）。

解説

蓮如の心の中の自力のとまどいがよくあらわれている。もはや対話さえできない吉崎のさしせまった状況。いてもたってもいられない矛盾葛藤のなかで、蓮如は戦争に突入しようとする吉崎の態勢を制御しようとする。蓮如は平和なときの讃嘆・談合から戦時における制法決定へ、大きな方向転換をはからざるをえなかった。

二十一　38　定　十一ヶ条の制戒。本文は漢文。

真宗行者の中において停止すべき子細のこと。

一　諸神ならびに佛《ぶつ》・菩薩《ぼさつ》等軽ろしむべからざるのこと。

一　諸法諸宗全く誹謗《ひぼう》すべからざるのこと。

一　我が宗のふるまいをもて他宗に対して難《なん》ずべからざるのこと。

一　物忌《ものい》みのこと、佛法の方において、これなしといえども、他宗ならびに公方に対しては堅く忌むべきこと。

一　本宗において相承《そうじょう》なき名言《みょうごん》をもって、恣《ほしいまま》に佛法讃嘆かたがたしかるべからざる間のこと。

一　念佛者において国の、守護《しゅご》・地頭《じとう》をもっぱらにすべく軽ろしむべからざること。

一　無智の身をもって他宗に対し我意《がい》に任せて我が宗の法儀《ほうぎ》そのはばかりもなく讃嘆せしむる、しかるべからざること。

一　自身においていまだ信心決定せざるに、人の詞《ことば》を聞いて信心し法門《ほうもん》讃嘆する、しかるべからざること。

一　念佛の会合の時、魚鳥を食すべからざること。

一　念佛集会の日酒において本性を失う、飲むべからざること。

一　念佛者の中において恣《ほしいまま》の博奕、停止《ちょうじ》すべきのこと。

右この十一ヶ条此の制法《せいほう》の儀に背《そむ》くにおいては堅く衆中《しゅうちゅう》より退出すべきものなり。よって制法の状《じょう》、くだんのごとし。

文明五年　十一月　日

現代意訳

定

真宗の行者がしてはならないこと。

一　諸神ならびに佛菩薩などを軽ろんじてはならない。

一　諸法・諸宗を誹謗してはならない。

一　わが宗のふるまいからして他宗に対して非難してはならない。

一　物忌みは佛法の方にはないけれども、他宗や公方に対してはかたく忌むべきこと。

一　本宗にうけつがれてもいない名言で、かってに佛法をあれやこれやと讃嘆してはならない。

一 念佛者において国の守護や地頭をもっぱらにして軽ろんじてはならない。

一 無知の身でありながら、他宗に対し我意にまかせて、わが宗の法義を遠慮会釈もなく讃嘆してはいけない。

一 自身がまだ信心を決定しないのに他人の言葉を聞いて信心し法門を讃嘆してはいけない。

一 念佛の会合の時、魚鳥を食べてはいけない。

一 念佛の集会の日、酒を本性を失うほど飲んではいけない。

一 念佛者の仲間内で、好きかってに博奕してはならない。

右この十一ヶ条、この制法のめざすところにそむくものは、断じて門徒衆の中より退出すべきである。よって制法はこのようである。(文明五・十一)

解説

蓮如はついに制法を公示した。これは断固たる命令である。制法がさしあたってめざすところは、地獄・餓鬼・畜生の三悪道に転落しないための人間性の確保である。戒は『華厳経・十地経論』の第二離垢地では性戒といわれるが、性とは人間性を意味する。まず人間性を具体的に確保しなければ、讃嘆も談合もない。そのための遮(断の)戒、今日の言葉でいえば、フィードバックであり制御である。福井の大町如導なんかのやりかたを秘事法門というのはあたらない。そうではなくて、人間性を確保しないで、念仏修行一本やりにすすむ、その過激なラディカリズムを蓮如が否定したのである。そんなところに真の安心、自身教人信があるのか、と蓮如はいう。俗に吠える犬はこわくないというではないか。あたたかい人間性の確保から露堂々たる主体性の確立へ、制法は蓮如の新しくうちだした窮余の一策、当流の現実路線であった。

二十二　39　文明五年の報恩講に道俗男女ともに信をとるべきことをさとす。

そもそも今月廿八日は忝《かたじけ》なくも聖人毎年のご正忌《しょうき》として今退転《たいてん》なく、そのご勧化をうけしやからは、いかなる卑劣のものまでも、そのご恩をおもんじもうさぬ人これあるべからず。しかるに、予、去んぬる文明第三の暦夏のころより江州志賀郡大津三井のふもとをかりそめながらいでしよりこのかた、この当山に幽棲《ゆうせい》をしめて、当年文明第五の当月のご正忌にいたるまで存命せしめて、不思議に当国・加州の同行中にその縁ありて、同心のよしみをもてかたのごとく両三ヶ度まで報恩謝徳のまことをいたすべき條、悦《よろこ》びてもなお喜ぶべきはこの時なり。

これによりて、今月廿一日の夜より聖人の知恩報徳のご佛事を加賀・越前の多屋の坊主達の沙汰とし勤仕《ごんし》もうさるるについて、まず存知あ（心得ら）るべき次第は、いかなる大儀のわずらいをいたされて御佛事《ごぶつじ》を申さるるというとも、当流開山聖人のすすめましますところの真実信心ということを決定せしむる分なくば、なんの篇目《へんもく》もあるべからず。まことにもて水いりてあかおちずなんどいえる風情たるべきか。そのゆえは、まず他力の大信心といえることを決定してのうえの佛恩報謝とも師徳報謝《しとくほうしゃ》とも申すべきことなり。ただ人まねばかりの体はまことに所詮なし。しかりといえども、いまだ今日までもその信心を獲得《かくとく》せしむる分なくば、あいかまえて明日より信心決定せしめば、それこそまことに聖人の報恩謝徳にもあいそなわりつべくおぼえはんべれ。このおもむきをよくよくこころえられて、この一七ヶ日のあいだの報恩講のうちにおいて、信《しん》・不信《ふしん》の次第分別あらば、これまことに自行化他《じぎょうけた》の道理なり。別しては聖人の御素懐《ごそかい》にはふかくあいかなうべきものなり。

時に文明第五　霜月廿一日　これを書く。

五十地に　あまる年まで　ながらえて　この霜月にあうぞうれしき
三年まで　命のながきも　しも月の　のりにあいぬる　身こそとうとき
のちの年　また霜月に　あわんこと　いのちもしらぬ　わが身なりけり

現代意訳

この今月二十八日は、かたじけなくも聖人毎年のご正忌として今年もたえることがない。その教化をうけたものは、どんな卑しくおとったものでも、そのご恩を重んじないものがあろうはずはない。しかるに、私はさる文明三年夏のころ、ひとときと思って江州志賀郡大津三井の麓をたちいでてから、当山に幽棲し、この文明五年今月のご正忌にいたるまで生きながらえることができた。不思議に越前や加賀の同行中に縁があって同心のよしみで二度三度までも報恩謝徳のまことをつくすことができる。よろこんでもなおよろこぶべきは、この時である。

こうして今月二十一日夜から聖人の知恩報徳の佛事を加賀・越前の多屋の坊主たちの手でつとめる。しかし、どんなに苦労を重ねて佛事をつとめても、大切なことは当流開山聖人のすすめられる真実信心を決定することだ。それがなくて、なんの制法もありえない。でなければ、水に入って垢が落ちないようなものであろうか。他力の大信心を決定してからの佛恩報謝・師徳報謝である。ただ人まねばかりのていたらくでは、生きていてなんの甲斐もなかろう。それでもまだ、今日まで信心をうることがなかったのなら、身をひきしめて明日から信心を決定すればよい。それこそまことに聖人の報恩謝徳にそなわる意義をよくこころえたと思われる。この報恩講一七ヶ日のうちに、信・不信の次第をわきまえれば、それが「自ら行じ他を化する」の道理であり、とりわけ聖人の素懐にふかくかなうことになるであろう。（文明五・十一・二十一　和歌はこれを略する）

解説

ひとは蓮如の御文を読んで禅宗のさとりめいた浮き世ばなれした軽み・洒脱さ、いうなれば涅槃寂静の味を感じられないであろう。たとえば、禅僧に見られるような枯淡の味を求めても、蓮如の御文にはついにえられない。それというのも、禅僧では脱俗の方向をとる仏法が、蓮如ではたとえ一時は退一歩するにしても、あくまで「高く悟って俗に帰る」（芭蕉）というように、歴史的現実にいっそうくいいりながら「危うきに遊ぶ」（許六）風情だからである。

では、蓮如の光学、つまりこの積極的姿勢に見られるような南無阿弥陀仏による歴史的矛盾葛藤の解決とはどのようなものか。われわれはすでに歴史的な矛盾葛藤がたがいの意見のくいちがいからくることを知っている。あれやこれやの欲望にかられて自分の意見にとらわれ他の意見にすなおに耳をかたむけようとしない頑迷な態度が悲惨な争闘をいたずらにまねくことを知っている。それを大きくつつむには、自ら行じ他を化する道理にもとづく対話の道しかない。

対話ができなければ、戦争をするほかない。足利幕府による裁定、つまり人間社会の広い範囲にわたって見いだされる裁判による解決にたよることは不可能に近い。それによって罪と罰とを裁定して全体を融和にみちびくといっても、その法律的裁定には巨大な政治権力がバックアップしていなければならない。それが衰微した今、足利幕府に期待することはできない相談であった。もしそれに成功するとしても、所詮は第三者・傍観者による解決にすぎない。たがいに満足する結果にいたりえないことは、火を見るよりもあきらかである。

　蓮如はまず雑行雑修を捨てて、弥陀の本願に帰することをすすめる。そこにはなんの権力もないが、仏法の主体的権威はある。まずそこにたって（心を佛地に樹てて）、讃嘆・談合を徹底していく南無阿弥陀仏のすがたが、真に歴史的現実の矛盾葛藤の解決になる、逆に真の解決をもたらさないようなものは南無阿弥陀仏のすがたではない、というのが蓮如の確信であった。

　そもそも善導の南無六字釈に見られるように南無阿弥陀仏自体が佛と凡夫との＜廻心の対話＞ではないか。これが根元の対話である。煩悩《ぼんのう》熾盛《しじょう》の凡夫と罪悪《ざいあく》深重《じじゅう》の凡夫がいかに話しあっても、真の解決はえられないであろう。報恩講に際して、まず自力の悪い心を捨てて、他力の信心を決定すること、この念仏の名義こそ真実の解決をもたらす唯一の道だと蓮如はいいたいのである。

二十三　48　吉崎への世評をしるしてから、多屋の人々に引きとめられて、やむをえずとどまった次第をのべる。

　ある人申されけるはこの一・両年の間、加賀・越前の諸山寺内にある碩学《せきがく》たちの沙汰しもうさるる次第は、近ごろ越前の国、細呂宜郷の内に吉崎と申して国さかいに一宇をかまえられて、京都より念佛者の坊主下向ありて、一切の道俗男女をえらばずあつめられて、末代《まつだい》今の時は念佛ならでは成佛《じょうぶつ》すべからずとて、諸宗をもはばからずすすめられるること、いまさかんなりときこえたり。これ言語道断のくわだてなり。ただし諸宗も我宗もいまは天下一同の儀にてあいすたりたりといえども、佛説なればむなしからざるがゆえに、この子細をもて両国の守護へ訴訟《そしょう》すべきよし、内々人のもうすなるあいだ、あわれこのおもむきを吉崎へ告げしらせたまい候うて、斟酌《しんしゃく》も候えかしとおもうなり。我らも貴方に等閑《なおざり》もなきあいだ、ひそかにもうすなりと。

この子細を当山中の多屋のうちに、ものにこころえたる人にかたりしかば、申されけるは、まことにもて両国の諸山寺の碩学達の申すむね道理至極なり。我らも吉崎も最初よりその心中にてありしかども、この在所あまりにすぐれておもしろきあいだ、ただ一年半年とおもうほどに、いまに在国せり。まことにかの吉崎は、なまじいに京人の身なるがゆえに、ならわぬすまいをせられて不相応《ふそうおう》なる子細これおおしといえども、かの多屋の面々抑留《よくりゅう》あるによりて、今日までも堪忍なり、さらに庶幾《しょき》せしむる分はなし。

これによりて道俗男女いく千万というかずをしらず群集《ぐんじゅ》せしむるあいだ、かの吉崎もたれだれも今時分しかるべからざるよし申して、ことに両国の守護方のきこえといい、また平泉寺《へいせんじ》・豊原《とよはら》そのほか諸山寺のうち碩学《せきがく》たちもさぞうべなしにおもいたまうらんと、朝夕そのはばかりあるによりて、当文明四年正月時分より諸人群集《ぐんじゅ》しかるべからざる由の成敗《せいばい》をくわえられしは、そのかくれなし。

これしかしながら、両守護・諸寺諸山をおもんぜし心中なり。しかりといえども、そののち道俗男女その成敗にかかわらずしてかえてもうすようは、それ弥陀如来の本願はまさしくいまの時のかかる機をすくいたまう要法なれば、諸人出入《でいり》を停止《ちょうじ》あるときは、まことに弥陀如来のお慈悲にもふかくあいそむきたまうべきよしを申すあいだ、力なくそのままうちおかれつるなり。これさらに吉崎の心中に発起せらるるところにあらず、ただ弥陀如来の大慈大悲のちかいの、あまねく末代いまの機にかうむらしむる佛智の不思議なりとおぼえはんべるものなり。さらにもてわれわれがはからいともおもいわけぬていたらくなり。これによりてあまりに道俗男女群集せしむるあいだ、よろづ退屈《たいくつ》のよし申して、かの吉崎も近日花洛へかえるべき心中におもいたのみたまうあいだ、まず去ぬる秋のころ、暫時《ざんじ》に藤嶋辺《あたり》へ上洛せらるるところに、多屋の面々抑留《よくりゅう》あるによりて、まず当年中はこの方に居住すべきよしもうさるるところなり。あなかしこ　あなかしこ。

文明五年　十二月　日

現代意訳

ある人がいった。ここ一・二年の間、加賀・越前の諸山寺の内にあるおえらい学者たちがうわさしていることには、近ごろ越前の国細呂宜郷の内で吉崎といって国境に一宇をかまえ、京都から念佛者の坊主が下向して、どんな道俗男女もえらばずあつめ、末代の今時は念佛でなくてはたすからないと、諸宗諸寺に遠慮会釈もなくすすめるのが、今はさかりだと聞く。これは言語道断の陰謀である。ただし仏教は諸宗も我宗も今日では同じくすたれているとはいえ、おそれおおくも佛説なのだから無意味ではない。この子細を両国の守護へ訴えるような様子を内々人が話しあっているので、せつなくてこのことを吉崎へ告げしらせ、よろしくとりはからってほしいと思う。私どもはあなた方と親しい仲だから、ひそかにおつたえするのである、と。

この子細を当山中の多屋のなかで物がよくわかった人に話して聞かせた。なるほど越前・加賀の諸山寺の大学者たちのいうことはもっとも至極である。私ども吉崎のものも、はじめからその気だったが、この在所があまりにすぐれて景色がよいところなので、もう一年もう半年と思ううちに、いまなお在国しているわけである。実をいえば、吉崎では、なまじっか京都育ちのものには、なれない暮らしをさせられて、ぎくしゃくしたことが多いのだが、あの多屋の面々がひきとめるものだから、今日までなんとかこらえてきたのである。自分からのぞんでとどまっているわけではもうとうない。

それなのに道俗男女が何千何万と数えられぬほど群集するので、かの吉崎のものも今時分によくないとして、ことに越前・加賀両国の守護方の聞こえもあり、また平泉寺・豊原その他の諸山寺の大学者たちからも、さぞ思いあがったふるまいと思われるにちがいないと、朝も夕も遠慮ばかりしていたくらいだ。この文明四年正月に諸人が群集してはいけないという裁決を下したのは、かくれもない事実である。

これはもともと両守護や諸寺諸山を重んずる気持からであった。しかし、そののち道俗男女がこの裁決にもかかわらず、かえって弥陀如来の本願はまさに今の時のこんな機をすくう要法だから、人々の出入をさしとめるのは、弥陀如来のお慈悲にかえってそむくというので、やむをえずそのままにしておいたのである。これは私の意志からでたのではまったくない。ただ弥陀如来の大慈大悲の誓いを、いつでもどこでもだれでも末代いまの機にたまわった佛智の不思議だと思うほかにない。我らが計ったとはさらさら覚えのない状況である。このように、道俗男女が群集しすぎて、今は何もかも挫折してしまった。だから、近日中に私は京都へ帰ったほうがいいとの気持にかたむき、九月ごろ、やっと藤嶋の超勝寺まで上洛したが、多屋の人々がどうしてもとひきとめるから、やむなく今年中だけは吉崎に留まることにしたのである。あなかしこ　あなかしこ。（文明五・十二）

解説

多屋衆ならいうであろう。上人がおっしゃることはよくわかりますが、現実はそう簡単ではないのです、もし今京都にお帰りになってしまえば、事態はもっと悪くなるでしょう、皆ごろしになるかもしれません、と。つまり、わかっているが、やめられないというのである。多屋衆のような実際家たちにすれば、こんな非常時に「心静かな念仏修行」などなんの役にもたたない。そんな無駄話は、上人でなければ、むしろ呪いたいくらいであったのかもしれない。

それに対して、蓮如は見たところ、なにくわぬ顔をしているように見える。蓮如が関心をもっているのは多屋衆たちのたましいについてである。雑行・雑修をすてるというのは、彼らがいだいているあらゆる先入見をすてることであり、一心一向というのは偽善・偽悪の醜い心を捨てることであった。

今日でも自然科学がどれだけ進歩しようと、コンピュータがどれだけ高度化しようと、現在までの膨大《ぼうだい》なデータのみでは、未来がたしかにつかめるはずがない。空に輝く星はかぞえられても、雲の流れはかぞえられないではないか。一寸先は太古からの闇なのだ。

「阿弥陀如来　未来永劫のいのちあらしめたまえ」とたのむのは、所詮、此の世界の内にとどまらざるをえない愚鈍下知であるものの自覚の深化であった。多屋衆からすれば、なんのようもない佛と凡夫の対話が、もっとも意義の深い対話であり、多屋衆が役にたつと信じている評定とか相談は、蓮如にとって、かえって、そらごと、たわごと、まことのない無駄言、戯論にすぎない。なんのようもないという蓮如の口癖はけっして無意識にという意味ではない。そこには現前の事実のみに眼を光らせて、それを処理さえすれば足りるとする実際家に対する蓮如光学からの痛烈な皮肉がこめられているのである。

それにしても、時代が大きなうねりを見せて転換しつつあることだけはたしかであった。

二十四　46　松長の慶順が往生したことをのべる。

それ人間の体《てい》たらくを静かに案ずるに、老少《ろうしょう》不《ふ》定《じょう》といいながら、つれなきものはわれらごときの凡夫なり。これによりて、身体は芭《ば》蕉《しょう》葉《ば》におなじ。ただいまも無常の風にあいなば、すなわちやぶれなんことは、たれの人かのがるべき。ただふかくいとうべきは娑婆《しゃば》世界なり。またねがうべきは安養世界なり。このたび信心決定して佛法修行せずば、いつの世にかはうかぶことをえんや。それについては、ここにすぎぬる秋のころ、多屋人数のなかに松長の道林寺・郷の公慶《けい》順《じゅん》は、としをいえば二十二歳なりしが、老少不定のいわれやのがれがたきによりて、ついに死去す。あわれなることなかなかいうばかりもなし。ことに佛法をこころにいれしあいだ、おしまぬ人これなし、とおもうところに、今月の四日にまた福田の乗念《じょうねん》も往生す。かの道林寺も同日にあいあたりて往生せしこと、まことに信心のとおりも一味《いちみ》せるいわれともおもいはんべるなり。そもそも乗念は満六十なり。松長の慶順は二十二歳なり。これすなわち、わかきはおいたるにさきだついわれなれば、あら道林寺やな。かれもこれもおくれさきだつ人間界のならいはたれものがれがたきなり。さりながら同一念佛　無別道故の本文にまかせて、一佛浄土の往生をとげんこと、本願あやまりあるべからず。あら殊勝かな　殊勝かな　あなかしこ　あなかしこ

文明五年　十二月廿三日

現代意訳

さて人間のていたらくを静かに思うに、老少不定とはいいながら、無情なものは私どものような凡夫のさだめである。人間の身体はいわば芭蕉の葉にひとしい。いますぐ無常の風にあえば、たちまち破れさるのを、誰がのがれることができようか。ただひどく厭わしいのは娑婆世界であり、願わしいのは安養の世界である。今生に信心を決定して佛法を修行しなければ、またいつの世にか浮かぶことができようぞ。それにつけても、この秋のころ、多屋の人々のなかの松長の道林寺（郷の公）慶順は、年齢は二十二歳だったが、老少不定のさだめをのがれがたく、ついに死んでしまった。あわれなことはとてもいう言葉もない。ことに佛法に熱心だったものをと、惜しまない人とてはなかった。おなじく今月四日また福田の乗念も同日に往生したのは、まことに信心一味であるたとえかと思われる。乗念は満六十歳、松長の慶順は二十二歳だった。これこそ若者が老人に先立つささやかな一例である。ああ道林寺！　彼も此もおくれ先立つ人間界のさ

だめは、だれ一人のがれられないのか。とまれ「同一に念佛するのは別の道がないから」という証文のままに、一佛浄土の往生をとげたことは本願に一点のあやまりがあろうはずもない。ああなんとけなげなことであろうか。あなかしこ　あなかしこ。（文明五・十二・二十三）

解説

眼の前にある仕事に熱中するのをひとは勤勉という。しかし、老少不定のさかいにある自己自身に帰ることがどんなにむつかしいことか。われわれの日常生活は我を忘れることから、なりたっている。自動車のスピードや音楽やファッションに我を忘れたり、色恋にうつつを抜かしたり、無我夢中で仕事に熱中したりしているのがわれわれの生活の現状である。自己自身を忘れ、自己自身を喪失していることにかけては、仕事も自動車も金もうけも色恋も、たいしてかわりはないであろう。本来の自己自身をうしなって、うかうかと人生をおくっていることはおなじである。親しい人が突然思いがけなく死ぬと、おどろいて我にかえる。我にかえってみれば、自分自身がたった一人きりで此の世に存在していることをさとるであろう。その時こそ「ただふかくいとうべきは娑婆世界、ねがうべきは安養世界」という蓮如の言葉がはじめて身に沁みるときである。それははるかに遠く未来を目ざしながら、ひるがえって今にかえるこころである。

二十五　47　福田の乗念が往生したことをのべる。

そもそもかの乗念といえる法名《ほうみょう》をよくよくかんがえみれば、それ弥陀如来の一念十念によりて大悲の願船《がんせん》に乗ず、といえる道理にかなうて殊勝なり。よてかの乗念は去ぬる十月の時分より違例《いれい》ありき。そのあいだひさしく当山へ出仕《しゅっし》おこたれり。しかるあいだ、霜月《しもづき》の報恩講にまいりなんこと、かないがたきよしもうすところに、不思議に違例《いれい》す。これ子細なきあいだ、霜月廿一日の夜、聖人一七ヶ日報恩講の座中に出仕するに、すなわち法門・聖《しょう》教《ぎょう》なんど聴聞するにより、違例気も次第にとりなおして、食事もひごろにあいかわりて子細なし。これしかしながら、法味《ほうみ》をあじわういわれか、ともおもい、また聖人のおはからいに信心をもなおふかくとらしめんがためか、ともおぼえはんべり。さるほどに、七日七夜も発病の気もなくて、廿八日の修中もことゆえなく結願成就《けつがんじょうじゅ》しおわりぬ。あくる廿九日に安芸《あき》の在所へゆきて対面して、まことに名残《なごり》おしげにみえて、ものがたりしけるは、今度一七ヶ日報恩講のうちに聴聞によりて、日ごろ信心のちがいめを聴聞しわけぬるよしをもうして、中々ありがたさ、われひとり落涙《らくるい》をもよおしけり。そののち、多屋へかえりてより違例ことのほかになりて、中五日病気して、ついにそのままに往生す。たれのひともさりともとおもいしに、かくのごとくなりしかば、いまさらのようにあわれみ、みなみなおもいあえり。病中のあいだにも、わが往生はさておきぬ、未決定《みけつじょう》のひとの信心なきことをのみなげきかなしみあえり。これすなわち自身の往生決定せしむるいわれなり、とおぼえはんべり。まことに自信教人信《じしんきょうにんしん》の道理にて殊勝にこそはおぼゆれ。年をかさね日をかさね佛法のこころざしのふかきによりて、報恩謝徳のためにとて、年来相伝《ねんらいそうでん》の下地に佛名田《ぶつみょうでん》といえるを佛陀に寄進《きしん》あり。つらつらかの田の名を案ずるに、佛名といえること、佛のものときこえたり。かの乗念においても、覚悟なき佛力不思議ともいいつべし。まことにもて、平生に佛法において等閑《とうかん》なきいわれ、往生ののちにあらわれて、かつはありがたく、かつは尊くも、こころざしのほどもしられて、あわれにこそおもいはんべるものなり。あなかしこ　あなかしこ。

現代意訳

いったいかの乗念という法名をよく考えてみれば、弥陀如来の一念・十念によって大悲の願船に乗ず、という道理にかなって殊勝である。乗念は去る十月ごろから病気になってから、ながらく当山へ出仕を怠っていた。それで十一月の報恩講にはとてもまいられそうにないといっていたのに、不思議に病気がすこしよくなったのか、二十一日の夜、聖人一七ヶ日報恩講のまっさい中に出仕し、法門の説教に聴聞したら、病気もいささかとりなおして、食べることもふつうにかえった。これは法味をあじわったためかとも思い、信心をなお深くとらしめようという聖人のおはからいかとも思われた。こうして七日七夜のあいだ病気が再発する様子もなく、二十八日の最後の日中もことなく結願成就しおわった。あくる二十九日に安芸法眼の在所へいって対面し、まことに名ごり惜しげに、話しをしたのは、今度一七ヶ日報恩講のうちの聴聞によって、日ごろの信心とのちがいめを聞きわけられたよしを申したこと、とてもありがたくて私ひとり落涙をもよおしたものである。そののち、多屋へかえってから病気が思いのほか重くなって、五日間病床にふせって、ついにそのまま往生した。皆はさてはと思ったのに、こうなってしまえば、今さらのようにせつない思いがつのる。病中のあいだも、自分の往生はさておき未決定の人の信心のないことのみを、なげき悲しんでいたという。これこそは自身の往生が定まったいわれだと思われる。まこと自信教人信の道理にかなって立派であった。年をかさね日をかさね佛法をもとめる深い志につちかわれた報恩謝徳のために、年来あいつたえてきた心底から佛名の福田を佛陀に寄進することがあった。あらためて福田という名を思うと、佛の名とは佛に属するものということであろう。福田という名の乗念においても、自力の覚悟をすてた他力の不思議といえようか。まことに平生、佛法に親しんだ香気が、往生ののちにほのぼのとたちのぼる。ありがたく尊い志のほどが思いしられて、はしなくも思い出すのである。あなかしこ　あなかしこ。

解説

この御文を福田の乗念のようにお前もいずれ死ななければならないのだから、一日も早く念仏せよ、でなければ死んだら地獄行きだぞ、というようにうけとってはならない。それなら臨終来迎を期せよという脅迫まがいの教えになる。そこで見おとされているのは平生業成であり、一念帰命によって正定聚不退のくらいにつくという現益である。死んでから先の当益しか強調しないのが浄土教なら、それは現生における正定聚の位を見うしなっている。正定聚という言葉の意味がわかっても、わからなくても、ここにのべられてあるように、乗念が自らの死を直前にしてかりそめの一日を報恩謝徳の生活をすごした悠揚せまらぬすがたに接すれば、正定聚　不退転がどのような態度であるかが、だれにでもわかるであろう。

たすかるためにはどうすればよいか、と手だて方法を考えながら御文を読むべきではない。そうすると、御文がとてもむつかしいものに見えてくる。だいたい、どうすればよいかというのはすでに迷いである。迷いから念仏の一道にはいろうとすると、念仏ははるかかなたに飛び去ってしまう。ではなくして、ただちに身を投げ出して他力にまかせる。自分もたよれず、他人もたよれず、この道しかなければ、だまされたとしてもしかたなかろう。一瞬の手間ひまもかけないで、信心を決定して南無阿弥陀仏のすがたとなる。そのうえで出世間・世間のさまざまな迷いをかえりみる、という気持で御文を読んでいくのが正しいであろう。

二十六　42　善導の六字釈を引き、安心の正意をのべ、帰命も発願廻向も同意だという。第三十六章はこの再稿である。

それ当流親鸞聖人の御門下にその名をかけんともがらにおいては、まず（聖人のすすめましますところの他力真実の）信心を本とせられたるそのいわれをくわしく存知すべきなり。この信心ということを決定せずば、このたびはむなしく極楽には往生すべからず。そのゆえは、罪をいえば十悪・五逆《ごぎゃく》・謗法《ぼうほう》・闡提《せんだい》とて、これにすぎてふかきはあるべからず。しかれども、かかる機までも不思議の願力として、廻心すればみな往生をとぐるものなり。これによりて近ごろは当国・加州の両国のあいだにおいて（佛法について）あるいは聖教をよみて人を勧化するに、五人は五人ながらそのことばあいかわれりと云々。これしかしながら、法流《ほうりゅう》相承なきいわれなり。あるいは禅僧のはて、あるいは聖道のはてなんどが、わが本宗の字ぢからをもて、なまじいに自骨《じこつ》に了簡《りょうけん》をくわえて、人をへつらいたらせるいわれなり。これ言語道断あさましき次第なり。向後において、かのことばを信用すべからざるなり。

そもそも当流にたつるところの他力の真実信心というは、善導《ぜんどう》和尚《おしょう》の釈に正《しょう》・雑《ぞう》二行《にぎょう》とたてて、もろもろの雑行をすてて正行《しょうぎょう》に帰するをもて信心の体とす。その正行のなかに五種の正行をたてて、そのうちに第四の称名《しょうみょう》正《しょう》行《ぎょう》をもて往生の正業《しょうごう》とす、とみえたり。されば、南無阿弥陀佛をもてわれらが往生の正業とす、ときこえたり。また善導（此の南無阿弥陀佛の六字を）釈してのたまわく「南無というはすなわちこれ帰命なり。またこれ発願廻向《ほつがんえこう》の義なり」と釈せり。こころはいかんとなれば、帰命というも発願廻向というもおなじこころなり。されば、帰命というは、弥陀をふかくたのむこころなり。阿弥陀佛というは、南無と帰命する衆生《しゅじょう》をおなじくたすけたまいて、すでにかの光明のなかに我らをおさめおきて、一期《いちご》のあいだはすてたまわざるなり。これすなわち我らが往生をさだめたまえる御すがたこそ南無阿弥陀佛なりというなり。かくのごとくこころえてのうえの行住座臥の称名念佛は佛恩報尽《ぶっとんほうじん》のため、とこころうべし。

このこころを善導釈してのたまわく「上尽《じょうじん》一形《いちぎょう》　下至一念《げしいちねん》」と判じたまえり。それ下至一念というは、本願をたもつ信心治定のこころなり。上尽一形というは我らがいのちあらんかぎりは佛恩報尽のために念佛もうせといえるこころなり。これらのおもむきをもてすなわち当流の信心を決定したるすがたというべきなり。このほかになおふかき信心といういわれありといわんものは、かえすがえすひが事なり。あえて承引すべからず。このむねをよくよくこころえて、すみやかにこのたびの極楽の往生をとぐべきものなり。あなかしこ　あなかしこ。

現代意訳

当流親鸞聖人の門下にその名をかける人々は、まず聖人が他力真実の信心を本としてすすめられた意義をくわしく身につけなくてはならない。この信心を決定しない人は、このたびはむなしく報土には往生できないであろう。罪をあげれば十悪・五逆・謗法・闡提、これ以上に深い罪はありえない。これほどの機が不思議の願力により廻心すれば、みな往生をとげることができる。ところが近ごろ越前・加賀両国で佛法や聖教を読んで教化する時、五人あれば五人ともみな、いうことがちがうらしい。これは、しかし法流の相承がない証拠だ。聖道のなれのはてや禅僧のおちこぼれが、わが宗の書を読みあさり、なまじっか自分の意見で手加減をくわえて解釈し、人にへつらいだますとのことである。これは言語道断あさましい次第である。今後そんな言葉を信用してはならない。

さて当流でたてる他力の大信心は、善導和尚の釈にすでに正・雑の二行をわけて、もろもろの雑行をすてて正行に帰するのを信心の体とする。その正行のなかで五種をわかち、そのなか第四、称名の正行を往生の正業とする、とある。つまり南無阿弥陀佛がわれらが往生する正業だという。また善導はこの南無阿弥陀佛の六字を釈して「南無というはすなわちこれ帰命なり。またこれ発願廻向の義なり」といわれた。帰命というのも発願廻向というのもおなじ意味である。帰命とは、弥陀をふかくたのむこころである。阿弥陀佛とは、南無と帰命する衆生をおなじくたすけたまい、すでに我らをおさめおいて、一期のあいだはすてられない。我らの往生をさだめたすがたこそ南無阿弥陀佛だという。そのとおりにころえたからには、行住座臥の称名念佛は佛恩報尽のためだとわきまえることである。

このこころを善導が釈して「上尽一形　下至一念」といわれた。下至一念とは本願を信ずる心が定まることである。上尽一形とは我らのいのちあるかぎり、佛恩報尽のために念佛申せという意味である。これがとりもなおさず当流の信心を決定したすがたである。これ以外に何か深い信心のいわれがあるというのは、まったくあやまりである。承引してはならない。この趣旨をよくかみしめて、すみやかにこのたびの極楽往生をとげるように。あなかしこ　あなかしこ。

解説

一口に報恩謝徳の生活という。しかし、ひとたび他力の信心を決定したものであろうと、はたしてどんなことでもありがたい尊いといえるだろうか。たしかに自分の思いどおり都合よく幸福になれば、ありがとうと感謝の気持もわいてくるだろう。しかし、ゆくりなくも不幸のどん底におとされたとき、ひとははたして感謝の気持を言葉にあらわすことができるであろうか。神も仏もあるものかとなげくのではなかろうか。

そこで「南無と帰命する衆生をかたじけなくも弥陀如来のよくしろしめして、かの光明をはなちてわれらが娑婆にあらんかぎりは光明のなかにおさめおきて、すてたまわざるなり」といわれるのはどういうこころか。それをかみしめなければなるまい。

光は智慧のかたちである。信心決定したということは、弥陀如来から信心の智慧をいただいたことである。とすれば、信心決定してからは、信心の智慧で過去・未来・現在の三世にわたって物事を見とおすことができる。たとえ不幸のどん底に落ちるようなことがあっても、幸・不幸は自己自身が感じるものであって、他人からあたえられるものではない。他人が幸福をあたえても、本人が幸福と思わなければ、それまでのことである。むしろ、捨てぜりふで神も仏もあるものかというような報恩謝徳の気持をうしなった荒んだ心に、幸福がやってきたためしがないのである。ましてそこから現実打開の道が開かれるはずがない。

蓮如八十五年の生涯を見よ。いくたびかどん底にたたき落とされながらも、つねに雄々しく立ちあがっていく。それは蓮如の自力更生ではない。自力が有効ならそんなどん底に落ちないように思案をめぐらして回避することもできたであろう。現実とはつねに思案の外にある。よかれあしかれ不思議な夢かとさえ思われるのが人生の現実である。

どんな場合にでも立ち上がりうる力、それこそ弥陀の本願力なのである。

二十七　43　寺内の人々に本寺にあるめぐりあわせをよろこび、弥陀に帰すれば諸神諸佛をたのむにひとしい真宗の安心をのべる。

それ人間の体をつくづく案ずるに、老少不定のさかいなり。もしいまのときにおいて、後生をかなしみ極楽をねがわずば、いたづらごとなり。それについて衣食支《いしょくし》身命《しんみょう》とて、くうこととくることとの二つかけぬれば、身命やすからずして、かなしきことかぎりなし。まず、きることよりもくうこと一日片時《かたとき》もかけぬれば、はやすでに命つきなんずるようにおもえり。これは人間においての一大事なり。よくよくはかりおもうべきことなり。さりながら、今生は御主《おんあるじ》をひとりたのみまいらすれば、さむくもひだるくもなし。それも御主にこそよるべけれ。ことにいまの世にはくうこともきることもなき御主はいくらもこれおおし。されども、よき御主にとりあいまいらする、そのご恩あさからぬことなれば、いかにもよくみやづかいにこころをいれずんば、その冥加《みょうが》あるべからず。さて一期のあいだは御主のご恩にて今日までそのわづらいなし。またこれよりのちのことも、不思議の縁によりて、この山中にこの二三ヶ年のほどありしによりて、佛法信心の次第きくに耳もつれなからで、まことにうたがいもなく極楽に往生すべし。これすなわち今生・後生ともにもてこの山にありてたすかりなんずること、まめやかに二世の恩あさからずおもうべきものなり。

ことに女人の身はおとこに罪はまさりて五障・三従とてふかき身なれば、後生にはむなしく無間地獄におちん身なれども、かたじけなくも阿弥陀如来ひとり、十方三世の諸佛の悲願にもれたるわれら女人をたすけたまう御うれしさ、ありがたさよ、とふかくおもいとりて、阿弥陀如来をたのみたてまつるべきなり。

それ信心をとるというは、なにのわずらいもなく弥陀如来を一心一向にふたごころなく後生たすけたまえ、とおもいつめて、そのほかのことをばなにもうちすつべし。さて、雑行というはなにごとぞなれば、弥陀よりほかのほとけも、またその余の功徳《くどく》・善根《ぜんこん》をも、また一切の諸神なんどに今生において用にもたたぬせせりごとをいのる体なることを、みなみな雑行ときらうなり。かように世間せばく阿弥陀一佛をばかりたのみて、一切の功徳・善根一切の神ほとけをもならべて、力をあわせてたのみたらんは、なおなお鬼にかなさいぼうにて、いよいよかるべきか、とおもえば、これがかえりてわろきことなり。

されば、外典《げてん》のことばにいわく、忠臣《ちゆうしん》は二君につかえざれ貞女《ていじよ》は二夫《にふ》にまみえず、といえり。佛法にあらざる世間よりも、一心一向にたのまではかなうべからず、ときこえたり。また一切の月のかげはもとひとつの月のかげなり。ひとつ月のかげが一切のところにはかげをうつすなり。このこころをもてこころうべし。されば、阿弥陀一佛をたのめば、一切のもろもろの佛、一切のもろもろの神を一度にたのむにあたるなり。これによりて、阿弥陀一佛をたのめば、一切の神も佛もよろこびまもりたまえり。かるがゆえに、阿弥陀如来ばかりをたのみて、信心決定して、かならず西方極楽世界の阿弥陀の浄土へ往生すべきものなり。このゆえに、かかる不思議の願力によりて往生すべきことの、ありがたさ、尊さの弥陀のご恩を報ぜんがために、行住座臥に称名念佛をばもうすなり、とこころうべきものなり。あなかしこ　あなかしこ。

文明第五　十二月十三日　これを書く。　これ内人のことなり。

現代意訳

つくづく思うに、人間の一生は老少不定の境である。もし今生で未来永劫のいのちをかなしみ極楽を願わなければ、空しいかぎりである。ふつうは「衣食が身命を支える」という。食べると着るのふたつが欠けたら、生活が安定せず、悲哀のきわみであろう。しかも、着ることよりも食べるのが一日片時も欠けたなら、もう命が尽きるかと思う。これは人間の一大事である。むろん、よく思案するところだ。しかし、今生は主人ひとりたのみさえすれば、寒くもなく腹がへることもない。それも主人による。ことにこの戦国乱世では食べることも着ることもできない落ちぶれた主人はいくらでもいる。だが、よい主人にめぐりあえたそのご恩はあさくないのだから、いかにもよく宮仕えにこころをいれなければ、そのおかげをうけられないであろう。

この寺内では、一生のあいだ主人のおかげで、今日までわずらわしいことがない。またこれからも不思議の縁によって、この山内に二・三年のあいだ住んだのだから、佛法信心の次第を聞く耳も心強く、すこしの疑いもなく極楽に往生するであろう。これで今生と後生ともに、この山にあればたすかるわけだから、まめやかに二世の恩があさくないことを思うべきである。

とりわけ女人の身は五障・三従といわれ男に罪がまさって深い身だから、未来永劫に空しく無間地獄のおちる身なのに、かたじけなくも阿弥陀如来ひとり、十方三世の諸佛の悲願にもれた私たち女人をたすけられるおかげのうれしさよ、ありがたさよ、と深く思い知って、阿弥陀如来をたのまなければならない。

信心をとるといっても、なんのわずらいもなく弥陀如来を一心一向にふたごころなく未来永劫のいのちあらしめたまえ、と思いつめて、そのほかの雑行を、すべてうち捨てるがよい。雑行とは何か。弥陀よりほかの佛も、それ以外の功徳善根も、あらゆる諸神などに今生でやくにもたたぬ遊び半分に祈るようなことは、みな雑行だとして否定するのである。このように世間せまく阿弥陀一佛をたのむばかりか、すべての功徳善根、あらゆる神佛をもならべて、力をあわせてたのんだなら、なおいっそう鬼に金棒で、ますますよいことかと思うだろうが、これがかえって見当ちがいもはなはだしいことなのである。

外典にも「忠臣は二君につかえず、貞女は二夫にまみえず」という。佛法でない世間でも、一心一向にたのまなくてはだめだ、といわれている。またすべての月影は本来一つの月の影である。一つの月があらゆるところに影を映すのである。この意味をわきまえるべきである。したがって阿弥陀一佛をたのめば、すべての諸佛、すべての諸神を一度にたのむのに匹敵する。阿弥陀一佛をたのめば、一切の神も佛も喜んで守ってくださる。だから、阿弥陀如来のみをたのんで、信心を決定すれば、かならず西方極楽世界の阿弥陀の浄土に生まれかわることができるのである。このような不思議の願力によって生まれかわることのできるありがたさ、尊さ。その弥陀のご恩に報いるために、行住座臥に称名念佛を申すのだ、とこころうべきものであろう。あなかしこ　あなかしこ。
(文明五・十二・十三、これは寺内の人たちにだけいう)。

解説

阿弥陀仏と諸仏・諸菩薩・諸神との関係をたくみに説明しているのだが、「阿弥陀一佛をたのめば、一切の神も佛もよろこびまもりたまえり」といわれる。うわべだけ読めば、あまりに上手すぎて、かえって本当だろうか、という一沫の疑惑がのこるかもしれない。しかし、このいわゆる本地《ほんじ》・垂迹《すいじゃく》説にはかみしめればかみしめるほど味のある智慧がひそんでいる。これを諸仏・諸菩薩・諸神を総合し包括する全体的智慧とでもいっておこうか。南無阿弥陀仏のすがたとなってあらわれる信心の智慧は、すべてをつつむ全体の智慧である。だが、それにいたるためにはすべての前提・仮説をくつがえす＜廻心の対話＞の道をたどらなければならない。

＜廻心の対話＞をいいかえれば廃立《はいりゅう》の道である。廃立とは英語でいえば、ディストラクションである。それはおよそ聖道門がよってたつ釈迦教の仮設や前提をひとつひとつ＜とりこわし＞＜とりはらい＞＜わきへかたづける＞ことである。それは法然と親鸞の教学的な仕事であった。つまり、これまで聖道門によってふさがれていた佛道をきりひらき、本願の念仏によって本来のすがたにかえそうとするのが廃立である。それは聖道門からみれば、非宗教・非仏教・

非教学のレッテルをはられかねない根元的思惟であった。法然の『選択集』の問題提起をうけた親鸞の『教行信証』は、その廃立・ディストラクションをみごとに完成し成就した書である。

蓮如の場合、法然・親鸞の廃立の道をうけついで、これを歴史の上で実証しなければならなかった。しかし、思想的に、理論的に完成していても、現実において実際に証明するとなれば、これをなしとげるには、たいへんな危険をおかさなければならない。とりこわし、とりはらい、わきへかたづけられた聖道門の各宗や古来の神道各派がこれをだまって見すごすはずはないからである。泡を嚙んで立ち上がり、これをなにがなんでも打倒しようとするのは当然のなりゆきである。俗に出る釘は打たれるとは、そのことであろう。蓮如がひきいる門徒大衆が旧来の社寺勢力に反逆して一矢を報いようとしたのも、もっともとうなづけない。それは旧勢力の根も葉もない不条理な弾圧に対する浄土真宗からの直接的な実力行使であった。そこではもはやふつうのおだやかな対話ができない歴史的断層を暴露しているからである。

廃立によって暴露された歴史的断層において、蓮如は妥協しないで退一歩して考えた。破邪顕正というが、太陽が昇って深い闇が消えるのであって、闇が消えて太陽が昇るのではない。となれば顕正が先である。破邪はあとからしかも自然に成るにちがいない。自力で廃立するのではない。門徒大衆の実力行使でとりこわし、とりはらい、わきへかたづけるのではない。それは単におたがいが血みどろになってあい争うことになるだけだ。そこでもし勝ったとしても、本願の念仏をうしなえば、空しいかぎりではないか。実際だれが最後の勝利をうたいえようか。

そうではなくして自身において正義を如実にあらわすことができれば、その仏教の正義が仏法力・他力不思議によって廃立がなりたつにちがいない。蓮如はかたくそう信じた。諸仏・諸菩薩・諸神を軽んじてはならない、諸宗を誹謗してはならない、守護地頭を粗略にしてはならないという制法を矢つぎばやに出すのは無用の煩悩擾乱を避けるためであった。

このような事情をわきまえた上で、この御文を読めば、蓮如がいかに深く考えに考えぬいて、これをしたためているかがよく理解できるであろう。

二十八　44　世評に託して吉崎の繁昌をのべる。

去る文明第四、初夏下旬のころのことなりしに、ある俗人《ぞくじん》・法師《ほうし》なんどあまた同道《どうどう》してこの山中のていたらくを一見し申しけるは、そもそもこの山の中の主《あるじ》はいかなる人ぞ、俗姓はなんともうすぞや、またこの多屋坊主たちの名をばなにと申すぞ。この山と申すは本はまことに虎狼《ころう》・野干《やかん》のふしどとて、家の一つもなかりつる由を、人かたりしを、まのあたりききつるなり。あら不思議や一都に今はなりにけり。そも人間のわざともおぼえざりけり。さてもこれは所領《しょりょう》所帯《しょたい》にてもかくのごときはならざりけり。その謂いは、ひたすら佛法不思議の威力なりしゆえなり。それについてまず浄土一家の宗義《しゅうぎ》は、昔より今にいたるまで退転《たいてん》なくこれありといえども、当時今の世は諸宗ともに八宗・九宗ことごとくすたれり。しかりといえども、この当山においては、いよいよ念佛信仰さかりにて、一切の万民《ばんみん》等かように申す我らにいたるまでも、この宗に心をかけざるはあるべからず。末代の奇特《きどく》ともいいつべし。いかさまにもこの宗にかぎりて、殊勝なる後生のたすかる一理これあり、としられたり。あやまりてこの宗をそしることあらば、ただちに罰《ばつ》をこうむるべし、と身もおぼえたり。是非ともにしかるべき縁をとりて、かの山の御弟子になるべし。この宗体にならずしては、また余のたすかるといえるみち、ふっと今の世にはあるべからず。あら尊いこのお山や、あらうれしや、と申して、手をあわせてこのお山をおがみ、いづくへともしらずかえりけり、とみゆ。これらの子細をあるみちのほとりにて、ねんごろにききしほどに、あまりに不思議におもいはんべるまま、かたり申すなり、といえり。あなかしこ　あなかしこ。

文明五年　十二月中旬

現代意訳

去る文明四年初夏下旬のころのことであった。俗人や法師などが多くいっしょにこの山中の様子を見ながらいった。いったいこの山中の主（ぬし）はどんな人か、俗姓はなんという名か、またこの多屋坊主たちの名をなんというのだろう。この山はもとは虎狼や野狐のすみかであって、家など一軒もなかったと人が話していたのを実際に聞いたことがある。それがあら不思議や、今は一つの都と化している。これは人間わざとも思われぬ。所領・所帯の國盗り武将の城でもこうはならないだろう。いってみれば、ただただ佛法不思議の底力である。それについて、まず浄土一家の宗義は、昔から今まで連綿とつづいてはいるが、当時今の世は八宗九宗ことごとくすたれてしまった。けれども、当山では、ますます念佛信仰がさかんで、すべての人民ら、かくいう我らまで、この宗に心をかけないものはない。末代の奇跡といわねばならぬ。いかにもこの宗にかぎり、未来永劫のいのちあらしめたまうすばらしい一理がここにある。あやまってこの宗をそしるなら、たちどころに罰をうけるにちがいない、と思い知った。ぜひなんとかご縁をむすんで、この山のお弟子にくわわりたいものだ。この宗体にしたがわないでは、ほかにたすかる道が今の世に二つとあるはずがない。あら尊いお山や、あらうれしや、と手をあわせてこのお山をおがみ、どこかへ帰ってしまったようである。このありさまを道のほとりでつぶさに見聞し、不思議のあまり、ありのままをお話しするという。あなかしこ　あなかしこ。(文明五・十二・中旬)

解説

このような世評をかもしだす大衆の心理を手ばなしで喜ぶほど蓮如はお人よしではない。吉崎の繁昌をほめたたえてはいるが、親鸞の名はおろか蓮如の名も知らず、肝心かなめの信心も決定していない。信心のない讃嘆はやはりそらごと、たわごと、戯論《けろん》なのである。ひとはだれでもこのあたりまでくる。しかし、これから先、真実の信心にいたるまでが気の遠くなるほどの無限の距離なのだ。蓮如がむしろ手を焼いたのはこのことである。

このような世評が嘘だというのではない。嘘なら、これを簡単に否定すればそれですむ。だが、大衆はそうだと心から信じきっているのだから、それを虚偽として否定しさることはできない。鰯のあたまも信心からといわれるが、これはしかし、おそろしいことなのである。

嘘というのは、ふつう考えたり行ったりしていることと口にだしていうこととが一致していないことである。それを心にもない嘘という。蓮如はそれとても自分から相手の嘘を暴露することはない。相手の不正直、相手の悪意、相手の無智とうぬぼれがおのずから暴露されるまではこちらがじっと堪忍して待っているのみでよかったろう。

しかし、おそろしいのは真実を知らぬ我痴・我見のような心からの嘘である。鰯の頭も信心からといわれる信心は自我の思いでこりかたまった偏執であり、これをとりこわすことは不可能に近い。その人は口でいうこととおなかのなかで思っていることのあいだに矛盾を感じていない。そこには心底そう思いこむ無知がある。そのような心からの嘘は下間蓮崇をはじめとする多屋衆の中にもある。この御文に登場する一群の俗人や法師にも見られる。要するに、真実が信心のなく、真実の智慧がないところでは、うそがまことであり、虚偽を真実と信ずることが横行する。しかも、一犬嘘を伝えて万犬吠ゆるどおり、吉崎の繁昌はいやがうえにも高まる一方である。

蓮如は吉崎の繁昌を喜んでいるのではない、他力の信心というプリズムを透して、その底にひそむおそろしい虚偽をするどく見ぬいているのである。

二十九　45　門徒が秘事をすてたのを聞いて一流の正意をのべ、さらに制法の条目を追記する。

そもそも先年前住在国のときの教化によりて、まず荻生《おぎゅう》・福田《ふくでん》の面々は秘事《ひじ》をもて本とせる心はうせたりといえども、いまだ当流の真実の法義にはもとづかざるようにみえたり。しかれども、愚老《ぐろう》この両・三ヶ年の間、吉崎の山上において一宇をむすびて居住せしむるいわれによりけるか、いまははや、およそ佛法のおもむきはひろまれるようにきこえたり。

さりながら、当流の親鸞聖人の一流には、真実信心ということを先とせられて、すでに末代我らごときの罪悪生《ざいあくしょう》死《じ》の凡夫、五障《ごしょう》・三従《さんしょう》の女人までも、みなたすけましますということを、あまねくしらざるがゆえなり、とおもうべきものなり。されば、浄土に往生するというも、ただ一念の信心の決定するをもて、すみやかに弥陀の報土《ほうど》へはうまるるものなり。これによりて、信心ということをふかく決定すべきなり。この信心をとるというは、いかようにこころをもちて、いかように阿弥陀をも信じたてまつるべきぞ、といえば、なにのようもなくもろもろの雑行・疑心なんどいうこころをすて、またもろもろの佛・菩薩・諸神等をもたのまずして、もろもろのわろき自力のひがおもいなんどをもふりすてて、一心一向に弥陀如来をふかくたのみたてまつりて、このたびの後生をたすけたまえと、一すじに弥陀に帰命する心をもちて、うたがいの心はつゆちりほどもなくば、かならず阿弥陀如来は八万四千の大光明《こうみょう》をはなちて、その身を光明のなかにおさめとりて、わが身の娑婆にあらんかぎりは、すてたまわずして、すでに命おわりなば、弥陀の報土へかならずむかえたまうべし。これを弥陀如来の念佛行者を摂取《せっしゅ》したまうというは、このこころなり。これをすなわち当流の信心決定したる人とはなづくべし。かくこころうるうえには、たとい念佛もうすとも、かの弥陀如来の、われらが往生をたやすくさだめましますところのご恩を報じたてまつる念佛なり、とおもうべきものなり。かようにこころえたる人をば、あるいは一念発起の行者とも、正定聚に住すとも、無上涅槃《むじょうねはん》を証すとも、弥勒《みろく》にひとしとも申すなり。これをもて信心をよくとりたる行者とはいうべきものなり。あなかしこ　あなかしこ。

これについて、なおなおこころうべきむねあり。そのゆえは他宗《たしゅう》・他門《たもん》を誹謗《ひぼう》することあるべからず。また、諸《しょ》神《じん》・諸佛《しょぶつ》をもわが信ぜぬばかりなり。あながちにおろかにすべからず、みな弥陀一佛のうちには一切の諸神・諸佛もこもれるなり、とおもうべし。たといいかに当流の信心を決定したる人なりというとも、このむねをまもらずば、いたづらごとなり。当流念佛者にてはあるべからず。よくよくこのおもむきをこころうべきものなり。あなかしこ　あなかしこ。

文明第五　十二月十九日　これを書きて荻生・福田の同行中へ

現代意訳

先年前住上人存如の在国のときの教化で、荻生・福田の人々は秘事にたよる心を捨てたようだが、いまだに当流の真実の法義にはもとづいていないようにみえる。ただ愚老が、この三年間、吉崎の山上で一宇をむすんで住んでいるゆかりからか、今はもう佛法の趣意がかなり広まったようには聞いてはいる。

しかし、当流親鸞聖人の一流には、真実の信心を先として、すでに末代の我らのような罪悪を犯しながら生死を流転する凡夫、五障・三従の女人までも、みなたすけられるということを、まだだれもかれも知らないのではないか、と思われる。浄土に生まれかわるというのも、ただ一念信心を決定すれば、すみやかに弥陀の報土に生まれることができる。そこで信心ということを深く決定しなければならない。信心をとるというのは、どのようなこころがまえで、どのように阿弥陀を信じたてまつるのか。なんの用意もなく、もろもろの雑行や疑惑などというこころをかなぐりすて、もろもろの佛菩薩・諸神などに心をかけないで、もろもろの自力のわるい了見をいれかえて、弥陀如来に深く帰し一心一向に、このたびの未来永劫のいのちあらしめたまえ、といえばよい。一すじに弥陀に帰命するその心に一点の疑いがなければ、かならず阿弥陀如来は八万四千の大いなる光をはなって、その身を光のなかにおさめとってくださる。しかも、この身が娑婆にあるかぎり、捨てることはない。すでに命がおわったなら、弥陀の報土へかならずお迎えになる。弥陀如来が念佛行者を摂取されるというのは、このこころである。これを当流の信心を決定した人という。このようにこころえたからには、たとえ念佛を申しても、かの弥陀如来の、我らの生まれかわりをたやすく定められたご恩に報いたてまつる念佛だ、と思うべきである。そうこころえた人を、一念発起の行者とも、正定聚に住するとも、無上涅槃を証したとも、弥勒に等しいともいう。これこそ信心をよくとった行者といわなければならない。あなかしこ　あなかしこ。

　しかもなお、こころえておかなければならないことがある。それは他宗・他門を誹謗しないこと。また諸神・諸佛にたよらぬのみで、自分かってにおろそかにしないことである。なぜならみな弥陀一佛のうちに、あらゆる諸神・諸佛がつつまれているからだと思え。たとえどんなに当流の信心を決定した人でも、この趣旨を守らねばムダボネだ。当流の念佛者ではありえない。よくこの趣旨をわきまえなくてはならない。（文明五・十二・十九　荻生・福田の同行中へ）

解説

　そもそも教えというものは教える人にあるのではない。教えられた人の上にある。教えられた人の上にないときには、もうその教えは廃れたというほかない。親鸞は『教行信証』後序で「ひそかにおもんみれば、聖道《しょうどう》の諸教《しょきょう》は行証《ぎょうしょう》久しく廃れ、浄土の真宗は証道《しょうどう》いま盛りなり。しかるに諸寺の釈門《しゃくもん》、教に昏《くら》くして真仮《しんけ》の門戸《もんこ》を知らず、洛都《らくと》の儒林《じゅりん》、行《ぎょう》に迷《まど》うて邪正《じゃしょう》の道路をわきまうることなし」とのべている。このような歴史的現実にもかかわらず「主上臣下、法に背《そむ》き義に違し、忿《いかり》をなし怨《うら》みを結ぶ」ところから浄土真宗に念仏停止の弾圧がくわえられた。これによって親鸞が遠流に処せられたのは、だれでも知っているであろう。

歴史はくりかえす。吉崎の興起は歴史的必然であった。「浄土の真宗は証道いま盛りなり」である。しかし、蓮如にも、親鸞と同じく、やがて受難《じゅなん》の時がやってくる。その受難のなかで蓮如は御文を書きつづける。あくまで真実の信心をすすめる。いいたいことはこのほかにまだいくらでもあったであろう。しかし、そんなことはどうでもいい。つまるところは我執、心からの虚偽との戦いにうち克つことである。実際、医者が病人を診《み》るのにも、大工が家を建てるのにもまず知らなければならないのは真実である。ただ真実さえあきらかになれば！　この御文を通して、如来の心を至す廻向を全身でうけとってくれるものがありさえすれば！

三十　49　神明三ヶ條の御文。

そもそもこの当山へ参詣《さんけい》の人々においては、まず存知すべき次第三ヶ條これあり。

一　諸法・諸宗ともに誹謗すべからざること。

一　諸神・諸佛においてかろしむべからざること。

一　信心をとりて今度の往生とぐべきこと。

右　この三ヶ條、この宗をもて本とせざらん輩《ともがら》は、当山へ出入りかなうべからざるものなり。そのゆえは、去る文明第三のころより花洛を出でしよりこのかた、この浪風《なみかぜ》あらき在所《ざいしょ》に幽棲《ゆうせい》をしめて居住せしむる由来は、別の子細なし。北国中の同行たちにおいて当流の信心のおもむきさらにもて覚悟の分なきあいだ、その信心において獲得《ぎゃくとく》せしめんがための故に堪忍をくわえるところなり。これしかしながら、自行化他《じぎょうけた》の道理、また別しては聖人報謝のためとおもうによりてなり。それ当流の信心というは、もろもろの雑行をすてて専《もっぱ》ら正行に帰するを体とす。この信心獲得してのうえの、となえるところの口称念佛は、佛恩報尽《ぶっとんほうじん》のためなりとこころうべきなり。これすなわち、当流の信心具足《しんじんぐそく》の行者となづくべきものなり。あなかしこ　あなかしこ。

現代意訳

この当山へ参詣する人々がまず身につけるべき次第、三ヶ條がある。

一　諸法・諸宗をともに誹謗してはならない。

一　諸神・諸佛を軽ろんじてはならない。

一　信心をえて今ひとたびの往生をとげるべきである。

右、この三ヶ條を守らないものは、当山へ出入りしてはならない。なぜなら、去る文明三年のころ京都を出てから、この浪風あらい在所に幽棲をしめて居住するのは、なんの子細もない。北国中の同行たちが当流の信心の趣旨をまったく了解しないかぎり、信心をえさせるためには、この忍耐を命ずる。これこそ自ら行じ他を化する道理、別しては聖人報謝のためと思うからである。当流の信心とは、もろもろの雑行をすてて、ひたすら正行に帰することを体とする。この信心をえてから、となえる口称念佛は、弥陀如来へのご恩がえしとこころえよ。これが当流の信心を十分にそなえた行者である。あなかしこ　あなかしこ。

解説

　これらの制法に、ここでは一つ一つ理由が書かれていない。したがって、この制法にはいろいろな解釈ができる。親鸞の教えとはちがうという人もいるであろう。だが、親鸞の教えにしたがいつつ、蓮如のような歴史的立場におかれたら、やはり絶対の命令としてこのような制法を定めなければ、肝心かなめの他力の信心がうしなわれることだけはまちがいない。真宗の繁昌に乗じて土一揆《どいっき》をおこすことは浄土真宗の正義、この世に真宗をあらわされた存在理由にかなわない。土地をうばいとれ、邪魔ものを殺せ、という土一揆の下剋上の風は仏教には断じてないのである。

三十一　51　**はじめ善知識《ぜんちしき》だのみ（知識帰命《ちしききみょう》）のまちがいをただし、それくらいなら卒塔婆《そとば》を拝んだほうがましだといい、最後に歌を詠じて信者ができたことをよろこぶ。**

　去年霜月のころよりこのかた、当国・加州・能登・越中のあいだより、男女老少、幾千万となく当山へ群集《ぐんじゅ》せしむる條、しかるべからざるよしの成敗《せいばい》をなすといえども、さらにもて多屋坊主以下その承引《しょういん》なし。さだめて他宗・

他家のかたにも偏執《へんじゅう》の義もかつはこれあるべし、とおもうなり。そのいわれいかんというに、在家止住の罪ふかき身が弥陀の本願を信じ後生一大事とおもい、信心決定して、まことに極楽往生治定《じじょう》とこころえたらん身は、そのありがたさのあまり報謝のために足手をはこび、また当山に安置するところの本尊ならびに開山の御影《ごえい》へもまいり、またわれらなんどにも対面をとげんは、まことに道理なるべし。

しかるに、なにの分別もなく、ただひとまねばかりにきたらんともがらは、当山へ経廻しかるべからざるよしをもうすなり。そもそも、予がまえへきたりて見参対面《けんざんたいめん》をとげたりというとも、さらにわれらが力にて後生をたすくべきむねなし。信心をとりて弥陀如来をたのみたてまつらん人ならでは、後生はたすかるべからず。わがまえへきたらんずるよりは、山野の墓原《ぼげん》へゆきて、五輪率塔婆《ごりんそとうば》をおがみたらんずるは、まことにもてその利益もあるべし。すでに経文にいわく、一見率塔婆　永離三悪道《ようりさんまくどう》といえり。この率塔婆をひとたびおがみたらん人は、ながく三悪道の苦患《くげん》をば一定のがるべし、とあきらかに経にみえたり。かえすがえす、当山へなにのこころえもなき人きたりて、予に対面して、手をあわせおがめること、もてのほか、なげきおもうところなり。さらにもて尊きすがたもなし。ただ朝夕はいたづらにねふせるばかりにて、不法《ふほう》・懈怠《けたい》にして、不浄《ふじょう》きわまりなく、しわらくさき身にてありけるを、おがみぬること、真実々々かたはらいたき風情《ふぜい》なり。あさまし、あさまし。これらの次第を分別して、向後は信心なきものはあいかまえてあいかまえて率塔婆をおがむべし。これすなわち佛道をならんたねになるべし。よくよくこころうべきものなり。

秋さりて　夏もすぎぬる　冬ざれの　いまは春べと　こころのどけし

このうたのこころは、当山にこの四ヶ年すめるあいだのことをよめるうたなり。五文字に秋さりてというは、文明第三の秋のころよりこの当山吉崎に居をむすびて、四季の春夏秋冬をくりしことは、すでに秋をば三つ、夏をば二つ、冬をば三つ、春をば三つなり。かように四ヶ年のあいだ春夏秋冬をおくりしかども、こころうつくしく他力真実の信心を決定したる人もなかりしに、去年の霜月《しもづき》七日のうちに、かたのごとく人々の信心をとりて、仏法にこころのしみてみえしほどに、ことしの春はうれしくもおもいけるが、さていまは春べといえり。こころのどけしというは、信心決定のひとおおければ、こころのどけしといえるこころなり。あなかしこ　あなかしこ。

文明六年　甲午　正月廿日

現代意訳

去年霜月《しもづき》のころよりこのかた、越前・加賀・能登・越中の各方面から、男女老少を問わず、何千何万となく当山へ群集してはいけないとの裁決《さいけつ》を下したが、多屋坊主以下のものは全然聞きいれない。まして他宗・他家の方が偏見《へんけん》にとらわれても仕方あるまい、と思われる。なぜなら、我らは此の世界にとどまらざるをえない罪深い身である。弥陀の本願を信じ、未来永劫に生きることこそ一大事と思い信心を決定して、極楽往生がさだまれば、かたじけないと思って報謝のために当山に足をはこび、ここに安置している本尊や開山聖人の御影にまいり、私らにも対面しようとするのは、まことに自然の道理なのかもしれない。

だが、なんのこころえもなく、ただ人につられてくるようなものが、当山をおとずれてはならないといっているのである。だいたい、私の前にきて見参対面したところが、私の力で未来がひらくはずがない。信心を得て弥陀如来をたのむ人でなくては、未来はひらかれない。私らのところにきて救いを求めるよりは、そこいらの山野の墓場へいって、五輪や率塔婆を拝んだ方が、かえってご利益があるだろう。経文にも「率塔婆を一たび見れば、永く三悪道を離る」とある。率塔婆を一度拝めば、ながく三悪道の苦患をかならず逃れられる、とはっきりお経に書いてある。くれぐれも当山へ何のこころえもない人々が来て私と会って手をあわせて拝むのは、もってのほかとなげき思うところである。私など全然尊いすがたではない。ただ朝夕をむやみに寝起きしているばかりの無法の怠け者で、汚染《おせん》きわまりなく年寄りくさい身であるのを拝むなどとはまことに滑稽であさましい風情である。こんな次第をわきまえれば、信心のないものはこれからていねいに率塔婆を拝むことだ。それでも佛道を成就するたねぐらいにはなるだろう。よくよく注意せられたい。

秋さりて　夏もすぎぬる　冬ざれの　いまは春べと　こころのどけし

これは当山に住んだこの四年間を詠んだ歌である。「秋さりて」とは文明三年秋のころよりこの吉崎に居住し、四年の春夏秋冬をくりかえした。すでに秋を三つ、夏を二つ、冬を三つ、春を三つすごしたことになる。このように四年間の四季をくりかえしたが、みごとに他力真実の信心を決定した人はなかった。去年十一月の報恩講のあいだに確かな信心をえて仏法に心がかよってみえる人々が多く、今年の春はうれしく思ったのを「いまは春べ」と詠み、信心決定の人が多かったので「心のどけし」といったのである。あなかしこ　あなかしこ。(文明六・一・二十)

解説

私なんかに遇うよりも、率塔婆を拝んだほうがましだという。これほどの徹底した自覚は親鸞の

『愚禿悲嘆述懐《じゅっかい》和讃』を思わせる。それではそんな男が書いた御文なんか三文の価値もないではないか、という人があるかもしれない。その人の人格など問わず、蓮如が雑行雑修をかなぐりすててすべてをかけた御文は、すでに蓮如の人となりをはなれ自力のはからいを超えて、ひとり歩きしている。蓮如にあるのは「自身は現に罪悪生死の凡夫であって、永遠に常に没し常に流転して生死を出離する縁はありえない」という機の深信《じんしん》、在家無智の自覚のほかにない。

あたかもそれは文芸作品が作者から独立するようなものであるが、べつに文芸作品のみにかぎらない。対話は対話する語り手からはなれてそれ自体のたましいをもって動きだすのである。

古代ギリシアの哲人ヘラクレイトスは「私に聞くのではない、言葉に聞いて、万物即一の言葉に一致することがすなわち知である」という。対話は人間の行為の一つなのだが、対話がすすむと対話の行為そのものが対話する者のどちらの側の意志のなかにも存在しなくなる。われわれ自身が実際の対話に巻きこまれ、陥ってしまう。売り言葉に買い言葉といわれるように、対話がどうすすんでいくか、だれでもあらかじめ知ることはできない。だから、われわれは、対話がすんだあとで、ちょっと面白い話になったとか、ついあがってしまっていいたいことが何もいえなかったとか、という。二十世紀の哲学者ハイデガーが「人間が言葉の主人ではなく、言葉こそ人間の主人である」というのはその意味である。南無阿弥陀仏は佛と凡夫の対話である。南無六字の名号という言葉によって存在を具体化した真宗のリアリズムはここに存する。

ここで蓮如によって否定されているのは善知識だのみ（知識帰命）という秘事法門である。ひとは言葉を通して、言葉よりも、それをいう人の人格の実在を信じがちである。御文を読んで御文の作者蓮如を信ずる、これをすでに覚如の『改邪鈔』第十八条で、弥陀如来になぞらえて善知識をあがめ、善知識が住んでいる場所を本願真実の報土とするのをまちがいとして指摘している。それは言葉以外に言葉を超えて生佛不二などという観念が実在すると考える観念論にすぎない。あげくのはてに『歎異抄』第六条にあるように、わが弟子、ひとの弟子という善知識同志の門弟のうばいあうような、みにくい紛争をひきおこすことにもなるのである。

三十二　54　文明六年二月十七日の御文。これは次の第三十三章のあとの方を抜き出して修正したものである。帖内二の六にも通ずるので、今はこれを略す。

三十三　54　**弥陀の名号は万善・万機、現在・未来の功徳をそなえると説き、稲と藁のたとえをあげ、おわりに制法を示す。**

それ南無阿弥陀佛のうちには、万善諸行《まんぜんしょぎょう》・恒沙無数《ごうじゃむすう》の功徳法門《くどくほうもん》・聖教《しょうぎょう》さらにのこることもなく、またあらゆる諸神・菩薩もことごとくこもれるなり。阿弥陀一佛をたのめば、一切の佛・菩薩、一切の諸神に帰するいわれあり。このゆえに、弥陀一佛に帰すれば、いかなる四重《しじゅう》・五逆の衆生も五障・三従の女人も浄土往生をとげずということなし。あら殊勝の要法や、あら尊との弥陀如来や。これによりて、かの弥陀如来をば何とたのみ何と信じて、かの浄土へは生ずべきぞなれば、ただもろもろの雑行をすてて、一心一向に弥陀に帰すれば、十人は十人、百人は百人ながら、すなわち浄土に生ずべき身にさだまるなり。このうえには、朝夕は名号をとなえて、かの弥陀のご恩を報尽すべきばかりなり。されば、後生を一大事とおもいて、信心決定して極楽を願うものは、後生のたすかることはなかなかもうすにおよばず、今生もあながちのぞみこのまねども、おのずから祈禱《きとう》ともなるなり。そのいわれを他経《たきょう》にかくのごとくとけり。その文（『蘇婆呼童子請問経』巻上意）にいわく「それ現世をいのる人はわらをえたるがごとし、後生をねがう人はいねをえたるがごとし」とたとえたり。いねというものいできぬれば、おのずからわらをうるがごとし。これは後生をねがう人のことなり。今生をいのる人はわらばかりをえたるがごとし、といえるこころなり。されば、信心決定したる人は、今生も別してこのまずねがわざれども、諸佛・菩薩　諸天・善神の加護《かご》にもあづかるあいだ、かかる殊勝にめでたき無上の佛法を信じて、今度の極楽往生をとげん、とねがうべきものなり。

そもそも、いま聴聞するとおりをよくよく心中におさめおきて、他門の人にむかいて沙汰すべからず。路次・大道にても我々が在所にかえりても、あらわに人をもはばからず、これを讃嘆せしむべからず。つぎには、守護・地頭方にむきても、われは他力の信心をえたりといいて、粗略の儀なく、いよいよ公事をまったくすべし。またもろもろの佛・神等をもおろそかにかろしむることなかれ。これすなわち南無阿弥陀佛の六字のうちに、これらの佛・神はこもれるゆえなり。あなかしこ　あなかしこ。

現代意訳

さて南無阿弥陀佛のうちには、どんなよい行為もガンジス河の砂のように無数の功徳法門も聖教のすべても、ありとあらゆる諸神・菩薩もみなつつまれている。阿弥陀一佛をたのめば、一切の佛・菩薩、一切の諸神に帰する利益がある。だから弥陀一佛に帰すれば、どのような四重（殺・盗・淫・妄）・五逆の衆生も五障・三従の女人も浄土往生をとげぬということはない。ああすぐれた要法よ！　ああ尊い弥陀如来よ！　そこで、あの弥陀如来を何とたのみ何と信ずれば、浄土へ生まれかわることができるのだろうか。それにはただもろもろの雑行をすて、一心一向に弥陀に帰すれば、十人でも百人でも、たちまち浄土に生まれかわることができる身に定まるのである。それからはただ朝夕名号をとなえて、かの弥陀のご恩に報いるばかりである。だから、未来永劫に生きることを一大事と思って信心決定して極楽を願うものは、未来永劫に生きることができるのはいうにおよばず、今の生に強いて期待しなくとも、おのずから現世の祈りにもなるであろう。

それを他経（『蘇婆呼童子請問経』巻上意）に「現世をいのる人は藁をえたようなものであり、未来の生をねがう人は稲をうるようなものである」とたとえている。稲ができれば、おのずから藁がえられる。これは未来永劫のいのちをねがう人のことである。今の生を祈る人は藁だけしかえられない。だから、信心を決定した人は、今の生をとりわけこのまず期待しなくとも、諸佛・菩薩・諸天・善神のおかげにあづかることができる。このようなすぐれてめでたい無上の佛法を信じて、このたび極楽に生まれかわろう、と願うべきである。

そもそも今聴聞するままをよく心中にかみしめて、他門の人に対し口外しないように。路次や大道でも自分の在所に帰った時も、人前で遠慮会釈なく仏法を讃嘆しないように。それから守護・地頭の方に対して、我こそは他力の信心をえたりといって、ぞんざいにふるまわず、いっそう公事にはげむように。また、もろもろの佛・神などをおろそかに軽んじないように。南無阿弥陀佛の六字のうちに、これらの佛や神がつつまれているからである。あなかしこ　あなかしこ。

解説

この稲と藁のたとえはたくみな背理《はいり》、パラドックスである。常識では現世のために祈ることによってゆたかに稲を刈りとることができ、後世など祈っても藁しかつかめないというであろう。しかし、それは現在から未来を見ているからである。しかし、時の流れは未来から現在へ現在から過去へという方向をとる。とすれば、未来に刈った稲の藁を現在につかむというのが自然である。苦しいときの神だのみとして「藁でもつかみたい」思いでは「今生を祈る人は、藁ばかりをえたる」といわれるように、実際、藁ぐらいしかつかめず、死ぬほかないであろう。

三十四　62　信心の体が六字の名号であるという。

おおよそ念佛申して後生たすかるということをば、いかなる人もあまねくこれを存知せり。しかれども、当流親鸞聖人の一義にかぎりて、他力信心の一途を具足せずんば、今度の報土の往生はかなうべからざるよし、きこえはんべりぬ。さて、その信心ということをば、なにとようにわれらが心中にはこころえおきそうろうべきぞや、さらにそのこころをえず。くわしくこれをしめしたまうべし。

答えていわく、その他力の信心といえることをば、あながちに聖人のわたくしの所流とばかりはこころえらるべからず。そのゆえは、『大経』の十八の願にすでに至心信楽欲生我国とこれをあらわしたまえり。これすなわち弥陀如来の他力の信心（といえるはこのことなり。この他力真実の信心）を獲得せん人は、たとえば十人はみな十人ながら、すなわち極楽に往生すべし。　これさらに行者のなすところの自力の信心にあらず。弥陀如来の清浄《しょうじょう》本《ほん》願《がん》の智心《ちしん》なり、ときこえたり。これによりて、この信心の体というはすなわち南無阿弥陀佛これなり。そのゆえは南無と弥陀に帰命すれば、その南無と帰命する衆生を、阿弥陀佛のよくしろしめして、摂取してすてたまわざるなり。このこころすなわち南無阿弥陀佛なり。この南無阿弥陀仏というは他力真実の信心のすがたなり。この南無阿弥陀佛すなわちわれらが往生すべきいわれを南無阿弥陀佛の六字の名号にあらわしたまえるなり。これまた、すなわち信心歓喜《しんじんかんぎ》のこころにて、報土に往生すべきいわれなればなり、とこころうべし。されば、この信心（決定）のうえに佛恩報謝のために行住座臥に念佛もうすこころはなにごとぞなれば、かかるあさましき極悪のわれらごとき身がたやすく極楽に往生すべき大願をおこしたまえる弥陀如来のご恩のありがたさ尊さをよろこび申す念佛のこころなり、とおもうべきものなり。あなかしこ　あなかしこ。

文明六年　六月十八日

現代意訳

およそ念佛申して未来永劫に生きることぐらいは、どんな人でもたいがいは知っています。しかし、当流親鸞聖人の一義にかぎって、他力信心のひとすじを身につけなければ、このたび報土へ生まれかわることはできないといわれます。そこで、その信心をどのように我らの心の中にこころえておくべきかがよくわかりません。くわしく説いて聞かせてください。

答えていう。他力の信心を、聖人のかってな私の解釈だと思ってはならない。なぜなら『大経』の第十八願にはすでに「至心に信楽して我が国に生れんと欲《おも》え」とあらわされているからである。弥陀如来他力の信心というのは、このことである。この他力真実の信心を獲得する人は、たとえば十人はみな十人ながら、たちどころに極楽に生まれかわることができる。

これはけっして行者の行う自力の信心ではない。弥陀如来の清浄本願の智心だ、といわれている。そこで信心の体というのは、とりもなおさず南無阿弥陀佛にほかならない。なぜなら南無と弥陀に帰命すれば、その南無と帰命する衆生を、阿弥陀佛が見とどけられて、すくいとって捨てられないからである。このこころが南無阿弥陀佛である。南無阿弥陀仏とは他力真実の信心のすがたである。すなわち我らが生まれかわる根拠を南無阿弥陀佛の六字の名号があらわされているのである。これがまた信心歓喜のこころであって、報土に生まれかわりうる根拠だから、とこころえなさい。では信心決定してから佛恩感謝のために行住座臥に念佛を申すのは、なにごとか。このようなあさましい極悪の我らが生まれかわることにできる大願をおこし、たやすくたすけられた弥陀如来のご恩こそありがたい、尊いとよろこぶ念佛のこころだと、思わなければならない。あなかしこあなかしこ。(文明六・六・十八)

解説

他力の信心を決定しないような南無阿弥陀仏はわけもわからないままの仏恩報謝の念仏でこそあ

れ、たすけたまえとたのむ念仏ではない。頼は帰である。本願をたのむとは、雑行をすてて本願に帰することである。本願に帰することがなければ、なんの佛恩報謝にもなりえない。

ところが、浄土にまいりたいと思うなら、行者にはなんのこころえもいらぬ、たのむこともねがうことも願も行も如来のほうにまるまるそろっている。〈なにが不足でこうたのむとかあこころえよとかいいそえる必要があろう、うたがいがはれさえすれば、ただ念仏するだけでよい、それがまことの信心というものだ〉というのはこれが〈口称《くしょう》づのりの異義〉である。一応もっともなようだが、これではただ佛のひとり言をおうむがえしに（条件反射的に）となえているだけで、ご恩がえしにはならない。そもそも人間の口は愚痴のはけ口ではない、たましいにいたる道である、佛と凡夫のそのたましいが口外の声にあらわれた対話こそ南無阿弥陀仏なのである。

三十五　63　浄光・真慶の二人に名字礼賛のもとが偈文にあるのはおもしろい、という。

ある人のいわく、参河《みかわ》国さかさきの修理助入道浄光《じょうこう》・青野八郎左衛門入道真慶《しんけい》両人あり。この人去ぬる四月下旬ころより吉崎の山上にあり、と云々。しかるに、善導和尚の『日中《にっちゅう》の礼賛《らいさん》』の偈にいわく「真形《しんぎょう》光《こう》明《みょう》遍法界《へんほっかい》蒙《もう》光《こう》触《しょく》者《しゃ》心《しん》不退《ふたい》」という文あり。所詮この釈文の中に真慶・浄光の二人の片字あり。これまことに奇特不思議なりしことぞかし。そのゆえは、弥陀如来の真身のかたちはすなわち光明ともなりて、一切衆生を平等に摂取したまうちかいなるがゆえなり。これによりて、両人の片字、この釈文の中にあること、まことにもて宿習《しゅくしゅう》のいたりか、また本願力の不思議によりて報土往生をとげんがために、今度この当山へこえられけるか、ともおぼえはんべり。されば、やがてつぎの文に蒙光触者心不退とあれば、すなわち信心決定して不退なるべきいわれなり、とあらわにしられたり。あら　殊勝、殊勝。

文明六年　六月廿五日　これを書く。

現代意訳

ある人が、三河国坂崎の修理助入道浄光・青野八郎左衛門入道真慶両人が、さる四月下旬ごろから吉崎の山上にきたという。ところで善導和尚の『日中の礼賛の偈』に「真形の光明は法界に遍ねく光触を蒙むる者の心は退かず」という文がある。この釈文の中に真慶・浄光二人それぞれ一字がはいっている。これはまあ奇特な不思議ではあるまいか。なぜなら、弥陀如来の真身のかたちは光として、衆生をすべて平等にすくいとる誓いだからである。したがって両人の一字がこの釈文にはいっているのは、げに宿習のいたりであろうか、それとも本願力の不思議によって報土に生まれかわるために、このたびこの山に越えてきたのであろうか。となれば、つぎの文に「光触をこうむるものの心は一歩もしりぞかない」というのは信心決定して不退になる謎だと明らかに知られる。ああ！　なんとすぐれた本願であろうか。（文明六・六・二十五）

解説

これはひどくとぼけた御文のように思われる。なぜなら、浄光という名も真慶という名もいずれ死んでしまう人間がかってにきめたなんの実もない名目にすぎないからである。実のともなわない浄光とか真慶という名目を蓮如はなにくわぬ顔で素直に聞いて賞賛している。読者は蓮如が不正直で不真面目な冗談、心にもないお世辞でもいっているのかとさえ感ずる。名や形にとらわれずその人のたましいを見つめる、われわれの蓮如はむしろ寸毫の虚偽さえもゆるさない潔癖さで、ただ真実のみを語るべきではなかろうか。

しかしながら、蓮如にとってもっともおそるべき敵は心にもない嘘ではなく、心からの嘘であった。歴史的現実に直面してたとえ精緻な学問であっても、その未熟さを暴露することが多い。容易に避けることができる誤謬を犯して恥ずる大学者もひとたび歴史的な問題になると、ずいぶんかってで軽率な書き方をするものである。それほどに真実を語ったり嘘のない文章を書いたりすることはむつかしい。自分の気持をあるがままに正直に告白するという心がけだけでは、顕真実は成就しない。真実をのべることはできないのである。

だから、顕真実は真《しん》(実)と仮《け》(方便)との二重の門戸を必要とする。『教行信証』真佛土巻の最後に「真仮を知らざるに由って、如来広大の恩徳を迷失《めいしつ》す」といって化身土巻をひらき、後序で「諸寺の釈門、教に昏くして真仮の門戸を知らず」という。なにくわぬ顔で名目にしたがいながら、名目を徹底的に吟味する。それが蓮如のこの御文にひらめく方便の智慧であった。

三十六　42　第二十六章の再稿、この再稿は三河の真慶にあたえている。文明六年六月二十一日　三河国式八郎左衛門入道真慶が所望したからこの炎天で老眼を拭いながら筆を染めおわった。　蓮如満六十　御判とある。今はこれを略す。

三十七　70　**このあたりに安心をえた人がないのを嘆き、名号を二字と四字に分けて説き、六字に諸神諸佛が包まれていることをのべる。**

そもそもこの方この（北の）庄一里五十町のあいだ、念佛同行の坊主たちの心中の風情をつくづくとこの当庄にしずかにありて見およぶに、まことに当流一義のおもむきをうるわしく存知したる体は、一人もさらになきようにおもいはんべり。これあさましき次第にあらずや。そのゆえは、名をばなまじいに当流にかけて、たが門徒といえるばかりをもて肝要とおもいて、信心のとおりをば手がけもせずして、ただすすめというて銭貨《せんか》をつなぐをもて、一宗の本意とおもい、これをもて往生浄土のためとばかりおもえり。これ大きにあやまりなり。それ極楽に往生することをくわしく存知せずば、極楽には往生すべからざるものなり。これによりてその他力の信心ということをいまくわしく讃嘆すべし。耳をそばだててこれをききて、いよいよ決定の信心をもうくべきなり。

それ親鸞聖人の勧化《かんげ》のおもむきは、なにのようもなく末代在家《ざいけ》止住《しじゅう》のともがらは、ただ声にいだして南無阿弥陀佛ととなうるばかりにては佛にはなるべからず。そのゆえはいかんというに、ひしと南無阿弥陀佛という佛体は、われらが極楽に往生すべきいわれを、この南無阿弥陀佛の六字にしかとあらわしたまえりとおもいて、さてこの南無阿弥陀佛はなにといえるこころぞというに、まず南無という二字はすなわち一心一向に阿弥陀如来をふかくたのみたてまつりて、後生たすけたまえとおもう帰命の一念さだまるところをさして南無とはもうすなり。さればこの南無とたのむこころのうちには、もろもろの雑行《ぞうぎょう》・雑善《ぞうぜん》・諸佛・菩薩等をくわえずして、ひとすじに阿弥陀如来に帰命したてまつるこころを南無とはもうすなり。さて、阿弥陀佛といえる四つの字のこころは、なにともうしたるいわれぞなれば、いまのごとくに南無と弥陀をたのみたてまつれば、すなわちそのたのむ衆生を佛力不思議のゆえによくしろしめして、かたじけなくも弥陀如来の光明のうちにおさめとらせたまうがゆえに阿弥陀佛ともうすなり。されば、南無阿弥陀佛といえる六つの字は、しかしながら、造悪不善《ぞうあくふぜん》のわれらを御たすけありけるおすがたにてましますぞ、とこころえわけたる道理をもて、これを他力信心をえたる行者とはもうすなり。これによりて、佛恩のふかきことはきわほとりもなきゆえに、その報尽のためには、ただ称名念佛をとなえてかの弥陀如来のご恩を報じたてまつるべきものなり。

このうえになおこころうべきむねあり。そのゆえは南無阿弥陀佛の六字のなかに、一切の功徳・善根も一切の諸佛・菩薩も一切の諸神もみなことごとくこもれるなり。されば、阿弥陀一佛に帰すれば、一切の諸神・諸佛・菩薩にも帰する道理なるがゆえに、別して信ぜねども、弥陀一佛を一心一向にたのめば、かならずそのうちにこもれるがゆえなり。あいかまえて一切の諸佛・菩薩・諸神などをかろしむことあるべからず、いよいよ弥陀を信じたてまつるべきものなり。あなかしこ　あなかしこ。

文明六年　八月十日

現代意訳

この北の庄（福井市）一里五十町のあいだ、念佛同行の坊主たちの心中の風情を、静かに当庄でつくづくながめてみると、まことに当流一義の趣旨をみごと身につけている様子は、一人もないように思われる。これほどあさましいことがあろうか。なぜなら、当流になまじっかただ名のみをかけて、どこそこの寺の門徒という手つぎだけが大事と思い、信心の道理を手がけもせず、ただすすめるといって金銭や物品を寺につけ届けするのを一宗の本意とおもい、それだけが往生浄土のための奉仕だと思っている。これは大まちがいである。極楽に生まれかわることをくわしく身につけなければ、極楽に生まれかわることができないであろう。そこで他力の信心ということを、今くわしく讃嘆しよう。耳をそばだてて聞いて、ますます決定の信心をえなければならない。

そこで、親鸞聖人がすすめられるのは、なんのようもなく末代に在家で生活をしているものたちは、ただ声にだして南無阿弥陀佛ととなえるだけでは佛にはなりえない。なぜなら、南無阿弥陀佛という佛体は、我らが極楽に生まれかわるすがたを、この六字にはっきりとあらわしていられるからである。では、南無阿弥陀佛はどういう意味であろうか。南無という二字は、一心一向に阿弥陀如来を深くたのんで、未来永劫のいのちあらしめたまえと思う帰命の一念がさだまることをさす。だから南無とたのむこころのうちに、もろもろの雑行・雑善・諸佛・菩薩などをまじえないで、ひとすじに阿弥陀如来に帰命するこころを南無というのである。では、阿弥陀佛という四字のこころは何か。今このように南無と弥陀をたのめば、すなわちたのむ衆生を不思議な佛力によってよく見とおされて、かたじけなくも弥陀如来の光のうちにおさめとられるから阿弥陀佛と申すのである。この意味で、南無阿弥陀佛という六字は、造悪不善の我らをたすけるすがただ、とさとりうなづいたものを、道理として他力の信心をえた行者という。このように佛恩の深さにはかぎりがない。それに報いるために、ひたすら称名念佛して弥陀如来のご恩をかえすのである。

この上になお、わきまえてほしいことがある。それは南無阿弥陀佛の六字にすべての功徳善根、すべての諸佛・菩薩、諸神もみな包まれている。阿弥陀一佛に帰すれば、すべての諸神・諸佛・菩薩にも帰することになる道理だから、とりたてて信じなくともよい。弥陀佛を一心一向にたのめば、かならずそこにつつまれる。くれぐれもすべての諸佛・菩薩・諸神等を軽んじないで、しかもなおさら弥陀を信ずるほかにない。あなかしこ　あなかしこ。(文明六・八・十)

解説

信の一念を親鸞は「念仏もうさんと思いたつ心のおこるとき」といい、蓮如は「たすけたまえと思う心の一念おこるとき」という。これをある種の〈心境〉とうけとって、身口意の三業のなかの意業にあたると考えるのを〈意業づのりの異義〉という。これはのちに本願寺派で三業惑乱《さんごうわくらん》という空前の法難をひきおこすことになった源である。だからといって、意業ではないという必要もない。一念は時尅《じこく》の極促《ごくそく》をあらわすのだから、そこへ凡夫のどんな心境もさしはさむ余地はまったくない。信は一つの心境ではない。真実の認識であり、〈目覚め〉である。一念は一瞬、一刹那である。とすれば、信の一念はめざめる一瞬なのであって、これを個人の心境に移しかえてはならない。「ひとすじに阿弥陀如来に帰命したてまつるこころを南無とはもうすなり」。心を南無とあらわす。それ以外に意業の口業のと凡夫の解釈をくわえる必要がどこにあろうか。所詮、凡夫の解釈、はからいをまじえることは、それ自体が雑念である。

三十八　58　吉崎御坊炎上のさまをのべ、世は無常だから早く信心をえて浄土往生を期するようにすすめる。

それ文明第三五月中旬のころ、江州志賀郡大津三井寺《みいでら》のふもと南別所近松《ちかまつ》をふとおもいたちて、この方において居住すべき覚悟におよばず、越前・加賀の両国を経廻《けいかい》して、それよりのぼり、当国細呂宜の郷吉崎といえる在所いたりておもしろきあいだ、まことに虎狼《ころう》・野干《やかん》のすみかをひきたいらげて一宇をむすびて居住せしむるほどに、当国加州の門下のともがらも、山をくずし、また柴築地をつきなんどして、家をわれもわれもとつくるあいだ、ほどもなく一年二年とすぐるまま、文明第三の暦夏ごろより当年まではすでに四年なり。しかれども田舎のことなれば、一年に一度づつは小家なんどは焼失すと（いえども）。いまだこの坊にかぎりて火難の儀なかりしかども、今度はまことに時尅到来《じこくとうらい》なりけるか。当年文明第六三月廿八日酉尅《とりのこく》とおぼえしに、南大門の多屋より火事いでて北大門にうつりて焼けしほどに、已上南北の多屋は九なり、本坊をくわえてはそのかず十なり。南風にまかせてやけしほどに、時のまに灰燼《かいじん》となれり。まことにあさましというも、中々言の葉もなかりけり。しかれば人間は何事もはやこれなり。まことに三界無安《さんがいむあん》猶如火宅《ゆにょかたく》といえるも、今こそ身にはしられたり。これによりて、この界は有無不《うむふ》定《じょう》の境なれば、いかなる家いかなる宝なりとも久しくもちたもつべきにはあらず。

ただいそぎてもねがうべきは弥陀の浄土なり。いま一時もとくこころうべきは念佛の安心なり。されば、身体は芭蕉《ばしょう》のごとし、風にしたがいてやぶれやすし。かかる浮き世にのみ執心ふかくして、無常にこころをふかくとどむるは、あさましきことにあらずや。いそぎ信心を決定して、極楽にまいるべき身になりなば、これこそ真実々々ながき世のたからをもうけ、ながき生をえて、やけもうせもせぬ安養《あんにょう》の浄土へまいりて、命は無量無辺《むりょうむへん》にして、老せず死せざるたのしみをうけて、あまっさえまた穢国《えこく》にたちかえりて、神通自在をもて、こころざすところの六親眷《ろくしんけん》属《ぞく》をこころにまかせてたすくべきものなり。これすなわち還来穢国《げんらいえこく》度人天《どにんてん》といえる釈文のこころこれなり。あな

かしこ　あなかしこ。

文明第六　甲午　四月八日　吉崎の多屋にて、　これを書く。

現代意訳

さても文明三年五月中旬のころ、江州志賀郡大津三井寺のふもと南別所近松をふとたちいでて、北国で永住する気もなく、越前・加賀の両国をへめぐって、それより登り、越前の細呂宜の郷・吉崎という在所がとても景色がよいので、虎狼や野狐のすみかを平らかにして、一宇を建て居住することにした。が、越前・加賀の門下の人々も、山を崩したり柴築地をついたりなどして、家をわれもわれもと造ったものだ。一年・二年と過ごすままに、文明三年夏ごろより当年まではあっというまにもう四年になった。もとより田舎のことだから、一年に一度ぐらいは小さな家などは焼けたけれども、いまだに本坊にかぎって火災の難はなかった。今度はまことに時機が来たのか。たしかこの文明六年三月二十八日夕方とおぼえているが、南大門あたりの多屋から出火し、火はたちまち北大門にうつって燃えひろがった。南北の多屋の焼失は九、本坊をくわえてその数は十。南風にあふられて焼けたから、あれよあれよというまに灰燼に帰してしまった。まったく情けないという言葉もないほどである。とはいえ、人間は何事もはやこれだ。まことに「三界に安きところはなし　なお火宅のごとし」(『法華経』巻二) ということを、今こそ骨身に徹して思い知った。この世界は有るのやら無いのやら定めがない境だから、どんな家もどんな宝も、永遠に保ちはしないのだ。

ただ急いで願うべきは弥陀の浄土である。一時も早くこころうべきは念佛の安心である。この世の身は芭蕉葉のように風が吹けば破れやすい。こんな浮き世に深くかかずらわり、無常に心をうばわれるのは、あさましいことではないか。いそぎ信心を決定して極楽にまいる身になれば、これこそまこと永世の宝をえて永遠の願に生き、焼けもせず失せもしない安養の浄土へまいり、命かぎりなく老いもせず死にもしない安楽をうけて、その上また穢国にたちかえり、神通自在に、愛する六親眷属を思うがままにたすけることができる。これが「穢国に還って来て人天を度す」という釈文の心である。あなかしこ　あなかしこ。（文明六・四・八　吉崎の多屋にて書く）。

解説

三月二十八日吉崎が炎上した。とりわけ「人間はなにごともはやこれなり」という言葉がわれわれの胸を衝く。四月下旬には仮御堂と仮御殿が完成して、蓮如はそこへ帰住したと『真宗懐古録』はつたえている。おなじ本に、火事の際、親鸞聖人真筆の『教行信証』をもちだしたが、「証の巻」本だけを取りおとした。それを本向寺了顕が燃えさかる火中にとびこみ、危険がせまったと見るや、腹十文字にかっさばいて腸《はらわた》をとりだし、そこへ「証の巻」本をおしこみ、ガバと伏して息絶えた。それで、無事「証の巻」本はたすかったという美談がしるされている。本向寺の記録にもあるそうな。真偽のほどはたしかめがたいが、四月下旬に早くも仮屋が建ったことといい、当時の念仏行者たちのさかんな心意気をよくあらわしている。

三十九　74　報恩講に際して信心獲得をすすめる。

つらつらおもんみるに、それ吉崎の当山において、この四ヶ年の歳月《としつき》をおくりし由来をおもいつづくるに、さらに覚悟におよばず、ただ昨日今日のごとし。しかるに、予、旧冬のころ心中におもえらく、当年の開山聖人の遷化《せんげ》のご正忌にあいたてまつるべきこと、存命不定とおもうところに、はからざるにいますでにあうことをえたり。まことに宿善のいたり、報謝の志、冥慮《みょうりょ》にあいかなうかのあいだ、よろこびてもなおよろこぶべし、尊みてもなお尊むべきは、今この時なり。しかれば、今月廿八日は聖人ご正忌なるあいだ、かのご勧化をうけんともがらにおいては、貴賤《きせん》・上下《じょうげ》をえらばず、いかでかこの時にいたりて知恩報徳《ちおんほうとく》のご佛事《ぶつじ》にこころをはこばざらん人は、まことにもて木石にひとしからんものか。

これによりて、当山の人数そのほか参詣の門徒中の面々にいたるまでも、この両・三ヶ年の流例《りゅうれい》にまかせ、今月廿一日の夜より一七ヶ日の勤行をいたし、報恩謝徳の懇念《こんねん》をはげまさんと擬《ぎ》するところなり。それについて、たれの人も、この聖人毎年不闕《ふけつ》の報恩謝徳のご佛事をいたさんとおもわん人は、たといいかなる遠路をしのぎて足手をはこぶというとも、内心には真実信心ということを決定する分もなくして、人目ばかりに報謝の志をいたす体ばかりにては、まことにもて水入りてあかおちずといえる風情たるべし。またあながちに米銭《べいせん》に心をつくして、これをもて報恩謝徳の根源ともおもうべからず。

そのゆえはいかんというに、それ聖人のご本懐《ほんがい》には、ただ弥陀如来の他力信心を獲得して報土往生をとげん人をもて肝要とおぼしめすべし。しかればこの一七ヶ日の報恩講の内において、不信心の人はすみやかに信心をとりて、今度の往生の大益《たいやく》をとげんをこそ、まことにもて聖人の御意にはふかくあいかなうべけれ。また報恩謝徳のご佛事にもあいそなわりつべし。この道理をこころえたらん人は、この一七ヶ日の報恩謝徳のまことをいたす志《こころざし》をば、ただちに聖人うけたまうべきものなり。あなかしこ　あなかしこ。

文明六年　十一月廿一日

現代意訳

つくづくと吉崎のこの山で、四年の歳月をおくった来し方をふりかえれば、ここでながらく住む気もないままに、ただ昨日今日のようにまたたくまに過ぎてしまった。しかし、冬に入って開山聖人が遷化されたこのご正忌にあいたてまつる。心から私が思うには、存命もさだまらない此の世で、はからずも今あうことができることは、まこと宿善のいたりとはいえ、報謝の志、冥慮にかなうものである。喜んでもなお喜ぶべき、尊んでもなお尊ぶべきは今この一瞬である。すでに十一月二十八日は聖人のご正忌になった。聖人のご勧化をうける人々に貴いも賎しいもない。この時機にいたって知恩報徳のご佛事にこころをはこばない人は、まったく木石にひとしいであろう。

かくてこの山の人々をはじめ参詣の門徒の人々にいたるまで、この二・三ヶ年の先例にならい、今月二十一日の夜より一七ヶ日を、勤行をおさめ報謝の懇念をとげるのに、充てるわけである。それについて、たれもかれも、この毎年かかさぬ聖人への報謝の佛事をつとめる人々は、たとえどんなに遠路をしのぎ、手足を運んできても、内心に真実の信心を決定もしないで報謝の志をつくす口先のみをつくろっていては、まったく水に入っても垢が落ちないようなものである。また無理じいに米や銭に心ひかされて、それが報恩謝徳の根源などと思ってはなるまい。

なぜなら、聖人の本懐は弥陀如来の他力の信心をえて報土に生まれかわることが大切だとうけとるべきだからである。してみれば、この一七ヶ日の報恩講のあいだ、不信心の人はすみやかに信心をえて、このたび生まれかわる大益をえてこそ、まこと聖人のおこころに深くかない、かつはまた報謝の佛事にいとなんだ意義がある。この道理をかみしめ、一七ヶ日の報謝のまことをつくす志を、ただちに聖人は受けとられるにちがいない。あなかしこ　あなかしこ。(文明六・十一・二十一)

解説

蓮如の御文は無常感を切々として訴えるが、どうも自身の罪悪感ひいては機の深信は親鸞の『愚禿悲嘆述懐和讃』やドストエフスキーの『罪と罰』ほどに深く吟味されていないようにも思われる。だから、御文からいわゆる機の深信を軽くみる〈法体づのりの異義〉があらわれるのも、あるいは当然といえるかもしれない。水に入って落ちる垢なら罪悪深重ではない。道徳抜きでいえば、そのような慚愧・後悔・悔いあらためなどといって、絶対者の前にひざまずいて、これからよい人間になると誓いさえすれば、真人間になりうると考えること自体、甘く心くじけた堕落ではなかろうか。むしろ、一種陰惨な厳粛さで、おのれの運命を固執し、あとから自分の犯した行為を苛責《かしゃく》しない犯罪者の方がはるかに深い魂の剛健《ごうけん》さをもち、毅然《きぜん》たる強い性格の持ち主であろう。

このような罪悪深重の自覺はすみませんではすまないところに自己自身がおいこまれて、はじめてなりたつのだが、人はどん底においこまれても、俺はまだ捨てたものではないとして、けっしてどん底にめざめることはないものだ。絶望しないで依然として自分をたのむ心を蓮如は信心を決定しないものに対する聖人の御罰という。絶望できないほど絶望的な状態はない。だからといって、人の罪悪を徹底的に責めて告白させるのが信心の道ではない。むしろ、信心がないとくりかえす蓮如の心底にこそ、人間のどうしようもない罪悪に対する深い痛傷《つうしょう》があるように思われる。罪悪にとどまるか、それとも信心をとるか、それはわれわれ自身の問題である。

四十　78　幸子坊の求めに応じ大津の門徒にあたえ北国巡化の理由をのべ大津あたりの有り様がだらしないのを嘆き宗義をのべる。

去ぬる文明第三初夏中旬のころより、にわかにこの方をしのびいでて北国におもむきし由来は、まったく名聞利《みょうもんり》養《よう》のためにあらず、また栄花栄耀《えいがえいよう》をもこととせず。そのゆえは、大津に久しく居住せしむるときは、人の出入りにつけても万事迷惑《ばんじめいわく》の次第これおおきあいだ、所詮《しょせん》北国に暫時《ざんじ》も下向せしめば、この方出入りの義退転すべきあいだ、ふっと下向するところなり。つぎには、北国がたのひとの安心のとおりも、しどけなきようにおぼゆるまま、覚悟におよばず、一年も半年も逗留《とうりゅう》すべきように心中におもうところに、この四・五年の堪忍は存《おもい》のほかの次第なり。さらにもて心中にかねてよりたくむところにあらず。

しかるあいだ、予、大津あたりへ経廻《けいかい》を停止するによりて、ひとのこころも正体なくうえなき風情《ふぜい》、なかなか言語のおよぶところにあらず。あさまし　あさまし。たれのともがらもわれはわろきとおもうものは、ひとりとしてもあるべからず。これしかしながら、聖人の御罰をこうむりたるすがたなり。これによりて、一人づつも心中をひるがえさずば、ながき世、泥梨《でいり》にふかくしづむべきものなり。これというもなにごとぞならば、真実に佛法のそこ

2.40(78)

をしらざるゆえなり。所詮、自今已後においては、当流真実の安心のみなもとをたずねて、弥陀如来の他力真実の信心の一途を決定して、ふかく佛法にそのこころざしをはげますべきものなり。

そもそも当流安心というは、なにのわずらいもなく南無阿弥陀佛の六字をくわしくこころえわけたるをもて、信心決定のすがたとす。されば、善導釈していわく「南無というはすなわちこれ帰命、またこれ発願《ほつがん》廻向《えこう》の義なり」といえり。しかれば、南無と一念帰命するこころは、すなわち行者を摂取してすてたまわざるいわれなるがゆえに、南無阿弥陀佛とはいえるこころなり。されば、阿弥陀佛の因中《いんちゅう》において菩薩の行をなしたまいしとき、凡夫のうえにおいてなすところの行も願も自力《じりき》にして成就《じょうじゅ》しがたきによりて、凡夫のためにかねてより弥陀如来この廻向を本とおぼしめして、かの廻向を成就して衆生にあたえたまうなり。されば、弥陀如来の他力の廻向をば、行者の方よりこれをいうときは、不廻向ともうすなり。かるがゆえに一念南無と帰命するとき、如来のかたよりこの廻向をあたえたまうゆえに、すなわち南無阿弥陀佛とはもうすなり、これすなわち、一念発起　平生業成と当流にたつるところの一義のこころこれなり。このゆえに安心を決定すというも、凡夫のわろきこころにては決定せざるなり。いくたびも他力の信をば如来のかたよりさづけたまう真実信心なりとこころうべし。たやすく行者の心としては発起せしめざる信心なり、とこころうべきものなり。あなかしこ　あなかしこ。

時に、文明第七初夏上旬のころ、幸子坊《こうしぼう》大津のていたらくまことにもて正体なきあいだ、くわしくあいたずぬるところに、この文を所望のあいだ、これを書きおわんぬ。みなみな此の文をみるべし。それ当流というは佛《ぶっ》法領《ぼうりょう》なり。佛法力をもてほしいままに世間を本として、佛法のかたはきわめて粗略なること、もてのほか、あさましき次第なり。よくよくこれを思案すべきことどもなり。

文明七年　四月廿八日　　在御判

現代意訳

去る文明三年初夏中旬のころより、にわかに南別所近松をしのびでて北国におもむいたわけは、まったく名聞利養のためではなく、また栄花栄耀をのぞんだわけでもない。それというのも、大津に長く居住していては、人の出入りよろずにつけて迷惑の次第が多かったため、北国にしばらく難を避けていれば、こちらの出入りの問題も遠のくだろうと思い、ふっと下向する気にもなったのである。それに北国方面の人々の安心の様子も、乱れているように感ずるまま、定住する気もなくて、一年また半年と滞在がのびたように思う。ところが、この四・五年の忍耐は予想外のありさまであった。かねてから私が心中にたくらんだわけではさらさらなかったのに。

一方、私が大津あたりへの巡回をやめたことによって、人々の心もだらしなく向上がすこしもないていたらくは、もう言葉でいうどころのさわぎでない。なんとあさましいことであろうか。だれ一人自分がわるいと思う者はいない。しかし、これは聖人の罰をうけているすがたなのだ。

こんな状態では、一人でもいいから心中をひるがえさなければ、永遠に地獄に深く沈んでしまうであろう。なぜかといえば、真実に佛法の底に徹していないからである。こうなれば、これからは、当流真実の安心の根元をたずねて、弥陀如来の他力真実の信心のひとすじを決定して、深く佛法に各々のこころざしをむけなければならない。

そもそも当流安心とは、なんのわずらわしいこともない。南無阿弥陀佛の六字を精細に了解できたのを信心決定のすがたである。そこで善導の釈に「南無というはすなわちこれ帰命またこれ発願廻向の義なり」という。となれば、南無と一念帰命するこころは、すなわち行者をすくいとって捨てられないことだから、それが南無阿弥陀佛である。かって阿弥陀佛はその因位の時、菩薩の行を修めて、凡夫がする行も願も自力だから成就しがたいことをさとり、凡夫のためにかねてから弥陀如来の廻向を本としなければならないと思われて大悲の廻向を成就し、我ら衆生にあたえたまうた。だから、弥陀如来の他力の廻向を、行者の方からいえば不廻向という。したがって、一念南無と帰命するとき、如来のかたからこの廻向をあたえたまうので、すなわち南無阿弥陀佛と申すのである。一念発起　平生業成と当流でたてる一義のこころはこれである。だから安心を決定するといっても、凡夫のわるい自力では決定しない。何度も何度も他力の信を如来の方からさづけたまう真実信心だとこころえるべきである。安易に行者の心として発起せしめない信心だとこころえるべきものである。あなかしこ　あなかしこ。

時に文明七年初夏上旬ごろ、幸子坊が見た大津の様子はまったく箸にも棒にもかからぬ状態であるのを、くわしくたずねたら、むしろ御文をとのぞんだので、これを書いた。皆がこれを見てほしい。もともと当流というのは佛法より授かったものである。佛法力によりながら、気ままかってに世間を本として、佛法の方はとんとご無沙汰というのは、もってのほか、あさましいかぎりである。よく自身を吟味しなければならないことではないか。（文明七・四・二十八）

2.40(78)

解説

「当流というは佛法領なり」というときの領はある歴史家がいったような領土、さらに真宗王国を意味しない。領は受領《じゅりょう》・領納《りょうのう》である。だから、ここでは前後の関係から仏法から授かったものである、と訳した。第十九章にも「愚身さらに所領所帯においてその望みを作らざる」とある。蓮如に領土への野心がまったくなかったことの証文である。

幸子坊とは『金森日記章秡』にでる、かって遍歴時代の蓮如が祖像とともに七十日間逗留したことのある安養寺村の道場主、了法の父のことであろうか。『実悟記』には手原の幸子坊とあるが、『日記』では手原村は信覚坊となっている。ともかく、蓮如が吉崎にいた時、昼も夜も仏法ひとすじで余念がなかったが、それを幸子坊に「これを仏法三昧と見るか、それとも世間三昧と見るか」とたずねたら、幸子坊は言下に「世間三昧に見えます」と答えて、蓮如はたいそう感心したといわれる。蓮如が山科にいた時、年始のために法敬坊は大津から山科へ、幸子坊は大津から山科へ行く途中、逢坂山でばったりと二人がであった。法敬坊はふつうにおめでとうといったが、幸子坊はそんな形ばかりの礼なんか聞きたくない、ご恩がありがたいというただその一言が聞きたいだけだ、といったという。「昔の仏法者はこのようにひとことも無駄をいわず、仏法ばかりであった。学ぶべきことである」と実悟はほめている。信心の人にはこの頑健さは大切である。なんでも知っており、なんでも一通りでき、だれとでもうまくつきあえるようなお人好しはすくわれない。蓮如もこんな幸子坊には絶対の信頼をおいていたであろう。

第三部　抑止の制法　十六章

四十一　79　加州武士団の無法な横やりが入ろうとする時に十ヶ条の制法を定め、歴史的現実に対して浄土真宗の根本姿勢をあきらかにする。

そもそも去ぬる文明第三仲夏上旬のころより、すでに江州志賀郡大津近松の南別所をたちいでしよりこのかた、なにとなくこの当山に居住せしむる根元は、もはら佛法興行のためにして、報恩謝徳のこころざしを本とせり。ことにはまた不信《ふしん》・懈怠《けたい》の道俗男女をこしらえて、あまねく本願他力の安心をおしえて、真実報土の往生をとげさしめんと欲するところに、この四・五年のあいだは、当国乱世のあつかいといい、つぎには加州一国の武士等においてて、ややもすれば雑説を当山にもうしかくるあいだ、朝夕はその沙汰のみにて、この四・五ヶ年をばすごしおわりぬ。しかるあいだ、この当山開白の由来は、ただ後生菩提のためにして、念佛修行せしむるところに、なにの科《とが》によりてか、加州一国の武士等無理に当山を発向《はっこう》すべきよしの沙汰におよばんや。それさらにいわれなきあいだ、多屋衆一同にあいささえべきのよしの結構《けっこう》のみにて、この三・四ヶ年の日月をおくりしばかりなり。これさらに佛法の本意にあらず。これによりて当山退屈のおもい日夜にすすむ。所詮、自今已後においては、こころしずかに念佛修行せんと欲する心中ばかりなり。このゆえに、門徒中、面々において十の篇目《へんもく》をさだむ。かたく末代におよぶまでこの旨をまもりて、もはら念佛を勤修《ごんしゅう》すべきものなり。

一　諸神・諸佛・菩薩等をかろしむべからざるのよしのこと。

一　外には王法《おうぼう》をもっぱらにし、内心には佛法を本とすべきあいだのこと。

一　国にありては守護《しゅご》・地頭方《じとうかた》においてさらに如在あるべからざるよしのこと。
一　当流の安心のおもむきをくわしく存知せしめて、すみやかに今度の報土往生を治定《じじょう》すべきこと。
一　信心決定のうえにはつねに佛恩報尽のために称名念佛すべきこと。
一　他力の信心獲得せしめたらんともがらは、かならず人を勧化せしめんおもいをなすべきよしのこと。
一　坊主分たらん人は、かならず自身も安心決定して、また門徒をもあまねく信心のとおりをねんごろに勧化すべきこと。
一　当流の内において沙汰せざるところのわたくしの名目《めくもく》をつかいて法流《ほうりゅう》をみだすあいだのこと。
一　佛法についてたとい正義たりというとも、しげからんことにおいては、かたく停止《ちょうじ》すべきこと。
一　当宗のすがたをもてわざと他人に対して、これをみせしめて、一宗のただずまいをあさまになせること。
右この十ヶ条の篇目《へんもく》をもて、自今已後《じこんいご》においては、かたくこの旨をまもるべきなり。まず当流の肝要《かんよう》は、ただ他力の安心の一途をもて、自身も決定せしめ、また門徒のかたをもよくよく勧化すべし。つぎには、王法をさきとし、佛法をばおもてにはかくすべし。また、世間の仁義をむねとし、諸宗をかろしむることなかれ。つぎに、神明《しんめい》を粗略《そりやく》にすべからず。また、忌《い》み不浄ということは佛法についての内心の義なり。さらにもて公方に対し他人に対して、外相《げそう》にその義をふるまうべからず。これすなわち当宗にさだむるところのおきてこれなり。しかれば、他力の信をば一念に、本願のことわりを聴聞するところにて、すみやかに往生決定《けつじょう》とおもいさだめて、そのとき命《みょう》終《じゅう》せば、そのまま報土に往生すべし。もしいのちのぶれば自然と佛恩報尽の多念の称名となるところなり、とこころうべきものなり。よりて定めるところくだんのごとし。

文明七年　五月七日

現代意訳

去る文明三年初夏上旬のころ、すでに江州志賀郡大津近松の南別所をたちいでてから、なんとなく当山に居住した根本の理由は、もっぱら佛法を興行するためであって、報恩謝徳の志を本としている。とりわけ信心がなかったり怠けたりする出家・在家の男女に、あまねく本願他力の安心を伝えて、真実報土に生まれかわらせようとするところにあった。ところが、この四・五年のあいだ、この国の乱脈ぶりは眼をおおうものがある。加賀一国の武士たちが、ともすれば無理難題をこちらにもちかけてくるので、一日中その対応に追われて、この四・五年をすごしてしまった。けれども、この山を開いた目的は、ただ未来永劫に生きる佛道のためである。念佛の修行をしているのに、なにの罪科で、加賀の國の武士たちが無理に当山を攻撃するような挙動に出るのであろうか。もともと根も葉もないことである。多屋衆は多屋衆で一同よってたかってこれを防ぐ準備だけにあけくれて、この三・四年の月日がまたたくまにたってしまった。こんなことはまったく佛法の本意ではない。これではこのまま、この山に住む気が次第になくなった。所詮、これからは心静かに念佛を修行したいという気持だけである。だから門徒の人々にも十項目の制法を定める。末代までもこの旨をかたく守って、もっぱら念佛のみをつとめてほしいものである。

一　諸神・諸佛・菩薩等を軽んじないこと。

一　外見で王法を大切にできるのは、内心深く佛法を堅持するからであること。

一　国の内では守護・地頭方のいうことを、けっしていい加減にしないこと。
一　当流の安心の趣旨をくわしく身につけて、すみやかにこのたびの報土往生を定めるべきこと。
一　信心を決定したからには、つねに佛恩報尽のために称名念佛をかかさないこと。
一　他力の信心をえたものは、きっと他の人に信心をすすめようと思うこと。
一　坊主たる身は、かならず自身の安心を定めたうえで、すべての門徒に信心のとおりをていねいにすすめること。
一　当流でいわれもない自分勝手な名目をつかって法流を乱さないこと。
一　たとえ佛法の正義であっても、煩雑なことはかたく禁止すること。
一　真宗の信心のすがたをこれ見よがしに他人に見せつけて一宗の姿勢をあらわにしないこと。

右この十ヶ条の制法を、これからは、かたく守らなくてはならぬ。まず当流の肝要は、ただ他力の安心のひとすじによって、自身が決定し、さらに門徒の人々にもよくすすめるがいい。ついで王法を先とし、表面では佛法をかくすことだ。また世間の良識を重んじ、諸宗を軽ろんじてはならないし、神明を粗末にしてもいけない。それに不浄の忌みを否定するのは、佛法内部の自律なのだから、公方や他人に対して、おもてむき拒否するようにふるまってはならない。これが真宗で定める制法である。つまりは、本願の道理を聴聞して、すみやかに他力の信をこの一瞬に決し、往生が定まることを思い知る、そのときに命が終るなら、そのまま報土に生まれかわることだ。もし命がまだあるなら、佛恩に報いる多念の称名になるのが自然である、とわきまえなくてはならない。よっ

てもって定めるところは、こうである。（文明七・五・七）

解説

文明七年（一四七五）三月、本願寺門徒は富樫政親と戦って破れ、越中にのがれた。政親との和睦をはかろうとして、加賀の洲崎藤右衛門・湯涌次郎右衛門が吉崎にきた。だが、六月、逆に裏切った下間蓮崇がひそかに企て、ふたたび加賀の土一揆を起こし、加賀の寺社が炎上する。七月、土一揆は再起をもくろんだが挫折。八月、蓮如は下間蓮崇に親鸞絵伝《しんらんでんね》を下付しながらも、ついに吉崎を脱出した。順如らが蓮崇を破門し、追放する。この御文もつぎの二章も蓮崇が謀叛をめぐらせる前のわずかな小康状態の五月に書かれている。一つは歴史の嵐のなかにおける堂々たる浄土真宗の宣言。二つは限界状況にたって、わが身の来しかた行くすえの始末。三つは南無阿弥陀仏の対話。いずれも死を覚悟した蓮如の、吉崎最後の遺言ともいうべき書状三章にほかならない。

四十二　80　老年にちなみ、無常を説いて信心獲得をすすめる。

それしずかに人間の有為の天変《てんぺん》を案ずるに、おくれさきだつならい眼前にさえぎれり。ひとりとしても、たれかこの生をのがるべき。かかる不定のさかいと覚悟しながら、いまにおどろく気色はなし。まことにあさましというもなおおろかなり。これによりていそぎてもたのむべきは、弥陀如来、ねがうべきは安養《あんにょう》世界にすぎたることとあるべからず。しかるに、予が年齢をかんがえみるに、まず釈迦大師《だいし》の出世は人寿《にんじゅ》百歳より八十入滅をか

3.42(80)

ぞうれば、ひとの定命はいまは五十六にきわまれり。われすでに当年は六十一歳なり。しかれば六年まで年をのぶることをえたり。あわれなるかな。わが生まれし所はいずくぞ。京都東山粟田口青蓮院《しょうれんいん》南のほとりは、わが古郷《ふるさと》ぞかし。なにとなくこの五ヶ年のあいだまで北国において年をふること、まことにもて存《おもい》の外の次第なり。すでにわが年はつもりて六十一になりぬれば、めぐる月日をかぞうるにも、当年の臨終、極楽往生はまことに一定なり、とおぼゆるなり。

　それ人間は老少不定のさかいなれば、さらにもてたのみすくなし。さりながら、いつまでと有為《うい》の娑婆にあらんよりは、はやく無為《むい》の浄土にいたらんことこそ、まことによろこびのなかのよろこび、これにすぐべからず、とおぼゆるなり。これによりて、今日このごろにおいて、頓死《とんし》ことのほかにしげきあいだ、なにとなく、ひと病気するにつけても、さだめて、その人数一分にはよももるべからず、とおもうによりて、夜はよもすがら昼はひねもすに、時をまち日をおくるばかりなり。このゆえに善導大師の『日没の偈《げ》』にいわく「人間怱々営衆務《にんげんそうそうえいしゅうむ》　不覚年命《ふかくねんみょう》日夜去《にちゃきょ》　如燈風中滅難期《にょとうふうちゅうめつなんご》　忙々六道無定趣《ぼうぼうろくどうむじょうしゅ》」と釈したまうも、おもいあわせられたり。しかれば、朝夕はいたづらにあかしくらして、かって佛法にはこころをもかけざること、あさましというもおろかなり。これによりて、安心未決定ならん人は、すみやかに信心獲得して、今度の真実報土の往生をとげしめん、とおもうべきものなり。あなかしこ　あなかしこ。

文明七年　五月廿日

現代意訳

静かに人間の生死のうつりかわりを思うに、おくれさきだつ運命が一寸先を遮断する。誰ひとりとして、この運命をまぬがれることができよう。こんな不安な状況とさとりながら、いまだにおどろく気色もない。まったくあきれはててものもいえない始末である。だから、急いでもたのまねばならないのは、弥陀如来、願わしいのは安養の世界。これにしくものはあるまい。そこで私の年齢をかえりみれば、まず釈迦如来の出世は人寿百歳として八十歳の入滅から数えて、今日の人の定命はいまは五十六歳にきわまっている。ところが私はもう今年は六十一歳だ。となると六年いのちがのびたわけである。あわれなことに、わが生まれた所はどこかといえば京都東山粟田口青蓮院南のほとり、それがわが生まれ故郷である。なんとなくこの五年間、ここ北の国で年をへようとは、まこと思いもかけないことであった。しかも六十一歳ともなれば、めぐる月日を数えても、今年で臨終、極楽往生するにきまっている、とさえ感ずる私である。

人間はいつ死ぬのか老いも若きも定まらない境界にいるのだから、たよるものとて何もない。とはいえ、いつまでも波瀾ばかりの娑婆に生きるよりは、はやく寂静の浄土に生まれかわることこそ、まことに喜びのなかの喜び、これにしくものはない、と思われる。それにつけて、今日このごろ、あっという間の頓死《とんし》が意外に多い。大したこともない病気にかかっても、自分もきっと死ぬ人の数に入るのではないか、と思って、夜はおちおち寝もやらず日がな一日びくびくと、ただ時をまち日をかせぐのみ。善導の日没の偈に「人間　怱々として衆務を営なみ　年命日夜　去るを覚えず　燈の風の中にあるがごとく　滅することは期しがたく　忙々として六道のうちに定まった環境もない」と釈したのを、思いあわせられる。したがって朝夕をむだにおくり暮らして、すこしも佛法に心をかけないことは、なげかわしいといってもおよばぬことである。だから、安心がいまだにきまらない人は、すみやかに信心をえて、このたびの真実報土に生まれかわろう、と思わねばならない。あなかしこ　あなかしこ。（文明七・五・二十）

解説

風前の灯のようないのちにかろうじて生きる蓮如のきりつめられた瀬戸際の感懐である。栄光と没落はまさに紙一重といわなければならない。

四十三　81　単に念佛をとなえるようなことを排し、六字の名号を分説する。

それ当流念佛のこころは、信心ということをもてさきとするがゆえに、まずその信心のとおりをよくよくこころうべし。さればその信心というはなにとようなる心ぞというに、このごろ世の中にあまねく人の沙汰しあつかうおもむきは、ただなにの分別もなく念佛ばかりをおおく申せば、ほとけにはなるべしとみな人ごとにおもいはんべりぬ。それはあまりにおおようなることなり。されば、往生極楽の安心と申すは、ただ六つの字のこころをよくしりわけたるをもて、すなわち信心のすがたとは申すなり。

まず、南無という二字は、衆生の阿弥陀佛にむかいまいらせて、後生たすけたまえと申す心なり。さてまた阿弥陀佛ともうす四つの字のこころは、南無とたのむ衆生を阿弥陀如来のあわれみましまして、あまねき光明のなかにおさめおきたまうこころを、すなわち阿弥陀佛とはもうすなり。まことに浄土に往生して、ほとけにならんとおもわん人は、一向に阿弥陀仏をふかくたのみたてまつりて、もろもろの雑行・雑善にこころをかけずして、ただ一心に阿弥陀佛に帰命して、たすけたまえとおもうこころの一念おこるとき、往生はさだまるぞ、となり。

ただ念佛をもうし、弥陀如来は尊きほとけぞ、とおもうばかりにては、それはあまりにおおようなることなり。ひしと我が身は十悪・五逆の凡夫、五障・三従の女人なればとおもいて、かかるあさましき機をば、弥陀如来ならではたすけたまわぬ本願ぞ、とふかく信じて、ひとすじに阿弥陀如来に帰して、ふたごころなくたのみたてまつるべし。このこころの一念もうたがわず思えば、かならず弥陀如来は大光明をはなちて行者をてらして、その光明のうちにおさめおきたまうべし。

かくのごとく決定のおもいをふかくなさんひとは、たとえば十人は十人ながら百人は百人ながら、みな浄土に往生すべきこと、さらさらそのうたがいあるべからず。かようにこころえたる人を、信心をとりたるとは申すなり。されば、信心さだまりてのうえの念佛をば、弥陀如来のわれらをたやすくたすけましましつる、その御ありがたさ御うれしさのご恩を報じまいらする念佛にてあるべし、とおもうべきものなり。あなかしこ　あなかしこ。

文明七年　五月廿七日

現代意訳

それ当流念佛のこころは、信心を真っ先とするから、まずその信心の道理をよくわきまえるがよい。信心とはどんな心か。このごろ世間一般にいいふらされているのには、ただなにげなく念佛さえたくさん申していれば、佛になることができると、みなかってにそう考えている。それではあまりに大ざっぱにすぎよう。では、往生極楽の安心とは何か。南無阿弥陀仏の六字のこころをよく了解したのが、信心のすがたにほかならない。

まず、南無の二字は、衆生が阿弥陀佛にむかって、未来永劫のいのちあらしめたまえと申す心である。さてまた阿弥陀佛という四字は、南無とたのむ衆生を阿弥陀如来があわれんで、あまねく照らす光のなかにおさめとる心をあらわす。まことに浄土に生まれかわって佛になろうとする人は、一向に阿弥陀仏を深くたのんで、いろんな雑行・雑善に迷わないで、ただ一心に阿弥陀佛に帰命して、たすけたまえと思う一念がおこるとき、往生はさだまるぞ、といわれる。単に念佛を申し、弥陀如来は尊い佛さまだと思っているだけでは、あまりに大ざっぱすぎる。わが身は十悪・五逆の凡夫、五障・三従の女人だからと自覚して、こんななさけない機を、弥陀如来でなければ、すくいえない本願だ、と深く信じて、ひとすじに阿弥陀如来に帰し二心なくたのみたてまつることである。この一念に一点の疑惑もなければ、かならず弥陀如来は大いなる光をはなって行者を照らし、光のなかにおさめとられるであろう。

このように深く心に決したものは、十人でも百人でもそのままに、みな浄土に生まれかわることは、さらさらうたがう余地はない。このように心得たのを、信心をえたという。信心が定まってからの念佛を、弥陀如来にたやすくたすかったありがたさ・うれしさに、我らのご恩がえしの念佛だ

とうけとるべきであろう。あなかしこ　あなかしこ。（文明七・五・廿七）

解説

「このこころの一念もうたがわずおもえば」。切々としてうったえる蓮如の真情も、ともすれば深夜の荒々しい怒号とけたたましい叫喚に吹き消されようとする。あたかもベートーベンの音曲においてハーモニーが急にくだけて底なき深みと空虚をさらけだすことがあるように、現実が時に破裂して断層をのぞかせる。そのような歴史の断層は結果論として後世からたくみにつじつまをあわせて片づけられ整理されるかもしれないが、だからといって、それで人をなっとくさせる度合いが高まったことにはならぬ。南無阿弥陀仏というただの一語であっても、それが真理の全重量をもつ時、一切の戯論、そらごとたわごとを消しさってあまりあるであろう。

このこころの一念とは疑いようのないその一瞬、その一刹那である。それは時間のなかを超える。何月何日何時と覚知される時刻ではない。信の一念をある一定の時刻に擬するのを＜一念覚知の異義＞という。善知識の用いるさまざまなテクニックに翻弄され暗示され、信の一念を覚知したと、感激のあまり泣きだしたり踊り狂ったりするのは、真の信心決定ではない。

だからといって、寺院における無信心の僧侶や布教使のアド・ホックな（場あたりの）不浄説法が浄土真宗の正義であり、当流の存在理由をあらわすという保証はどこにもないのである。

四十四　87　先師存如が亡くなったときと同じ年齢に達し、六月十八日の忌日をむかえるみずからようやく生きのびられた素懐をのべる。

文明八歳丙申林鐘《りんしょう》上旬二日にもなりぬれば、今年もはやほどなく半年をうちすごしぬ。それについて、いとど人間は老少かぎりなきならいながら、昨日もすぎ今日もすぎて、いつをいつとて何の所作《しょさ》もなくして日月を送りしむなしさをおもうばかりなり。しかるに、短慮不覚《たんりょふかく》の身としてつくづく古え今を案ずるに、わが身すでに今年はよわいつもりて六十二歳になりぬれば、先師法印にも同年なり。まことに親の年まで同じくいけるは、ありがたきことなり。このゆえに当年正月一日の早天つらつらおもうようは、去年、北国よりふと上洛して、思いのほかに当国に居住せしめ、すでに越年せしことと、また親と同年にあいあたりて此の方にとどまり、送りむかえし初春のめずらしさのあまり、かたがたにつけても、かようにこそおもいつづけけり。

たらちねと　同じき年まで　生ける身も　あけにし春も　はじめなりけり

とおもいつらねけるも、まことにことわりにあらずや。しかれば、六月十八日は正忌《しょうき》なれば、それについて予が心におもう様は、十八日までいきのびてあらんこそ、まことに同年のおなじき月日まで命のながらえたるしるしとも思うべきものなり。さりながら、人間不定とはいいながら、今身にとりつめての病なければ、十八日の忌日にもやあいなんと思うも、まことに猶々《なおなお》もて同じまようの心なりと我が身を今せめて、またかくぞおもいつづけけり。

年つもり　おやと同じく　ながらえば　月日をねがう　身ぞおろかなる

（おやのとしと　同じく生きば　なにかせん・・・・）

時に、文明八年　六月二日筆にひまありし時これを書く。

六十二歳　在判

まことこれ三佛乗《さんぶつじょう》の縁　転法輪《てんぽうりん》の因ともなりはべらんものか。

現代意訳

文明八年六月十二日ともなれば、今年ももう半年がすぎた。そうでなくてさえ人間はいつ死ぬるか老いも若きも定めのない命のままに、昨日もすぎ今日もすぎる。いつもこれといってとりたてすることもなく日月をおくる空虚さを思うのみ。けれども、深い思慮もなく覚悟もあさい身ながらつくづく古今をかえりみれば、私の年齢もつもりつもって今年はもう六十二歳になった。思えば、先師法印存如が亡くなった年齢である。親と同じ歳まで生きられたのは、ありがたいことである。だから、今年正月一日の朝早くつくづく思うに、去年北国からふと上洛の途につきながら、予定とはうらはらにまたまたこの国にまいもどり、すでに年を越してしまった。親とおなじ歳にあたってこちらにとどまり、おくりむかえた初春のあまりなめずらしさに、あれこれと思いつらねたものである。

たらちねと　同じ年まで　生ける身も　あけにし春も　はじめなりけり

と詠ずるのも、自然ではあるまいか。ところで六月十八日は父のご正忌だ、それにつけて私は思う。その十八日まで生きのびられれば、まことに父と同年同月日まで命ながらえたあかしなのだと。人間のいのちは定まらないとはいいながら、今身にふりかかる病もない。十八日の忌日にあいたいと思うのも、あいもかかわらず迷心だとわが身を今責めてもみることである。

年つもり　おやとおなじく　ながらえば　月日をねがう　身ぞおろかなる

時に、文明八年六月二日筆にちょっと暇ができたので、したためた。　六十二歳　在判

これでも、まことに菩薩乗を包む一佛乗の縁　転法輪の因とならないものであろうか。

解説

文明七年（一四七六）八月、若狭に上陸した蓮如は小浜の妙光寺にはいってから、上洛しようと丹波つたいに津田の萩谷という山中を越えて摂津三島郡五位の庄富田に着き、そこで（高槻市富田）しばらく逗留したが、八月六日の台風のため被害をうけたこの地を去り、九月上旬河内の國茨田郡中振郷山本庄出口村中の番に越した。そのあたりの大沢の淵を埋めたてて、坊舎をつくり、在家門徒光善が奔走した縁で、光善寺と称して足かけ四年の間、在住した。そのあいだに仏縁によって和泉堺北の庄に樫木屋道顕のきもいりで樫木屋の御坊・信証院という坊舎をひらいた。ようやくに死地を脱して水辺の湿地ながら出口におちつく蓮如のほっとした安堵の吐息が聞こえるような御文である。

自覚的実践者蓮如はここでも信心の勧化にとびまわっているのだが、吉崎にいるよりも閑暇が多かったであろう。（生活のかてを得るために）門徒に下付する六字名号を書く「筆にひまありし時これを書く」という。これをどう現代訳したらよいのか、暇を見つけてというのか、それとも暇ができたからというのか、考えあぐねて、全体の文章の調子から暇ができたにした。

暇で退屈というのは一種の空虚感だから、切迫する危機の際よりもいっそう死の予感をよびおこす。退屈な心に死の顔がのぞきこむ。それにしても、日がな一日なにもすることがなくて退屈して

いる老人が、いざ臨終になると人生の短さをなげくのはどうしたことであろうか。充実した人生は追想するとき長く、貧しくつまらない長たらしい人生を追想すれば短い。だから、長生きとは百歳まで生きていることではない。より多く思索し、より多く苦労しただけそれだけ長く生きたことになる、とカントはいう。老後の一日一日を満足に生きられないものが、どうして満足に死ぬことができるであろうか。

ところが、現代人はめまぐるしいばかりの不安と焦燥のなかに生きて、時間と意見と流行にきりきりまいさせられている。金儲けや社交や学問に没頭して、自分の本当の心をどこかにおき忘れている。金持ちで暇でしかたがないものは金をふやすことに夢中になる。サラリーマンがわきめもふらず勤勉であり、学者があくせく本ばかり読んでいるのは、つまり心の貧しさ、理想や信念のなさ、存在そのものへの愛が欠けている証拠である。しかも、如来の本願のようなずばぬけたものに目をそむけ、真実に目ざめることに、むしろ恐怖をいだいているのである。

それに比べたら、近代化されるのは地獄ばかりで、聞いてみると極楽浄土は、ひどく退屈な國のようである。しかし、一流の人間、出来た人間はみな退屈な國の住人である。しかしながら、われとわが仕事を退屈なものにしてみせるだけの勇気のないものほど退屈な人間はないであろう。会社の中の一つの歯車になってあらかじめ指定された進路で立身出世するのは昇進が早かろうがおそかろうが、いずれにしても退屈きわまる話ではないか。それに反して、蓮如のような独創的な精神はすべて、成熟を待つ道程の長さ、気の遠くなるようにながい意志をもっている。それはいつでも自分をがんじがらめにしばりつけるような関係にならず、どこでもぬきさしならない羽目におちいらないようにする、世間に対して不即不離のすがたである。それを蓮如は〈不図、ふっと〉という。自分を常に浮遊状態にしておくすがたである。退屈とは幸運な船旅と愉しい風に先立つ魂の凪である。それこそ真実の信心を決定する時なのである。

曇鸞が「この無量寿経は優婆提舎《うばだいしゃ》なり。蓋し上衍《じょうえん》の極致にして、不退《ふたい》の風航《ふうこう》なるものなり」(この『無量寿経』は佛と凡夫の対話である。思うに、大乗仏教の極致であって、それはたとえば極東の港に碇をあげ、順風を帆いっぱいにはらんで一路西をめざす船舶《せんぱく》のおそれを知らぬ航海に比せられるであろう)といったのは、まさしくこのことである。

四十五　89　くせ法門をいましめ、一佛一切佛の義を説き、信心は佛智よりさづかることをのべる。

そもそも、このごろ摂州・河内・大和・和泉　四ヶ国のあいだにおいて当流門徒中に、あるいは聖道・禅僧のはてなんどという仁体ども当流に帰するよしにて、おのおの本宗の字ぢから才学をもて当流の聖教を自見して、相伝なき法義を讃嘆し、あまっさえ虚言《きょごん》をかまえ、当家の実義をくわしく存知したるよしを申して、人をへつらいたらせるによりてなり。これ言語道断の次第なり。こころあらん人はこれをもて信用すべからず。また俗人あるいは入道《にゅうどう》等も、当流聖教自見の分をもては、せめてはわがかたの一門徒中ばかりをこそ勧化すべきに、結句《けっく》・仏光寺門徒中にかかり、あまっさえ『改邪鈔《がいじゃしょう》』を袖にいれて、まさに当流になき不思議の名言をつかいて、かの方を勧化せしむる條、不可説の次第なり。所詮、向後《こうご》において、かくのごときの相伝なき不思議の勧化をいたさんともがらにおいては、当流門葉の一列たるべからざるものなり。

それ、当宗勧化のおもむきは、あながちに他宗を謗ぜず、諸神・諸菩薩等をかろしむべきにあらず。ただわが信ぜずたのまざるばかりなり。ことごとく弥陀一佛の功徳のうちにこもれるがゆえに、弥陀如来の本願に帰し、他力超世の悲願をたのまん機をば、かえりて神明はよろこびまもりたまうべし。されば、経（『文殊般若経』巻下意）にも「一佛一切佛　一切佛一佛」ととけり。これは弥陀一佛に帰すれば、一切の佛・菩薩を一度にたのみ念ずることわりなり、としるべし。

これによりて、当流の他力安心の一途というは、わが身は罪ふかき悪業煩悩を具足せるいたづらものとおもいて、そのうえにこころうべきようは、かかる機を弥陀如来はすくいたまう不思議の悲願なりとふかく信じて、弥陀如来を一心一向にたのみたてまつれば、すなわちこのこころ決定の信心となりぬ。このゆえに『正信偈』にいわく「憶念弥陀佛本願　自然即時入必定　唯能常称如来号　応報大悲弘誓恩」といえり。この文のこころは、宿福深厚《しゅくふくじんこう》の機は生得《しょうとく》として弥陀如来の他力の本願を信ずるに、さらにそのうたがうこころのなきがゆえに、善知識にあいて本願のことわりをきくよりして、なにの造作もなく決定の信心を自然としてうるがゆえに、正定聚のくらいに住し、かならず滅度《めつど》にもいたるなり。これさらに行者のかしこくしておこすところの信にあらず、宿縁《しゅくえん》のもよおさるるがゆえに、如来《にょらい》清浄《しょうじょう》本願《ほんがん》の智心なりとしるべし。

しかれば、いま他力の大信心を獲得《ぎゃくとく》するも、宿善開発の機によりてなり。さらにわれらがかしこくしておこすところの心にあらず、佛智他力のかたよりあたえたまう信なり、といよいよしられたり。このゆえに、もし宿善もなく、また聖人の勧化にもあいたてまつらずば、この法をきくこともかたかるべし。さればいまこの至心・信楽・欲生の三信をえてのうえには、つねに佛恩報尽のためには称名念佛すべきものなり。かるがゆえに『正像末和讃』にいわく「弥陀大悲の誓願を　ふかく信ぜんひとはみな　ねてもさめてもへだてなく　南無阿弥陀佛をとなうべし」といえるはこのこころなりとしるべし。あなかしこ　あなかしこ。

文明八年　七月廿七日

現代意訳

さてもこのごろ、摂州・河内・大和・和泉の四ヶ国のなかで当流の門徒中、あるいは聖道門や禅僧のなれのはてが、当流に帰しそれぞれの宗派の学力や才覚から当流の聖教を自己流に読み、いいつたえもない法義を説くばかりか虚言をかまえ、当家の実義をくわしく知っているといわんばかりに、人をだましへつらわせているらしい。これは言語道断の所業である。心ある人はこれを信用してはならない。また俗人や入道などが真宗の聖教を自己流に理解し、せめてこちらの門徒中だけを教化するならまだしも、あげくのはてに佛光寺の門徒にまで手をのばし、覚如上人の『改邪鈔』をふところにいれて、まったく当流にはない奇妙な言葉をあやつってあちらの方を教化するのは、いいようのない醜聞《しゅうぶん》である。これからは、こんないいつたえのない奇妙な教化をしようとするものは、当流門葉の列にはくわえることはできない。

真宗教化の面目は、強いて他宗を非難せず、諸神・諸菩薩等を軽んじない。ただ我らが信ぜず、たのむ必要がないだけである。それらは、ことごとく弥陀一佛の功徳のうちにつつまれている。だから弥陀如来の本願に帰し、他力超世の悲願をたのむ機を、かえって神明はよろこんで守ってくださるであろう。経（『文殊般若経』巻下意）にも「一佛一切佛　一切佛一佛」とある。弥陀一佛に帰すれば、一切の佛・菩薩を一度にたのみ念ずることになる、と知るがいい。

こうして他力安心のひとすじは、自身が罪深い悪業煩悩にみちみちたいたづらものと自覚し、さらにこんな機を弥陀如来はすくいたまう不思議の悲願であると深く信じて、弥陀如来を一心一向にたのみたてまつるなら、その心がたちまちに決定の信心となる。『正信偈』に「弥陀佛の本願を憶念する人は　自然に即の時必定に入る　ただよく常に如来号を称して　まさに大悲弘誓の恩に報いるべし」という。前世でつんだ福徳が深厚である機は生まれながらにして弥陀如来の他力の本願を信ずる時、さらさらうたがいがないからには、善知識に遇って本願の道理を聞き、なんの作為もなく自ずと決定の信心をえて、正定聚の位に住し、かならず滅度にいたるのである。これは行者がかしこくておこす信ではない。宿縁のもよおしによるから、如来清浄本願の智心だと知るがいい。

となれば、いま他力の大信心をうるのも、宿善開発の機によってだ。まったく我らが賢善・自力でおこす信でなく、佛智他力から授かった信だ、とやがて知られる。もし宿善もなく、聖人の教化にも遇えなければ、この法を聞きたもつのは非常にむつかしい。今や至心・信楽・欲生の三信をえたからには、つねに佛恩報尽のために称名念佛すべきである。『正像末和讃』に「弥陀大悲の誓願を　ふかく信ぜんひとはみな　ねてもさめてもへだてなく　南無阿弥陀佛をとなうべし」といわれるのは、この意味だと知らねばならない。あなかしこ　あなかしこ。（文明八・七・二十七）

解説

この世に流布する仏教でもっとも悪く不真面目なものは密教をふくむ禅宗のなまざとりである。独座大雄峯といわれるように、すべての思慮分別、判断を中止してだまって座っていれば立派なのに、とりとめもないことをしゃべりまくる。蓮如が歯ぎしりかんで「これ言語道断《ごんごどうだん》の次第なり。ころあらん人はこれをもて信用すべからず」というのももっともである。もともと言語道断とは悟りの境地が言葉ではとらえられない実参・実究の体験、不言実行の経験に居すわった禅宗の立場である。しかし、それは動・植物とかわらない生き方にすぎない。その時、人間にとって大切なのは行為者の心になる。禅宗を仏心宗というのはそこからくるのであろう。

しかも、あらゆる秘事法門・異義・異安心のみなもとは、ほとんど不言実行型の秘密の体験主義である。人間の言葉を単なる思慮分別《しりよふんべつ》にすぎないとして軽蔑する、そこに言葉の本質になお参入していない禅宗伝来の古めかしい迷謬があるのだ。もし言葉が思量分別にとどまるなら、「喝《かつ》！」というただの一語であっても、あらゆる観念、あらゆる思慮分別をたちどころに破ることができるであろう。しかし、禅僧のあのおびただしいおしゃべりが、この声を消しさってあまりあるのが現状ではないか。黙れ、やかましい、言語道断・戯論寂滅《けろんじやくめつ》などという言葉を口外すれば、それもまたやかましくうるさい言葉になる。それが禅宗の根本的な自己矛盾である。

思うに、人間生活にもっとも迷惑なのは、無智にもとづく心からの行為・体験である。それは人を傷つけ、身をほろぼし、家をやぶり、国家を危うくしかねない。およそ人間の行為や体験は言葉よりもはるかに不完全で貧困であり、思慮分別も口外されない言葉だが、そのかぎり自問自答の独語であって、口外された対話は思慮分別を超えた存在の深淵にさしかけられた言葉である。「わかっているがやめられない」とか「言うは易く行うは難い」とかというのは、正義は言葉で表現できても、行為や体験で実現するのは困難だということであろう。

人がそれによって言葉よりも行為や体験を重んずるのは錯倒《さくとう》もはなはだしい。言葉の正義がなければ、どこに行為の正義のよりどころをもとめることができようか。しかも、言葉によって正義を獲得するということは、この世のどんな行為よりも困難なのである。かって、金子大栄先生は私に「言うは易く行うは難いというが、私には言うことの方がもっと難しい」といわれた。このことである。それは粘華《ねんげ》微笑《みしょう》した釈尊の心でもあった。言葉そのものは禅宗でいうような思慮分別された概念もしくは観念的実在（実体）ではない。

龍樹の『因縁心論』は『転有経《てんうきょう》』を引用しているが、これは竹林精舎《ちくりんしょうじゃ》で頻婆沙羅《びんばしゃら》王に説かれた経である。一日、釈尊が頻婆沙羅王にたずねた。ある男が眠っているあいだに、美しい女性とねんごろになった夢を見た。眼をさまして、ああなんという美しい女性だったろうと思いこがれたとしても、その女性に実体があるだろうかと。王はただちに、そんなものに実体などありはしません、と答える。釈尊はそこで「すべて存在するものは実体のない仮名《けみょう》（名ばかりのもの）にすぎず、名字によってただ概念化されているばかりである」と説く。にもかかわらず、われわれ衆生は実体がないものに実体があると錯倒《さくとう》し、妄想《もうぞう》をえがいて迷惑し流転《るてん》する、すべての存在者に実体がないと自覚すれば、業報輪廻《ごうほうりんね》をまぬがれることができる、と説くのがこの経である。これを受けて龍樹は「ただ仮名のほかに此の世に存在するものはない」といった。

曇鸞はこれをうけて『浄土論註』で穢土の仮名人《けみょう》と浄土の仮名人《けみょう》を対比し、『因縁心論』そのままの論理を往生の論理としてつかっている。浄土に生まれかわるといっても、浄土の生は阿弥陀如来の清浄本願に生きる無生の生であって、三有虚妄《さんぬこもう》の実体的な生ではない。もし願に生きるものがなお生を実体化するのであれば、それは流転《るてん》であって、往生とはいえない。実体的な生が尽きてはじめて浄土に生まれかわることができる、と曇鸞は説いている。

蓮如にとって、言葉そのものが人間の生きた実存である。南無阿弥陀仏という言葉のすがたが実存を包む信心の直接な反映であり、表現なのである。信心の体は南無阿弥陀仏にほかならない。

四十六　86　信もなく人にすすめる害をいましめ、勧化に宿善の有無があることを注意し、最後に制法を示す。帖内三の十二に通ず。

そもそも、いにしえこのごろのあいだにおいて、摂津の国・河内・大和・和泉・近江五ヶ国のうちに佛法者と号するなかに、当流法門を讃嘆し行者を勧化するともがらを見およぶに、さらにもてわが一心のうえに当流正義をくわしく分別《ふんべつ》せずして、たれびとにねんごろに相伝せしめたる分もなくして、あるいは縁《えん》のはし障子《しょうじ》のそとにて、一往の義をもて自然とききとり法門の分斉にて、しかもわが身も真実に佛法にそのこころざしはあさくして、結句われよりほかには当流の義存知せしめたる人なきようにおもいはんべり。これによりて、たまたまも当流正義をかたのごとく讃嘆する人をみききては、あながちにこれを偏執《へんじゅう》し、われひとりしりがおの風情は大憍慢の心にあらずや。かくのごとくの所存をさしはさみて、諸門徒中を経廻して、聖教をよみ、勧化をいたし、あまっさえ、私の義をもて本寺よりのつかいと号して、人をへつらい虚言をかまえ、ものをとるを本とせり。いかでかこれらの人をば真実の念佛者・聖教よみというべきや。あさまし　あさまし。まことにもてなげきてもなげき、かなしみてもかなしむべきは、ただこの一事なり。

　これによりて、当流の実義は、まずわが安心を決定して、そののちひとをも勧化し、聖教をもよむべし。それ真宗一流の信心のひとどおりをすすめんとおもわば、まず宿善・無宿善のいわれをしりて佛法をば讃嘆すべし。されば、往古《おうこ》より当流門下にその名をかけたるひとなりとも、過去の宿縁なくば信心をとりがたし。まことに宿善の機はおのずから信心を決定すべし。それに無宿善の機のまえにおいて、一向専修の名言をさきとし、正・雑二行の沙汰をするときは、かえりて誹謗のもといとなりぬべし。この宿善・無宿善のふたつの道理をこころえずして、手びろに世間をもいずくをもはばからず勧化をいたすこと、もてのほかの当流のおきてにあいそむけり。

　されば『大経』（巻下）にいわく「若人無善本《にゃくにんむぜんぽん》　不得聞此経《ふとくもんしきょう》」ともいい、「若聞此経信楽受持《にゃくもんしきょうしんぎょうじゅじ》　難中之難《なんちゅうしなん》　無《む》過此難《かしなん》」ともいえり。また、善導（『定善義』）は「過去已曾修習此法《かこいぞうしゅうじゅうしほう》　今得重聞即生歓喜《こんとくじゅうもんそくしょうかんぎ》」とも釈せり。いずれの経釈によるとも、宿善にかぎれりとみえたり。しかるあいだ、宿善の機をまもりて当流の法をばあたうべしときこえたり。これらのおもむきをくわしく存知して、ひとをば勧化すべし。ことにまず王法をもて本とし、仁義をもてさきとして、世間通途の義に順じて当流安心をば内心にふかくたくわえて、外相に法流のすがたをも、他宗・他家にそのいろをみせぬようにふるまうべし。これをもて当流の正義をよく分別せしめたる念佛行者となづくべきものなり。　あなかしこ　あなかしこ。

文明九年　三月　日

現代意訳

さて昔も今も、摂津・河内・大和・和泉・近江の五ヶ国のうちで佛法者と称するなかの、当流の法門を讃嘆し行者を教化する人々を見ると、まったく自分の心の上で当流が此の世界にあらわれた存在理由をくわしくうけとらないで、誰にもていねいに言いつたえられたこともなく、あるいは縁のはしや障子のそとで、うわっつらの義理を、自然と聞きとり法門の分斉で、しかもわが身が真実の佛法への志しが浅いくせに、いわば自分のほかに当流の義理を知っているものはないように思っている。こうして、たまたま当流の存在理由をうわべだけで讃嘆する人を見たり聞いたりしては、むやみに偏執し、自分だけが物知り顔の態度は大憍慢の心ではないか。こんな自見の覚悟をふりまわして、諸門徒中を歩きまわり、聖教を読み教化するばかりでない。あまつさえ、自分かってに本山からの使いと称して、人にへつらいうそをつき、物をとるのを仕事としている。どうしてこれらの人々を真実の念佛者・聖教よみといえるのか。あさましくなさけないことである。まったくなげいても悲しんでもあまりあるのはただこの一事なのだ。

こうして、当流の真実義について、まずわが安心を決定してから、人にもすすめ、聖教を読むがよい。真宗一流の信心の一とおりをすすめようとするなら、まず宿善と無宿善の区別を知って佛法を讃嘆しなければならない。むかしから当流門下にその名をかけた人であっても、過去の宿縁がなければ信心をとることはとてもむつかしい。宿善の機は自然に信心を決定することができる。しかし無宿善の機にむかって、一向専修の名言をさきとし、正・雑二行の沙汰をすると、かえって他を誹謗するもととなるであろう。この宿善・無宿善の道理をこころえなくては、手びろく世間どこでも遠慮もしないで教化することはもってのほか、当流の制法にそむいている。

『大経』(巻下)に「もし人に善本がなければ　この経を聞くことができない」といい「もしこの経を聞いても信楽し受持することは難中の難　この難に過ぎるものはない」ともいう。また善導(『定善義』)は「過去已曾に　この法を修習し　今重ねて聞くことができれば、すなわち歓喜を生ず」と釈している。どの経釈をとってみても、宿善の者にかぎられるという。だから宿善の機を見とどけて当流の法をあたえよといわれる。これら経釈のいわんとするところをくわしく身につけて教化しなくてはならない。とりわけ、王法を本とし仁義を先とする世間一般の義理にしたがった上で、当流の安心を内心深くたくわえ外面に法流のすがたをあらわさず、他宗・他家には気ぶりも見せぬようにふるまうことである。それこそ、此の世界に真宗が存在する理由を十分にわきまえた念佛の行者なのである。あなかしこ　あなかしこ。(文明九・三)

解説

文明九年(一四七七)三月、加賀の土一揆が能登に攻めいり、在所少々を横領する。六月、山城の土民が守護と戦う。十一月、大和の馬借一揆がおこる。服部之総氏によれば「蓮如のおもむくところつねに一向一揆がおこった。土一揆の潜在力が一向一揆としての組織をもつにいたるのは、どこでもかならず蓮如の教線を媒介として生じた現象である。覚如において成功しなかったものが蓮如にいたって一代の偉業として成就するのは、蓮如が生きた時代の平民そのものの革新性によったのである。＜土一揆＞し＜下剋上＞する百姓—農民、手工業者、労働者、行商人—と国侍または地下侍（土豪）の革新的連合が、蓮如の教団に組織されたとき、一向一揆の基盤がそこに実現する。ではなぜ下剋上する百姓が蓮如の教団に組織されえたのか。蓮如がえらびとった民衆、既往の権力を根もとからゆすぶる民衆の力を、下剋上する民衆よりももっと明確に、蓮如が認識していたからにほかならぬ」（筆者取意）と。

それから、宿善・無宿善の峻別はあくまでもその人の教化の限界を示すものであって、弥陀の大悲にその区別があろうはずがないことを、わきまえておかなくてはならない。

四十七　95　『黒谷語燈録』の登山状の文句をおぎない、凡愚が如来の教法にあう喜びをのべ時機相応の本願にたのむべしと説く。

それ曠劫《こうごう》多生《たしょう》をふるとも、生まれがたきは人界の生、無量億劫《むりょうおっこう》をおくるともあいがたき佛教にあえり。釈尊の在世にうまれあわざることはかなしみなりといえども、いま教法流布の世にうまれあいぬることは、これよろこびのなかのよろこびともいいつべし。たとえば目しいたるかめの浮木《ふぼく》のあなにあえるがごとし。しかるに、我朝に佛法流布《るふ》せしことは、欽明天皇《きんめいてんのう》の御宇《ぎょう》よりはじめて佛法わたれり。それよりさきには、如来の教法も流布せざりしかば、菩提《ぼだい》の覚道《かくどう》をもきかざりき。ここにわれら、いかなる善因によりてか、佛法流布の世にうまれて、生死解脱《しょうじげだつ》のみちをきくことをえたり。まことにもて、あいがたくしてあうことをえたり。いたづらにあかしくらしてやみなんことこそかなしけれ。これによりて、しずかに人間の風体《ふうてい》をみおよぶに、あるいは山谷《さんや》の花をもてあそんで、遅々《ちち》たる春の日をむなしくくらし、あるいは南楼《なんろう》の月をあざけりて、漫々《まんまん》たる秋の夜をいたづらにあかし、あるいは厳《げん》冬《とう》にこおりをしのぎて世路をわたり、あるいは炎天《えんてん》にあせをのごいて利養《りよう》をもとめ、あるいは妻子眷属《けんぞく》にまつわれて恩愛《おんない》のきづなきりがたく、あるいは讐敵怨類《しゅうてきおんるい》にあいて瞋恚《しんに》のほむらやむことなし。総じてかくのごとくして昼夜《ちゅうや》朝暮《ちょうほ》、行住座臥、ときとしてやむことなし。ただほしいままにあくまで三途八難《さんづはちなん》をかさね、昨日もいたづらにくれぬ。今日もまたむなしくすぎぬ。さらにもてたれの人ものちの世を大事とおもい佛法をねがうことまれなりとす。かなしむべし、かなしむべし。

しかるに、諸宗の教門、各別にわかれて、宗々において大小《だいしょう》・権実《ごんじつ》を論じ、あるいは甚深至極《じんじんしごく》の義を談ず。いずれもみなこれ経論の実語にして、そもそもまた如来の金言なり。されば、あるいは機をととのえてこれをとき、あるいは時をかがみてこれをおしえたり。いずれかあさくいずれかふかき。ともに是非をわきまえがたし。かれも教これも教。たがいに偏執をいだくことなかれ。説のごとく修行せば、みなことごとく生死を過度《かど》すべし。法のごとく修行せば、ともに菩提を証得《しょうとく》すべし。修行せずして、いたづらに是非を論ぜば、たとえば目しいたるひとのいろの浅深《せんじん》を論じ、耳しいたる人のこえの好悪をたださんがごとし、ただすべからく修行すべきものなり。いづれも生死解脱のみちなり。

しかるに、いまの世は末法濁乱《じょくらん》のときなれば、諸教の得道《とくどう》はめでたくいみじけれども、人情劣機《れっき》にして観念・観法をこらし行をなさんこともかないがたき時分なり。これによりて末代の凡夫は弥陀大悲の本願たのまずんば、いづれの行を修してか生死を出離すべき。このゆえに一向に不思議の願力に乗じて、一心に阿弥陀佛を帰命すべきものなり。あなかしこ　あなかしこ。

文明九　丁酉　十月　日

現代意訳

曠劫多生をへたとしても生まれがたいのは人間界の生である。その人間として無量億劫をおくっても遇いがたい佛法に遇うことができた。釈尊の在世にめぐりあわなかったことは悲しいことだけれど、いま真実の教法が流布される世に生まれあわせたことは、喜びのなかの喜びといわなければならない。たとえば一眼の亀（盲亀《もうき》）が海に漂《ただよ》う浮木《ふぼく》の孔《あな》に逢うのとひとしく不可能にちかいことなのである（『法華経』妙荘厳王本事品の譬喩）。

そこで、わが國にはじめて佛法がわたってきたのは、欽明天皇の御代であった。それより先には、如来の教法が流布しなかったから、佛のさとりの道を聞くことすらできなかった。今ここに我らはどのようなよいめぐりあわせなのか、佛法が流布される世に生まれて、生死解脱の道を聞くことができた。まことに遇いがたくして遇うことができた。にもかかわらず、なんの生きがいもなく夜をあかし日をくらして終わることほど悲しいものはない。

こうして静かに人間の生き方をながめれば、あるいは山谷の花をもてあそぶ。うつるに遅い春の日をむなしく暮らす。あるいは南楼の月を仰いで、のんべんだらりと長い秋の夜をいたづらにあかす。あるいは厳冬に氷雪をしのいで世の難路をわたる。あるいは炎天に汗を拭って目先の利益を血眼になって追いもとめる。あるいは妻子眷属にまといつかれて恩愛のきづなをきりがたい。あるいは讐なす敵や怨みをわすれぬたぐいにあって、むかむかと瞋恚《いかり》の炎が消えることがない。総じてこのように昼夜・朝暮の立ちいふるまいが時としてやむことがない。ただわがままかってにどこどこまでも三途八難をかさね、昨日もいたづらに暮れ、今日もまたむなしく過ぎた。だれ一人として未来の世を大事に思い、佛法を願うものはまれである。悲しむべし、悲しむべし。

しかるに、仏教諸宗の教門はさまざまにわかれて、それぞれ大小・権実を論じ、あるいは甚深至極の義理を言いあらそっている。いずれもみなこれ経論の実語であって、本来如来の金言である。そこで、機をととのえて説いたり、時に照らして教えたり、いったいどれが浅くどれが深いのか、その是非をわきまえがたい。かれも教、これも教。たがいに偏見をいだくことがあってはなるまい。説かれているとおりに修行すれば、みなことごとく生死を超えることができよう。法の命ずるままに修行すれば、ともに悟りをうることができよう。修行もせず行じもしないで、いたづらに是非を論ずるのは、たとえば目を閉じて色の浅深を論じ、耳をふさいで声のよしあしを判断するようなものである。佛道はただひたすらに修行しなくてはならぬ。いずれも生死解脱の道なのである。

しかし、今は末法濁乱の時代であって、諸教によって道を得ることはめでたくりっぱではあるが、人情のおとった機が観念や観法をこらし修行をかさねることもできない時分である。だからして、末代の凡夫は弥陀大悲の本願をたのまなければ、いったいどんな行を修して生死を出離することができようか。だからこそ、一向に不思議の願力に乗じて、一心に阿弥陀佛に帰命しなければならない。あなかしこ　あなかしこ。(文明九・十)

解説

蓮如時代の異義・異計には、西山《せいざん》義がまぎれこんだ十劫《じっこう》秘事・善鸞異義の余流である不拝秘事・一念義からくる知識帰命・浄華院や一遍等の無信称名・施物だのみ(『歎異抄』第十八条に出る)・一益法門《いちやくぼうもん》・空也《くうや》・一遍《いっぺん》の踊り念仏などがある。その没後は法体《ほったい》づのり系と口称《くしょう》づのり系との二流にわかれる。そもそも異義・異安心といわれても、よほどのことでなければ、たいてい心得がゆきとどかず、御文の言葉をかたよってうけとる体験主義が多い。

本山の教条主義ですべてをわりきることは空しく危険きわまりないが、自分の宗教体験のみで御文を読むのもあさましく貧しいかぎりである。蓮如の御文にはキリスト教の懺悔《ざんげ》のような自己告白はない。ともすれば清沢満之の追随者たちにみられるような、なんら経釈からの吟味・検証のない自己告白などに感動して、相手の人格を無条件に信用するようなことがあってはならないであろう。

それは真の感動ではない。自力の執心か、かりそめの感傷かにすぎない。

四十八　98　客僧一人が八幡大菩薩の本地が阿弥陀佛であると説くのをのべる。

そもそも東国方《とうごくがた》の人とおぼえて、まことに物しりがおなる客僧《きゃくそう》一人ありけるが、当所幸善《こうぜん》の前のほそ道より北へとおりけるが、誰人にてわたり候けるやらん、入道の六十有余ばかりに目のちとわろき人にあいて、申しけるは、われは諸国行脚《あんぎゃ》の僧にて候が、およそ此の方の体を見およびに申すに、まことに神領《しんりょう》とみえて、八幡大菩薩《はちまんだいぼさつ》をあがめたまう風情、言語道断、殊勝にこそおぼえ候え。さりながら後生のことまでは道心もさのみおこされたる体はみえたまわず、と見および申し候らいおわんぬ。

それ八幡大菩薩と申したてまつるは、かたじけなくも本地は西方極楽世界の阿弥陀如来の変化《へんげ》にてましましけり。されば、阿弥陀如来と申すは極悪の衆生のむなしく地獄におちなんとするをあわれみかなしみおぼしめして、いかにもこれをたすけんがためにとて、五劫《ごこう》があいだ思惟《しゆい》し、永劫《ようごう》があいだ修行して、すでにその願成就して十劫《じっこう》に正覚をなりて、その名を阿弥陀佛と申したてまつりけり。しかるにまた、弓矢のみちをまもらんとちかいて、和光のちりにまじわり、かたじけなくも八幡大菩薩とあらわれたまえり。これはまよいの衆生をついにまことのみちにすすめ入れしめんがための方便なりとみえたり。

しかれば、当所の人々の体を見およぶに、今生ばかりを本として、後生までのことをば心にも入れたまわず、とみえたり。これは八幡大菩薩の御意《みこころ》にはよも御叶《かな》い候わじ、と思いはんべり。そのいわれはいかんというに、今生・後生とは申せども、後生こそなお大事にこそ候え。今生はいかように候うとも、後生に極楽にまいり佛になり候わんこそ、めでたきことにては候わんずれ。たとい今生いみじくたのしく候うとも、後生に地獄におち候わば、なにともなきいたづらごとにてあるべく候。されば、なにのわずらいもなきことにて候。後生をば、しかと阿弥陀佛を一心にたのみたてまつり、今生は幸いに神領《しんりょう》に生まれあいたる身なれば、大菩薩のご恩とおぼしめしさだめ候わば、八幡大菩薩の御素意にもあいかないたまうべきものなり。されば、本地《ほんぢ》・垂迹《すいじゃく》と申せども、本地をたのめば、垂迹のおこころにもかなう道理にて候うあいだ、今生・後生とりはずさずして、しかるべきようにご分別あるべく候。如法如法《にょほうにょほう》、推参《すいさん》の申すことにて候えども、心にうかぶとおり、本地・垂迹のおめぐみに御かなえ候うようにと存じて、心をのこさず申し候うなり。されば、大菩薩のご（詠）歌にも

いにしえの　わが名を人の　あらわして　南無阿弥陀佛と　いうぞうれしき

往生は　世にやすけれど　みな人の　まことのこころ　なくてこそせね

ともあそばされて候えば、阿弥陀佛を一心にたのみたまわば、八幡大菩薩のおこころに御かない候わんこと、うたがいなく候。よくよくおこころえあるべく候うなり。これまでにて候うとて、いとま申すといいて、つつみを東へ八幡あたりへとて、いそぎかえりたまいにき。このことをこれに来たりてかくのごとくかたりけるほどに、あまりにこの客僧のこと不思議に思いしあいだ、これをかきしるし候。

右この書は、当所より木原あたり九間在家へ、佛照寺、所用の子細ありて出行の時、路次にて、この書をひろいて当坊へ持ち来れり。あまりに不思議なりしあいだ、早筆にこれを書きしるすものなり。

文明九年　丁酉　十二月廿三日云々

現代意訳

もともと関東のほうの人らしい、よく物を知っていそうな客僧が一人あった。吉崎の幸善坊の前の細い道から北へと通りかかって、だれであろうか入道の六十歳あまりのすこし目のわるい人に遇って、声をかけたものである。私は諸国行脚の僧でございますが、およそこちらのありさまを拝

見させていただきますと、まことに神に賜わった國のようで八幡大菩薩をあがめられている様子、とても結構なことと存じます。とはいえ未来永劫のいのちまでの道心はそれほど深くおこされたようには、からっきし見えないように存じます。

ところで、八幡大菩薩は、かたじけなくも本地は西方極楽世界の阿弥陀如来の変化の身でいらっしゃいます。阿弥陀如来とは極悪の衆生がむなしく地獄におちようとするのをあわれみ悲しんで、いかにもこれをたすけるために、五劫のあいだ思惟し永劫にわたって修行し、すでにその願を成就して十劫の昔に正しいさとりを開き、その名を阿弥陀佛と申しあげます。さらにまた弓矢の道を守ろうと誓って、和光の塵埃《じんあい》にひとしくまじわり、かたじけなくも八幡大菩薩となってあらわれたまうた。これは戦乱の山野をさまよっている衆生を、ついには真実の道に誘引するための方便だと思われます。

ところが、こちらの方々のご様子を見ますと、今生のみを眼のかたきのように追いまわして、未来永劫のいのちまでのことは心にかけないように見えます。これは八幡大菩薩の御意にかなうまいと存じます、なぜかと申しますに現世のいのちといい未来永劫のいのちと申しましても、未来永劫のいのちこそが一大事でございます。たとえ現世が短命であろうとも、未来永劫に生きて極楽にまいり佛になることこそ、めでたいことでございましょう。いかにこの短い現世が楽しくとも、未来永劫に地獄におちてしまうのでは、なんともいえず空しいことでございませんか。

なんのわずらいもないことです。未来永劫のいのちをしっかりと念じ、阿弥陀佛に一心にたのみ

大菩薩のご恩たてまつることでございます。今生はさいわい神の國に生まれあわせた身ですから、とお考えになるなら、八幡大菩薩のご本意にもかなうことでございましょう。このように本地・垂迹と申しましても、本地をたのめば、垂迹のお心にもかなう道理ですから、今生・後生をとりちがえないで、そのように分別していただきとう存じます。かくかくしかじか、やつがれなどの申すことではございますが、心にうかぶまま、本地・垂迹のおめぐみにかないまするようにと念じて心をのこらず申しあげました次第でございます。大菩薩のご詠歌にも

いにしえの　我が名を人の　あらわして　南無阿弥陀佛と　いうぞうれしき

往生は　世にやすけれど　みな人の　まことのこころ　なくてこそせね

ともありますからには、阿弥陀佛を一心におたのみになれば八幡大菩薩のみ心にかなうこと、うたがいがございません。よくよくわきまえてほしいことでございます。さてこれまででございます。おいとま申しあげますといって、堤を東へ八幡あたりへと、いそぎ帰っていかれた。このことをここに来てこのように話したが、あまりにこの客僧のことが不思議に思ったので、これをかきしるしておくわけである。

右この書は、当所より木原あたりより九間在家へ、佛照寺が所用の子細があって出かけた際、路次でこの書をひろって当坊へもってきた。あまりに不思議なものだから、早々これを書きうつしたわけである。（文明九・十二・廿三云々）

解説

これはあきらかに蓮如が戦国の世情にしかけた心にくい方便であろう。「路次にてこの書をひろいて当坊へ持ち来る」とあるが、蓮如は時にこの手をつかう。いうところはきわめて鮮明である。ひとは旅人、道はひとすじの往還、往くひとがあれば、還るひとがある。めざすのは涅槃常楽のみやこであり、そこへ往くのが上り、そこから還るのは下ることになる。いまはむかし、東海道五十三次はそれになぞらえたものである。五十三という数が『華厳経《けごんきょう》』入法界品《にゅうほっかいぼん》の善財《ぜんざい》童子の求道《ぐどう》歴程《れきてい》・大乗菩薩道にちなんでいることは、だれでも知っていよう。

それにしても、なぜ仏教が道なのか。仏道であるのか。たとえば、キリスト教には道がない。仏陀には因位があるが、もともと天地創造の神であった全知全能の神に因位はない。因位がない以上、どのようにして人が神になったかという道程はあきらかでない。キリスト教の神に因位がないと、つぎのような矛盾がおこる。もし全知全能なら、だれも動かすことのできない岩を神は創造できるであろう。その岩を全能の神なら動かすことができなければならない。しかし、動かすことができるのなら、その岩はだれも動かすことのできない岩ではなくなる。むろん、因位があるとすると、この矛盾をただちにまぬがれることができよう。

キリスト自身も、どのようにして絶対の神のひとり子になったのか、マリアの処女受胎のほかはすこしもあきらかではない。キリストの復活はただ神の奇跡というほかないのである。だから、うわべが似ているからといって、還相の廻向をキリストの復活になぞらえて考えることには根本的に無理がある。『旧約聖書』と『ジャータカ』はまったく内容も質もちがっている。『原人論』の口吻をかりれば、『新約聖書』には現世と来世はあるが、仏教がいうようなキリスト自身の過去世・宿世が問われることはない。天路歴程は此の世界における道ではない。道はこの娑婆にひらかれなければならぬ。したがって、キリスト教に教はあっても、キリスト道はないのである。かってメフィストフェレスがいったように「道なんかない」のだ。

あらためて問う。蓮如がどのようにして親鸞聖人に近づいていったのかと。かって、わたしは金子大栄先生に清沢満之についてたずねた。満之の教学はそれまでの宗学とどの点でちがうのですかと。先生はいみじくも答えられた。満之はあくまで∧自己を通して∨親鸞に近づいていった点であると。たしかに、満之の「我が信念」をはじめ多くの著作は真の自己自身をあきらかにしようとするすざましい求道を告白する。まこと満之の仏道は自覺の道のみであった。

しかし、蓮如はつねに∧民衆を通して∨親鸞に近づいたように思われる。『聞書』七一章に、法敬坊にむかい上人は「私は何事でも、凡夫の当機を鏡とし、十あることを一に短くして、やさしく軽やかに、理がかなうようにいう。そこをだれも考えようとはせぬ」といい、一七八章には御文は「凡夫往生の鏡である」という。凡夫というのは蓮如自身を含めた名もない民衆のことである。御文の金言は満之のような自己告白ではない。名もない民衆に贈られたご宝物(二九〇章)であることから推しても、蓮如は∧名もない民衆を通して∨親鸞の教えにふれていったといってよい。蓮如のいう当流とは、自覚にとどまらず覚他を重んずる道なのである。覚他の道とはありとあらゆる他の衆生を鏡として自己自身をあきらかにする道であった。

それにはまず、仏教以前の神祇《じんぎ》的色彩の濃い大衆の土着感覚に目をそそがなくてはならぬ。蓮如は吉崎での最後の御文に、存覚の『諸神本懐集』の「和光同塵《わこうどうじん》は結縁《けちえん》のはじめ八相成道《はっそうじょうどう》は利物《りもつ》のおわり」（光を和らげ塵と同じくするのは衆生に縁を結ぶはじめであり、八相を示現して成道するのは衆生を利益する終わりである）を引用している。

仏教は神道を否定することによって、日本人の心のふるさとから遠ざかり、神道は仏教を否定することによって、国際的普遍《ふへん》性を失う。どれだけ神道が自分の立場を強調しようとも、あくまで日本土着の民族宗教なのだから、国境を超えることはできない。また宗教によらず人間万事、他をやっつけなければ、自分が立たないようなものは、かならず滅びる。太陽が昇って闇が消えるように、顕正ののちに破邪がある。逆ではない。他をむやみに非難したり、誹謗したりしないで、蓮如の光学はことにのぞんで自らの信心を決定するだけが肝要だとするのである。

御文五帖目第二通に「八万の法蔵をしるというとも、後世をしらざる人を愚者とす。たとい一文不知の尼入道なりというとも、後世をしるを智者とすといえり。しかれば、当流のこころは、あながちに、もろもろの聖教をよみ、ものをしりたりというとも、一念の信心のいわれをしらざる人は、いたずらことなりとしるべし」という。「・・・といえり」までの言葉は、ふつう天照大神のご託宣といわれているが、だいたい、天照大神が後世・未来世をいうこと自体がおかしい。当時、天照大神のご託宣《たくせん》として流行していたであろう言葉を引用して蓮如が皮肉ったのである。なぜなら、天照大神の未来などありえない。

吾郷清彦氏が詳しく解説した『九鬼神伝全書』(熊野修験道)を見ても、神道に過去世はあるが、後世がなく、未来がない。未来のないところに、教えはない。神道ばかりではない。現代民族宗教・民族主義には未来はない。新奇を追わずに、民族の発生に目をそそぐことは大切であるが、それにとらわれる国粋主義や右翼のイデオロギーにあるものは、ただ民族の純粋な血を守ろうとする死にものぐるいの闘いのみであろう。神伝・神道があっても、神教はないのである。

『九鬼神伝全書』(昭五八刊)に九鬼神流の兵法・軍学が説かれているのが、その何よりの証左である。道に未来がなければ、往還にはならぬ。これから往くこともできなければ、還ることもできない道理である。天照大神をはじめ日本の神々、八幡大菩薩(東郷元帥や乃木大将・靖国の神々をもふくめて)の通った戦争の道を、どうしてわれわれが、ふたたびあゆむことができようか。彼らはけっしてよみがえることはない。したがって、とうてい還相の菩薩ではありえないのである。国家神道には、決定的に教えがない。それが神道、ひいては天皇信仰の致命傷である。

和光同塵を通して仏法を仰ぐ。これが神祇を重んずる民衆の心をかろしめることなく、かつみずからは拝む必要もないとする親鸞・蓮如に一貫する仏教の正義である。同一念仏の道は本来、過去・未来・現在の諸仏がたがいに念じあう仏々相念をあらわす。それは凡夫が仏になる道である。そこにこそ、往還の道が成就(完成)しているからである。

四十九　99　吉崎を立ち去ってから の難儀を回想し出口（枚方）にあって、世のかりそめの平安をたのしみ、佛恩を喜ぶ生活をのべる。

去ぬる文明七歳乙未八月下旬のころ、予生年六十一にして、越前国坂北郡細呂宜郷内吉久名の内吉崎の弊坊を、にわかに便船《びんせん》の次《ついで》を悦んで、海路《かいろ》はるかに順風《じゅんぷう》をまねき、一日がけにと志して、若狭の小浜《おばま》に船をよせ、丹波づたいに摂津国をとおり、この当国当所、出口の草坊にこえ、一月二月、一年半年と過ぎ行くほどに、いつとなく三年の春秋をおくりしことは昨日今日のごとし。此の方において居住せしむる不思議なりし宿縁あさからざる子細なり。

しかるに、この三ヶ年の内をば、何としてすぎぬるやらんとおぼえはべりしなり。さるほどに、京都には大内在《ざい》国《こく》によりて同土岐大夫なんども在国せるあいだ、都は一円に公方がたになりぬれば、今のごとくは天下泰平と申すなり。命だにあれば、かかる不思議の時分にもあいはべりめでたしというもなおかぎりあり。しかるあいだ、愚老年齢つもりて六十三歳となれり。今において余命《よめい》いくばくならざる身なり。あわれ人間は思うようにもあるならば、いそぎ安養の往詣《おうげ》をとげすみやかに法性の常楽をもさとらばや、と思えども、それもかなわざる世界なり。しかれども、一念歓喜の信心を佛力よりもよおさるる身になれば、平生業成の大利《だいり》をうるゆえには、佛恩報尽のつとめをたしなむ時は、また人間の栄耀ものぞまれず、山林の閑窓《かんそう》もねがわれず。あらありがたの他力の本願や、あらありがたの弥陀のご恩や、とおもうばかりなり。このゆえに、願力によせてかようにつづけけり。

六十あまり　おくりし年の　つもりにや　弥陀の御法《みのり》に　あうぞうれしき

あけくれは　信心ひとつに　なぐさみて　ほとけの恩を　ふかくおもえば

と口ずさみしなかにも、また善導の釈に「自信教人信　難中転更難　大悲伝普化　眞成報佛恩」の文意を静かに案ずれば、いよいよありがたくこそおぼえはべれ。またある時は念佛往生は宿善の機によるといえるは、当流の一義にかぎるいわれなれば、我らすでに無上の本願にあいぬる身力、ともおもえば、遇獲行信《ぐうぎゃくぎょうしん》　遠慶宿縁《えんけいしゅくえん》と上人の仰せにのたまえば、まことに心肝《しんかん》に銘《めい》じ、いと尊くもまたおぼつかなくも思いはべり。とにもかくにも自力の執情によらず、ただ佛力の所成《しょじょう》なり、としらるるなり。もしこのたび宿善開発《しゅくぜんかいはつ》の機にあらずば、いたずらに本願にあわざらんことのかなしさをおもえば、まことに宝の山に入りてむなしくかえらんに似たるべし。されば、心あらん人々はよくよくこれをおもうべし。さるほどに、今年もはや十二月廿八日になりぬれば、またあくる春にもあいなまし。あだなる人間なれば、あると思うも、なしとおもうもさだめなし。されども、またあらたまる春にもあわんことは、まことにめでたくもおもいはべるものなり。

いつまでと　おくる月日の　たちゆけば　いく春やへし　冬のゆうぐれ

と、かくのごとく文体のおかしきをかえりみず、寒天《かんてん》の間、炉辺《ろへん》にありて徒然《つれづれ》のあまり老眼をのごい翰墨にまかせこれを書くものなり。

時に　文明第九　丁酉　極月廿九日　　愚老六十三歳

現代意訳

去る文明七年八月下旬のころ、私は生まれて六十一年、越前国坂北郡細呂宜郷内吉久名の内・吉崎の弊坊をあとにして、にわかに便船のついでを悦んで身をゆだね、海路はるかに順風をまねき、一日ぐらいはかかるとみて、若狭の小浜に船をよせ、丹波づたいに摂津国をへて、この国この所、出口に来て草坊（枚方市光善寺）を建て、一月・二月、一年・半年とすごすほどに、いつのまにか三年も世の春秋をおくったことはまるで昨日・今日のようである。こちらに住む不思議な宿縁のあさくないことであった。

　ところで、この三年間がどうしてすごしたことやらと思いがけなく感ずる。そのあいだに京都では大内政弘（や畠山義就）が領国に帰り、土岐成頼なども美濃に帰って、都は一円に公家だけになったから、（ようやく応仁の乱がおわり）今のままなら天下泰平というわけだが、命からがら、こんな奇怪な戦国の世に遭遇し、おめでとうと手ばなしではとてもいえない状態である。愚老の年齢は六十三歳となった。今はもう余命いくばくもない身だ。ああ人間！　思うようになるなら、いそぎ安養の浄土に詣り、すみやかに法性の常楽をさとりたいものを、と思うけれども、それもかなわぬ世界である。しかしながら、一念歓喜の信心を佛力よりたまわる身になるなら、平生業成の大利がえられるからご恩がえしのつとめをたしなむ時は、人間の栄耀などほしくないし、山林の閑《のど》かな窓をねがうこともない。ああ！　ありがたい他力の本願、ああ！　ありがたい弥陀のご恩、と思うばかり。だから、願力によせてつぎのように詠んでみた。

　六十あまり　おくりし年の　つもりにや　弥陀の御法に　あうぞうれしき

　あけくれは　信心ひとつに　なぐさみて　ほとけの恩を　ふかくおもえば

口ずさみつつ、善導の釈「自ら信じ人を信ぜしむるは難の中のうたたさらに難なれども　大悲伝えてあまねく化すれば　眞に佛恩に報いるを成す」の文意をおもむろにかみしめると、いよいよありがたく思われる。それとも、念佛往生が宿善の機によるのは、当流の一義にかぎる教えだから、我らはすでに無上の本願に遇える身か、と感じて「たまたま行信をえば　遠く宿縁を慶べ」と親鸞聖人がおっしゃったことが、まことに心肝に銘じて、尊くもまたおぼつかなくも感ずる。とにかく自力の執情によらず、ただ佛力のなせるわざと思い知られる。もしこのたび宿善開発の機でなければ、むなしく本願にあえぬことの悲しさにつけても、まことに宝の山に入って手ぶらでかえるにひとしい。だから、心ある人々はよくこれを味わうがよい。といっているまに、今年もはや十二月二十八日になった。また春にあえるだろう。人間のはかなさによせ、あると思うも、ないと思うもたよりない。それでも、あらたまる春にあえるなら、やはりうれしい、めでたいとも思う。

いつまでと　おくる月日の　たちゆけば　いく春やへし　冬のゆうぐれ

このように下手な和歌なんどをつくり、寒空のもと炉辺でつれづれのあまり、老眼をぬぐい翰墨にまかせて書きしたためた。(文明九・十二・廿九、愚老六十三歳)

解説

久しぶりに帰ってきた平和に閑日月を楽しむ蓮如。しかし、なんとなく宙ぶらりんの状態にある自分を蓮如は感じている。それはあれが退屈だの、これが退屈だなどというのではなく、そこにいてそこにいないというぼんやりとした所在なさである。あることに夢中になっているとか、危機に臨んで本気で考えなくてはならないような時には、そんな所在なさは感じない。

しかし、現存在の底に沈黙をたたえた雲霧のようにあちこちただよっているこの深い退屈を親鸞は『正信偈』にみごとにいいあらわしている。「摂取の心光《しんこう》　常に照らし護りたまい　すでによく

3.50(101)

無明の闇を破るといえども　貪愛《とんない》と瞋憎《しんぞう》の雲霧《うんむ》は　常に真実信心の天に覆えり　たとえば日光の雲霧に覆わるれども　雲霧の下明らかにして闇《くら》きことなきがごとし」と。

この御文を最後に蓮如は一所不住（『叢林集』）の生活に終止符をうって山科へ出発した。

五十　101　出口を出て山科へ移住をのべ、盂蘭盆会に無常を感じ、諸人に本願をたのむようにすすめる。

文明十歳初春下旬のころより、河内国茨田郡中振郷山本の内出口村里より当国宇治郡山科郷のうち野村柴の庵に、昨日今日とうち過ぎゆくほどに、はやうら盆にもなりにけり。これによって、無常を観ずるに、まことにもて夢《ゆめ》幻《まぼろし》のごとし。しかれども、今日までもいかなる病苦《びょうく》にもとりあわず。されどもまた、いかなる死の縁にかあいなんずらん。今日無為《むい》なればとて、あすもしらざる人間なれば、ただ水上の泡《あわ》、風前《ふうぜん》の灯《ともしび》にたり。このゆえに仁《じん》倫《りん》の身としては、いそぎてもいそぎてもねがうべきものは、後生善所《ぜんしょ》の一大事に過ぎたるはなし。たとい此の世は栄花にふけり、財宝は身にあまるとも、無常のあらき風ふききたらば、身・命・財の三つともに一つもわが身にそうことあるべからず。この道理をよくよく分別して、後生をふかくねがうべし。しかるに、諸教の修行はもとより殊勝にしてめでたけれども、末代の根機にはかないがたければ、ここにさいわいに未来悪世のためにおこしたまえる弥陀如来の他力本願を一向にたのみたてまつりて、信心決定して、長時《ちょうじ》不退に佛恩報尽のために、行住座臥をえらばず、称名念佛申すべきものなり。あなかしこ　あなかしこ。

時に　文明十年　うら盆会　筆のついでに　これを書きおわりぬ。あらあら

現代意訳

文明十年初春下旬のころ、河内国茨田郡中振郷山本の内出口村里から当国宇治郡山科郷の内野村柴の庵に移り、昨日今日とすぎゆくうちに、はや盂蘭盆になった。世の無常をうちながめれば夢まぼろしのようである。それでも今日までたいした病苦にかからなかった。とはいえ、またどのような死の淵にさしかかることか。今日が無事でも明日はわからぬ人間だから、ただ水上の泡、風前の灯にひとしい。したがって、仁倫の身としては急いでねがわねばならぬのは、未来永劫のいのちより大事なものはない。たとえ此の世で栄花にふけり、財宝が身にあまっても、無常の旋風が吹いてきたら、身・命・財の三つなど根こそぎ自身からうばいさられてしまう。この現実から目をそらさないで、未来永劫のいのちあらしめたまえと深くねがうがよい。諸教の修行はなるほどすぐれてめでたいが、末代の根機にかないがたい。さいわい未来悪世のためにおこされた弥陀如来の他力本願を一向にたのみ、信心決定して、うまずたゆまず恩がえしのために立ちいふるまい、いつでもどこでも、称名念佛申すべきものである。あなかしこ　あなかしこ。

文明十年盂蘭盆会に筆のついでに書きしたためた。あらあら。

解説

曇鸞の『浄土論註』は単なる天親《てんじん》菩薩の『浄土論』の註釈《ちゅうしゃく》ではなく、註論《ちゅうろん》だといったのは曇鸞《どんらん》の化身《けしん》といわれる親鸞であった。なぜ註論といえるのか。その理由の一つは『論註』巻上のおわりに曇鸞独自の思想を展開する八番問答があるからである。蓮如が一念発起　平生業成を当流の正義とするのも、誹謗の罪がもっとも重いというのも、法然の『選択集』からというよりも、すべて曇鸞の八番問答の熟読からえた智慧にほかならない。ここで、しばらく御文の源流にさかのぼって、曇鸞の八番問答をくわしく見ることにしたい。

八番問答はまず第一番に、天親菩薩が『浄土論』(『願生偈』)廻向章に「あまねくもろもろの衆生と共に、安楽国に往生せん」というその衆生とはどのような衆生かという問いからはじまる。それに対して曇鸞は『大無量寿経《だいむりょうじゅきょう》』の第十七願と第十八願を引いて「すべての外の凡夫」であると答える。さらに『観無量寿経《かんむりょうじゅきょう》』の下品下生に「不善の業をなす五逆・十悪のもの、さまざまな不善をそなえている愚人《ぐにん》」とあるのを引いて「下品の凡夫がただ正法を誹謗《ひぼう》しさえしなければ佛を信ずる因縁によって往生することができる」という。

第二番。第十八願では「五逆と正法を誹謗するのを除く」とあり、『観経』では「五逆・十悪などのものも往生できる」とある。このちがいをどう理解したらよいか、と問う。

それに答えて、『大経』は五逆と誹謗正法の二つの重罪をあげ、この二つの重罪をおかすかぎり、往生できないと説くが、『観経』では五逆(十悪)とのみいって、誹謗正法をいわないから、往生できると説くのである、という。

第三番。では、もし誹謗正法のみをおかして、五逆などをおかさないものはどうかと問う。

それに答えて、誹謗正法のみでも往生できない、なぜなら『大般若経《だいはんにゃきょう》』に「五逆の罪をおかしたものは生きながら地獄に落ちて一劫のあいだ苦をうける。正法を誹謗したものは劫がつきてもまたほかの地獄におちる」とあって、地獄から脱出する時期がしるされていない。それは、誹謗正法がきわめて重い罪だからである。およそ正法を誹謗するものが浄土に往生したいと願うわけがない。よしんば浄土の快楽のみをむさぼろうとして往生を願っても、あたかもとけて水にならない氷や煙のでない火を求めるようなもので往生できるはずがない、という。

第四番。いったい誹謗正法とはどういうものなのか、と問う。それに答えて、佛はない、佛の法はない、菩薩はなく菩薩の法はないと口外することである、このような見解を自分の心で考えたにせよ、他人にそそのかされたにせよ、いずれにしても自分の心でそうきめたのであれば、すべて誹謗正法なのだ、という。

第五番。誹謗正法がそうであるとしても、それは自分一人だけでおかす罪である。それがどうして五逆よりも重い罪なのか、と問う。それに答えて、もしもろもろの佛・菩薩が世間・出世間の善い道を説いて衆生を教化しなければ、どうして人々が仁・義・礼・智・信の倫理を知ることができようか。そうなると世間の倫理はみな断絶するのみならず、出世間の賢者も聖者もみな滅びてしまうであろう。君は五逆のおそろしさを知って、五逆罪が誹謗正法から生ずるという事実がすこしもわかっていないのだ。だから、誹謗正法がもっとも重い罪なのである、という。

この問答を見れば、蓮如が諸仏・諸菩薩・諸神への誹謗や軽蔑の言葉をかたく禁じ、当流の正義を世間話のように他人にぺちゃくちゃしゃべってはならぬという断固たる制法をかかげた根本のよりどころは、まさに第十八の本願成就の文にある。蓮如の制法は単なる戒律ではない。その由来するところ、第十八願成就の唯除五逆・誹謗正法の抑止門のほかにはないのである。

のちの御文は謗法も闡提（これは蓮如のいう無宿善にあたるであろう）も他力の信心さえ決定すれば、浄土に生まれかわることができると説いている。しかし、これは過去におかした罪についてのみいうのであって、これから未来にかけてつくる謗法については制法によって厳しく禁止している。したがって、曇鸞の所論と蓮如の御文とは、すこしも矛盾していないのである。

五十一　102　第三番目の内室・如勝尼の往生をのべる。

それ人間を観ずるに、有為《うい》無常《むじょう》はたれの人かのがるべき。（日月ほどなくいつの間にかうつりゆくともおぼえざるに、今年もはやすでに春夏うちすぎて、秋もはや八月仲旬ごろになりぬれば、いよいよ無常の定相《じょうそう》なきこともなおおもいしられたり）。ただ一生は夢まぼろしのごとし。まことに人間の寿命は老いたるはまず死し若きはのちに死せば、順次《じゅんじ》の道理にあいかなうべきに、老少不定のさかいなれば、ただあだなるは人間の生なり。

これによりてここに去る八月十七日物のあわれなることありけり。生年三十一歳なりし女人の産生の期すぎていくほどなくして死す。総じてこの人は多年病者の身たりしかば、その期にのぞみては、腹中にありしおそろしきい物、胸へせきあげて、身心苦痛せしことかぎりなし。いろいろの良薬をあたうといえども、まことに先業《せんごう》の所感《しょかん》にてもありけるか、また定業のがれがたくして、ついに八月十七日申尅のおわりにむなしくなりぬ、なかなかことのていたらくをみるに、あまりにわかに今日このごろ、かように一大事の出来すべきとは誰人もおもいよらざれば、ただ亡然《ぼうぜん》としたるありさまのあえなさあわれさ、たとえをとるに物なし。されば、そばにつきそう人々も、天にあおぎ地にふしてなげきかなしめども、その甲斐ぞなき。まことにこころもことばもおよばざる風情なり。

しかるに、かの如勝禅尼《にょしょうぜんに》の由来をたづぬれば、天下一乱について牢人《ろうにん》の身なりけるが、事の縁に引かれて不思議に先世の約束もありけるか。かりそめながらこの五・六年の間、京・田舎随逐《ずいろく》せしめ、なにとなくなじみしたしみて、また年月のつもりにや、佛法の聴聞を耳にふれしいわれによりて（おのずから）朝夕のひまには和讃・聖教を心にかけ、そのいわれを人にもくわしくあいたずね、ついに信心決定の身となりて、あまっさえ人の不信なるをなげき、ことには老母《ろうぼ》のありけるを、なにとしてもわが信心のごとくなさばやなんど、おりおり物語しけり。かえすがえす不思議なりしことなり。このゆえにかの如勝禅尼つねに人にかたりしは、わが身ほど世に果報のものはよもあらじと思うなり。そのいわれは、かかる宿縁にあいて、あまっさえ今生も活計《かっけい》は身にあまり、後生はもとより申すにおよばず。されども、人間は老少不定のならいなれば、千に一つもわがおくれて、もしひとり此の世にのこりてあらば、かかる尊き法もやわすれなん。その時後悔すともかなうまじ。ただ願わくば、とても佛の御たすけならば、あわれわれさきにたたばやと、知音《ちいん》なりし人にはつねにこのことをのみかたりはべりき。まことに佛のおはからいか。また定業のかぎりか。かねてねがいおきしことばのごとくなりしこと、不思議なり。

また今度は一定死すべきと覚悟ありけるか。そのゆえは、老母の方へ遺物《いもつ》どもをかねて人にあづけおき、そのほか少々の物どもを人のかたゆずりつかわしけり。かかる時は、死期をよく覚悟ありけるとも、思い知られたり。されば、最後臨終の時には、他事をまじえず、後生の一大事を申しいだしけり。また、光闡坊《こうせんぼう》をよびよせ善知識と思いなし、苦痛のありしなかにも、心の底に念佛を申すけしきみえて、すなわち小声にも大声にも念佛を申すこと、ただごとにあらずとおぼえはんべり。これをおもいかれをおもうにつけても、あわれさのなかにも今度の往生極楽は一定かとおもえば、また悦びともいいつべきか。しかれば、かの禅尼の平生の時の身のふるまいを見およぶにも、ただ柔和忍辱の風情ありて、誰人にむかいてもただおなじすがたなりし人なり。今これをつくづくと思いつづくれば、かように早世すべきいわれにてありけりと、思いあわせられて、いよいよあわれにもまたいと尊くも思いはんべり。

されば、これにつけても女人の身は今このあえなきあわれさをまことに善知識と思いなして、不信心の人々はすみやかに無上菩提の信心をとりて、一佛浄土の来縁《らいえん》をむすばんとおもわん人々は、今世・後世の往生極楽の得分《とくぶん》ともなりはんべるべきものなり。あなかしこ　あなかしこ。　南無阿弥陀佛　南無阿弥陀佛

時に　文明十年　九月十七日

現代意訳

人間を観ずれば有為の無常をだれがまぬがれようか。日月がたえることなくいつの間にうつろうともおもわないのに、今年もはやもう春夏がすぎ、秋も八月中旬になれば、いよいよ無常のよるべないことをいっそう思い知るばかり。一生はただ夢まぼろしだ。人間の寿命は老人が先に死に若者があとから死ねば、順序どおりだが、老少不定の境涯で、はかないものは人間の一生である。

去る八月十七日ここにも一つ、悲しい出来事があった。三十一歳だったその女人は娘を生んでまもなく死んだ。この人は長年病弱だったから、その時になって、腹中にあったおそろしいできものが胸へこみあげ、身心の痛みにのたうつほど苦しんだ。いろいろな良薬をあたえはしたが、まこと

に先業の所感でもあったか、定業のがれがたく、ついに八月十七日午後五時まえに空しくなった。ことのゆくたてをかえりみても、あまりに突然すぎて今日が日に、こんな一大事がおころうなどとはだれひとり思いもよらず、ただ茫然としたありさまで、そのあえなさ、悲しさは、たとえようもない。そばにつきそう人々も、天を仰ぎ地に伏してなげき悲しんだが、その甲斐もない。まこと心も言葉もおよばぬ風情である。

かの女人、如勝禅尼の由来をたづねれば、応仁の乱で家族をうしない流浪の身となり、ふとした縁に引かれ不思議に先世の約束もあったのか、かりそめながら、この五・六年のあいだ、京都や田舎へ私につきしたがってきて、いつのまにやらなじみ親しんで、また年月のたつにつれて、佛法の聴聞が耳にふれてからは、自分から朝夕のひまをさいて和讃や聖教を心にかけ、その意味を人にもくわしく問いただずね、ついに信心決定の身となった。そればかりかほかの人の不信をなげき、ことに老母一人があったのを、なんとかして当流の信心をえさせんものと、おりおり物語もしていたようである。かえすがえすも不思議なことであった。だから、かの如勝禅尼は「おそらく私ほど世の中で幸福な者はありますまい。それというのも、こんな宿縁に遇って、その上、今生も身にあまる生活をおくり、未来永劫のいのちはもとよりのこと。けれど人間は老少たよりない命運だから、千に一つも私が死におくれて、ひとり此の世にのこっていては、この尊い法も忘れてしまう。その時になって後悔してもはじまらない。お願いですから、とことん佛のおたすけなら、どうぞ私を先にやらせて」と、心ゆるした人につねにそればかりを話していたそうな。とすれば彼女の死も佛のおはからいなのであろうか。それとも定業のかぎりをつくしたのであろうか。かねて願っていたとおりになったのも、思えば不思議な縁である。

また、このたびはかならず死ぬと覚悟していたのか、老母への形見わけなどを日ごろから人にあづけておいたり、そのほか少々の物などを人にゆずりつかわしていた。事前に死期をよく覚悟していたものと思われる。最後臨終の時には、他事をまじえず、未来永劫のいのちの一大事ばかりをいっていた。光闡坊《こうせんぼう》（蓮如の第四男）をよびよせ善知識とし、苦痛の中からも心の底に念佛申す様子、小声にも大声にも念佛申す。これはただごとではないと感じいったことである。これを思いかれを思うにつけても、悲しみながらも今度の往生極楽は必定と思えば、またよろこびといえるかもしれない。それにしても、かの禅尼の平生の身のふるまいを見ても、ただ柔和《にゅうわ》忍辱《にんにく》の風情で、どの人にむかっても態度がかわらなかった人である。今つくづくと思いあわされて、このように早く世をさる定めだったのかと、いよいよ悲しく、とても尊く思われる。

これにつけて、女人の身なら今このせつない悲痛をまこと善知識とうけとって、不信心の人々はすみやかに無上菩提の信心をとり、一佛浄土の来縁をむすぼうとこころざす人々は、今世・後世の往生極楽の利益ともなることであろう。あなかしこ　あなかしこ。南無阿弥陀佛　南無阿弥陀佛

（文明十・九・十七）

解説

如勝尼が蓮如の第三番目の内室となったのは、見玉尼《けんぎょくに》が亡くなったあくる文明五年、二十六歳

のころであろうか。吉崎から出口へさらに山科へ、もっとも辛労《しんろう》の多かった人生を蓮如とともにした信心の篤い女人であった。内室五人のなかで蓮如が御文にのせたのはただこの人ひとりである。

五十二　103　当流の正義をのべ、三河の國の誓珍の知識帰命をとがめる。

それ当流親鸞聖人勧化の一義においては、なにのわずらいもなく、在家・出家もきらわず、男女・老少をいわず、一すじにねがうべき趣《おもむき》はあさましき我らごときの愚痴闇鈍《ぐちあんどん》の身なれども、弥陀如来の他力本願をたのみて、ひとえに阿弥陀佛に帰命すれば、即の時に必定に入れしむるなり。ここをもて不思議の願力とは申しはんべれ。このゆえに、弥陀に帰入するをこそ他力の一心を決定せしめたる真実信心の行者とはいえるなり。これすなわち南無阿弥陀佛の意なり。されば、南無阿弥陀佛の体をよくこころえわけたるを、信心決定の念佛行者とは名づけたり。この上には、弥陀如来の摂取不捨の益《やく》にあづかりたる佛恩報尽のために、行住座臥に称名念佛すべきばかりなり。しかればすなわち、このうえには知識帰命なんどいうことも、さらにもてあるべからず。ちかごろ参河国より手作《てづくり》いいだしたることなり。あいかまえあいかまえて、これらの儀を信用すべからざるものなり。

文明十一年　十一月　日　これを書く。

現代意訳

それ当流親鸞聖人が教化された一義では、なんのわずらいもなく、在家・出家も問わず、男女老少だれでも、一すじに願うことはあさましい我らのような愚痴闇鈍の身であっても弥陀如来の他力本願をたのみ、ひとえに阿弥陀佛に帰命すれば、ただちに必定にいれしめるのである。それを不思議の願力とは申すのだ。だから弥陀に帰入するものをこそ他力の一心を決定した真実信心の行者という。これが南無阿弥陀佛のこころである。南無阿弥陀佛の体をよくこころえたのを信心決定の念佛行者とは名づける。この上は弥陀如来の摂取不捨の利益にあづかった佛恩報尽のために、行住座臥に称名念佛するばかりである。したがって、これからは善知識に帰命するなどということをけっしてしてしてはならない。それはちかごろ三河国よりかってにいいだしたことだ。断じてこれらの異義を信用してはならない。(文明十一・十一)

解説

文明十一年(一四七九)正月より山科本願寺の工事がはじまる。十二月、堅田本福寺の法住が八十三歳で没した。無碍光派の異義事件から大谷破却《はきゃく》以後、蓮如と辛労を共にしてきた大人物である。山科本願寺工事着手の高い槌音を聞きながらあまりに早い往生であった。

さて、親鸞聖人が寺の一宇も建立しようとはしなかったのに、蓮如は寺内町をかかえるほどの大伽藍を建てようとしたことにあからさまな反感をもつひとが多い。しかし、『大無量寿経』下巻のはじめに三輩往生の文があり、これが第十九願成就をあらわすといわれているが、その中輩のところに「行じて沙門となり大きに功徳を修することあたわずといえども(上輩は沙門となることができる)、当に斎戒を奉持し、塔像を起立し、沙門に飯食せしめ、像を懸け燈をとぼし、華を散じ香をたきて、これをもって回向してかの國に生まれんと願わん。その人終りに臨んで、無量寿佛、その身を化現せん。・・・・・」とある。これが当流における寺院建立の消極的意義である。しかし、第十九願ではなお念仏者が実体化され概念化されている。

当流においては念仏は無碍《むげ》の一道であるが、実体化された念仏者は無碍の一道ではない。このことである。してみれば、蓮如が本願寺・御影堂を造ったのではない。いかに卓抜《たくばつ》な才能があろうとも蓮如が本願寺をつくることができなかった。吉崎がそのまぎれもない歴史の実証である。如来の本願力でなければ、断じて本願寺をつくることはできない。そして、本願寺創建は此の地上における教法《きょうぼう》社会（本願念仏の僧伽）顕現という親鸞聖人の理想の実現（第十八願成就）である。それこそ頼山陽がいみじくもうたった何人も抜きがたい〈南無六字の城〉にほかならない。

五十三　96　親鸞聖人の伝記（御俗姓）をのべ、第四十七章の初稿をあらためてくりかえす。

それ開山聖人の本地をたづぬれば、すでに弥陀如来の化身《けしん》と号す。また曇鸞《どんらん》大師の再誕《さいたん》ともいえり。しかれば、すなわち生年九歳にして、建仁《けんにん》の春のころ慈鎮《じちん》和尚の門下になり、出家得道してその名を範宴少納言《はんねんしょうなごん》の公《きみ》と号す。それより已来、しばらく山門横川《よがわ》の末流《まつりゅう》を伝えて天台宗の碩学《せきがく》となりたまいき。その後、廿九歳にして遂に日本源空《げんくう》上人の禅室《ぜんしつ》にまいりあいて、すでに三百余人の内において上足の弟子となりましまして、浄土真宗一流をくみ、専修《せんじゅ》一向の妙義をたて、凡夫往生の一途をあらわし、ことに在家四輩の愚人《ぐにん》をおしえ、報土往生の安心をすすめたまえり。

そもそも今月廿八日は祖師聖人のご正忌として、毎年をいわず親疎《しんそ》を論ぜず、古今の行者このご正忌をこととせざる輩《ともがら》、これあるべからざるものか。これによりて当流にその名をかけ、ひとたび他力の信心を獲得したらん人は、このご正忌をもて報恩謝徳の志をはこばざらん人は、まことにもて木石《ぼくせき》にことならんものか。

しかるあいだ、かのご恩徳の深きことは、迷盧《めいろ》八万《はちまん》の頂、滄溟《そうめい》三千《さんぜん》の底にこえすぎたり。報ぜざるべからず、謝せざるべからず。このゆえに、毎年の例時として一七ヶ日のあいだ、形のごとく一味同行中として報恩謝徳のために、無二の丹誠《たんせい》をこらし、勤行の懇志をいたすところなり。しからば、この七ヶ日報恩講のみぎりにおいて、門葉のたぐい毎年を論ぜず、国郡より来集すること今にその退転することなし。これについて不信心の行者の前においては、さらにもて報恩謝徳の義いかでかこれあらんや。しかるがごときのともがらは、この七ヶ日のみぎりにおいて、当流真実信心の理をよく決定せしめん人は、まことに聖人報恩謝徳の本意にあいそなわるべきものなり。伏しておもわば、それ聖人のご遷化は年忌遠く隔《へだ》たって、すでに二百余歳の星霜《せいそう》をおくるといえども、ご遺訓《いくん》ますますさかりにして、今にも『教《きょう》行《ぎょう》信《しん》証《しょう》』の名義《みょうぎ》、耳の底にとどまりて人口《じんこう》にのこれり。貴ぶべく、信ずべきは、ただこの一事なり。

これによりて、当時は諸国に真宗行者と号するやからの中において、聖人一流の正義をよく存知せしめたる人体、かつもてこれなし。また真実信心の行者もまれにして、近ごろはあまっさえ自義《じぎ》を骨張《こっちょう》して、当流になき秘事《ひじ》がましきくせ名言《みょうごん》をつかい、わが身上のわろきをばさしおき、かえりて人の難破《なんば》ばかりを沙汰するたぐいのみ国々にこれおおし。言語道断の次第なり。ただ人並仁義ばかりの佛法しりがおの風情にて、名聞の心をはなれず、人まねに報恩謝徳のためなんど号するやからはいたづらごとなり。かくのごときのやからはさらにもて所詮をあるべからざる者なり。しかれば、未安心の行者においては、今月聖人御影前《ごえいぜん》参詣の儀は、まことに、水入りて垢おちずといえる、そのたぐいたるべきものか。されば、聖人の仰せには、ただ平生に一念歓喜の真実信心をえたる行者の身の上において、佛恩報徳の道理はこれあるべし、と仰せられたり。

これによりて、この一七ヶ日報恩講の中において、未安心の行者はすみやかに真実信心を決定せしめて、一向専修の行者とならんともがらは、まことにもて今月聖人のご正忌の本懐にあいかなうべし。これしかしながら、真実真実　報恩謝徳の懇志たるべきものなり。あなかしこ　あなかしこ。

文明十一年　十一月廿日

現代意訳

それ開山聖人の本地をたづねれば、すでに弥陀如来の化身と称されている。また曇鸞大師の生まれかわりともいう。すなわち九歳の時、建仁（正しくは養和元年）の春のころ慈鎮和尚の門下に入り、出家得道してその名を範宴少納言の公という。それから、しばらく比叡山門にのぼり横川の源信僧都の末流を伝えて天台宗の学徒になりたまうた。そののち二十九歳の時、ついに日の本の源空上人の禅室にまいられ、三百人あまりのなかでいちはやく上足の弟子となり、浄土真宗の一流をくみ、専修一向の妙義をたて、凡夫往生の一途をあらわし、ことに在家四輩（士・農・工・商の四民と同義だが階級差別はない）の愚人を教え、報土往生の安心をすすめられた。そもそも今月二十八日は祖師聖人のご正忌として、毎年かかさず親疎を問わず、古今の行者でこのご正忌に関心をよせないものがあろうか。しかも、当流にその名をかけ一たび他力の信心をえて、このご正忌に報恩謝徳のこころざしをはこばない人は、まったく木石にひとしいであろう。

さて聖人の恩徳の深いことは、迷盧八万の頂、滄溟三千の底にこえすぎている。どうして報いずに謝せないでよいものか。だから例年一七ヶ日のあいだ、きちんと一味の同行中として報恩謝徳のために二つとない忠誠をこらし、勤行の懇志をつくすわけである。そこで、この報恩講の際、当流の門徒は毎年といわず、国郡から来て集まること、今も退転することがない。ところが不信心の行者たちに報恩謝徳の心がどうしてあるものか。こんなものたちでも、この七ヶ日の際に当流の真実信心の理をよく決定した人は、まことに聖人報恩謝徳の本意にかなう者である。思いかえせば聖人の遷化は年忌も遠くへだたって、すでに二百余年の星霜をへているとはいえ、のこされた教えはますます盛んであって、今もなお『教行信証』の名義、耳の底にとどまり人の口にのこっている。尊び信ずべきは、ただ一つこのことである。

しかし、この時代になると諸国に真宗行者と称する人々のなかで、聖人一流の存在理由をよく身につけた姿勢はまったくない。また真実信心の行者もまれであって、近ごろはその上自説を主張し、当流にない秘事みたいな変な言葉をつかい、わが身上のまちがいは棚上げして、かえって人の欠点ばかりをあげつらうたぐいばかりが国々にはびこっている。言語道断である。ただ人なみ仁義ばかりの佛法づらをぶらさげて、名声ほしさから人まねに報恩謝徳などといいふらす輩は他人の迷惑である。こんな手合いはまったくどうしようもない。まだ安心をえていない行者も、今月聖人御影前に参詣しても、まことに水に入って垢が落ちない汚れはてたものどもである。聖人は、ただ平生に一念歓喜の真実信心をえた行者の身の上に佛恩報徳の道理あるべし、とおっしゃった。したがって、この一七ヶ日の報恩講の中にまだ安心のない行者はすみやかに真実信心を決定して、一向専修の行者とならねばならない。それが今月聖人のご正忌の本懐にかなうことである。これこそ報恩講の真の懇志なのである。あなかしこ　あなかしこ。（文明十一・十一・二十）

解説

曇鸞の『浄土論註』のなかの八番問答の六番目からは救済の原理をのべる。

第六番。業道を説く経に「業道は秤《はかり》のように重いものを先に牽引《けんいん》する」という。『観経』では「五逆・十悪をおかして生きながら地獄におちたものでも、命終の時にのぞんで、善知識に遇い、南無無量寿佛と称す、かような心を至して声をとだえず、一声に十念をそなえるなら、たちまち安楽浄土に生まれかわることができ、大乗正定の聚に入って、ついにおそれ退かずに、地獄・餓鬼・畜生のさまざまな苦悩を永久にはなれることができる」と説く。それでは、重者先牽《じゅうしゃせんけん》の理はどうなるのか。しかも、昔からいろいろ業を重ねてこの三界にがんじがらめに束縛されているものが、ただ無量寿佛を称して十念さえすれば、たちまち三界から解放されるなんぞということがどうしてあるものか、と問う。

それに答えていう。君は五逆・十悪の業にしばりつけられている現実を重いとし、十念を軽いと考えていられる。しかし、重いとか軽いという基準はもともと佛法にあるのだから、そこに立って判断しよう。問わねばならぬ一つには心にあり、二つには縁にあり、三つには決定にある。時間の遠い近い・長い短いなんかは問題ではない。

一　およそ罪を造るのは虚妄顛倒《こもうてんとう》の見からである。十念は真実の法を聞いて生ずる。これは真実、あれは虚妄。比較になんぞなりはしない。千年のあいだ閉ざされていた闇室でも、一条の光がさしこめば、たちまち明るくなる。千年の闇も一瞬に消えさる。これを心にある、という。

二　およそ罪の結果は罪業をうけた者にあらわれる。十念は南無阿弥陀仏という名号にあらわれる。その名号を聞けば、骨をくだくような毒でも滅除される。これを縁にある、という。

三　およそ罪は明日があるという怠慢と散漫な心からおこる。十念は明日もないぎりぎり決着のすこしの油断もない心の飛躍である。これを決定にある、という。

この三つの基準で比較すれば、十念のほうがはるかに重い。業道の理に矛盾はないのである。

第七番。一念というのはどれくらいの時間を指すのか、と問う。それに答えて、百一の生滅する時間を一刹那といい、六十刹那を一念というのだが、ここでいう念は時間のなかにない時間の限界である。全体であろうと一部であろうと、あるがままに無量寿佛を憶念して雑念をすこしもはさまない十念の相続を十念という。名号を称するのもやはりおなじことである、という。

第八番。もし気が散ってみだれる雑念をおさめて冷静になれば念じた回数の多少がわかるが、念ずる回数の多少をかぞえようとすれば、雑念が入ってくる。心を専注したら、どうして念の多少を数えることができようか、と問う。

それに答えていう。『経』に十念と説いているのは往生の大事が平生に成就することをあらわすのみで、べつに十回という数にこだわる必要はまったくない。ひぐらしは夏に生まれて夏に死ぬから春も秋もしらない。だからといって、夏を知っているわけではない。春や秋を知っている凡夫が夏といっているだけである。十念による往生が成就するのも、人間がはかりしることはできない。十念の風光はただ佛のみしろしめすところである。我ら人間の分際では、ひたすら仏に帰命して雑念を入れないだけで十分である、と。

曇鸞はここで「経に十念と言うは業事の成弁をあきらかにするのみ。かならずしも頭数を知るを須《もち》いざる也（『観無量寿経』下品下生のところに十念と説いているのは往生の大事が平生に成就することをあらわすのみで、べつに十回という数にこだわる必要はまったくない）」といっている。これをうけて道綽が十念往生の説を立て、善導が十声であろうと一声であろうと浄土にかならず往生できるとしたのを法然の『選択集』では一念無上　十念十無上という。この業事成弁こそ蓮如が一念業成・多年業成・十念業成・臨終業成を否定して、当流の正義とした「一念発起　平生業成」の本来のよりどころである。だからといって、信心決定が何月何日何時だと覚知すること自体、すでに帰命する凡夫の雑念であろう。一念覚知《いちねんかくち》はあきらかに異義である。

五十四　104　文明十年より十一年末まで山科に本願寺を建立しようとする経過のなかで年老いた愚身を述懐する。

（前半は四十九章とほぼ同じだから省略する）。

3.54(104)

文明十一歳孟春下旬中の十日ごろかとよ、河内国茨田郡中振郷、山本のうち出口の村、中の番というところより上洛して、当国宇治郡小野庄山科　野村西中路に住所をかまえて、その後ほどへて、まず新造に馬屋をつくり、その年は春夏秋冬なにとなくうち暮らしぬ。しかれば、愚老が年齢つもりて今は六十四歳ぞかし。先師には年二つまされり。さらにもて、その生き甲斐もなき身なり。しかるあいだ、くるる月日のたち行くほどなさを、つらつら案ずるにつけても、佛法も世法（間）も何事にいたるまでも、祖師開山のご恩徳の深きこと、雨山のごとくして（まことに）たとえをとるにものなし。これによりて、あまりのことにせめて詠歌にもよそえて、かように思いつづけけり。

ふる年も　くるる月日の　今日までも　なにかは祖師の　恩ならぬ身や

と思いなぞらえても、わが身の、今までも久しく命のながらえたることの不思議さを、また思いよせたり。

六十地《むそじ》あまり　おくりむかうる　命こそ　初春《はつはる》を見ん　老いの夕ぐれ

とうちずさみければ、ほどなくはや天はれ、あくる朝の初春にもなりぬ。正月一日のことなれば、上下万民、祝言已下のことすぎて後、にわかに天くもり雨ふりて、鳴る神おびただしくなりわたりければ、年始とはいいながら、人々もみな不思議の神かなと思いける折ふし、ふと心にうかぶばかりに、とりあえず発句《ほっく》をひとつはじめけり。その句にいわく。

あらたまる　春になる神　初めかな

とひとり発句をしてぞありけるなかにも、また案じ出すようは、愚老は当年しかと六十五歳になりければ、祖父玄康は六十五歳ぞかし。しかれば予も同年なり。不思議に今までいきのびたる命かなと思えば、親にも年はまされり、祖父には同年なれば、一つはうれしくもおもい、または冥加という、かたがたもて、まことに命果報《かほう》いみじともいうべきか。これにつけても、かように口ついでに、かた腹いたくもつらねたり。

祖父の年と　同じよわいの　命まで　ながらうる身ぞ　うれしかりける

とこころ一つと思いつづけて行くほどに、なんとなく正月も二日すぎ、五日にもなりぬれば、竺一検校《じくいちけんぎょう》、当坊へはじめて年始の礼にきたりけるついでに、祝言以後に、さても正月一日の神のなりける不思議さをかたりはべりしに、その時くだんの発句をいいだしければ、やがて検校《けんぎょう》、当座にわきを付けけり。

うるおう年の　四方の梅がえ

と付けはべりき。その後とかくするほどに、正月十六日にもなりしかば、春あそびにやとて、林の中にあるよき木立の松をほりて、庭にうえ、また地形の高下を引きなおしなんどして、過ぎ行くほどに、三月初めのころかとよ、向所を新造につくりたてて、その後うちつづきせせり造作のみにて、四月初めごろより、摂州和泉の堺に立ておきし古坊をとりのぼせ、寝殿《しんでん》まねかたに作りなしけるほどに、とかくして同四月廿八日にははや柱立てをはじめて、昨日今日とするほどに、何となく八月ほどにはかたのごとく周備《しゅうび》の体にて庭までも数奇《すうき》の路なれば、ことごとくなけれども、作りたちければ、折節《おりふし》九月十二日夜のことなるに、あまりに月くまなくおもしろかりければ、なにとなく東の山を見て、かように思案もなくうかぶばかりにつらねたり。

小野山や　ふもとは山科西中野村　ひかりくまなき　庭の月影

と我ひとりうち詠ぜしばかりなり。さるほどに春夏もさり秋もすぎ、冬にもなりぬれば、過ぎにし炎天のころのことを思い出でしにつけても、よろず春のころより冬のこのころまで、普請《ふしん》作事つい地等にいたるまで、皆々心をつくせしこと、今に思い出すにみな夢ぞかし。

これにつけても、いよいよ予が年齢つもりて、今はかみ・ひげしろくなりて、身心逼悩《ひつのう》して、手足合期《ごうき》ならずして、すでに六十有余のよわいにおよべり。されば、親父にも年齢はまさりたるばかりにてさらになにの所詮もなし。これにつけても、あわれ人間は定相《じょうそう》なきさかいとは覚悟しながら、わが機にまかするものならば、かかるあさましき世界にひさしくあらんよりは、早速に法性真如《ほっしょうしんにょ》の城とてめでたく殊勝の世界にうまれて、無比《むひ》の楽をうけんことこそ、まことに本意としてねがわしけれども、それともかなわぬさかいとて、昨日もすぎ今日もくらすことのかなしさくちおしさよ。されば、老体の身のならいとして、昼はひねもすに万事にうちまぎれ、夜はまた暁方《あけがた》の鳥なくころより目もさめて、そのままいねいる夜はまれなり。これによりて朗詠《ろうえい》の詩にこのことをかかれたり。その詞にいう。老眠早覚常残夜《ろうみんそうかくじょうざんや》　病力先衰不待年《びょうりきせんすいふたいねん》といえり。まことにいまこそ詩のこころに身をも思いあわせられてあわれなり。これについて、いよいよ三国の祖師先徳の伝来して、佛法の次第をしらしめたまうことも、おもわれ、別しては、聖人の勧化にあう宿縁のほどもことにありがたく、また六十有余のよわいまでいきのびしことも、ひとえに佛恩報尽の儀もますますこれあるべきか、ともおもえば、なおなお心肝に銘じて、いと尊くもまたよろこばしくも思いはんべるものなり。

文明十一年　十二月　日

現代意訳

文明十年初春下旬の十日ごろであったろうか、河内国茨田郡中振郷山本の内出口の村中の番から上洛し、当国宇治郡小野庄山科野村西中路に住所をかまえ、その後ほどへて、まず新造して馬小屋をつくった。その年は四季なにごともなく年暮れた。そこで愚老も年齢とって今は六十四歳になった。先師存如よりは二つ年上なのに、なんの生き甲斐もない身である。しかも暮れる月日のたつのが早いのをつくづくと思うにつけ、佛法・世間もすべて祖師開山のご恩徳の深いことは雨山のようで、ほかにたとえようもない。あまりのことにせめて詠歌をかりていう。

ふる年も　くるる月日の　今日までも　なにかは（いずれか）祖師の　恩ならぬ身や

思いなぞれば、わが身の今まで長らく命のながらえてきた不思議さを思いよせていう。

六十地あまり　おくりむかうる　命こそ　初春を見ん　老いの夕ぐれ

と口ずさんでいる間に、はや空が晴れて、あくる朝の初春になる。正月一日のことだから上下万民祝言などの事がすぎてのち、にわかに空がかき曇り雨降り　雷神がひどく鳴りわたって、年始なのに、と人々はみな不思議のかみなりと思った折ふしに、ふと心にうかんで、とりあえず発句をひとつひねったものだ。その句にいう。

あらたまる　春になる神　初めかな

とひとり発句を楽しんでいるうちに、また愚老は当年たしか六十五歳になったのを思いだせば、祖父巧如は六十五歳でなくなっている。とすると、不思議に今まで生きのびた命かなと思えば、父に年がまさり、祖父にはおなじ年となれば、うれしくもあり、おかげさまでもある。いってみればいみじくも命冥加な果報ものというべきか。ついでに、かたはらいたくもうたいつらねた。

祖父の年と　同じよわいの　命まで　ながらうる身ぞ　うれしかりける

祖父も父も私もこころは一つと思いながら、なんとなく正月も二日すぎ、五日になった。竺一検校が当坊へはじめて年始の礼にきたついでに、祝言がすんでから、はて元旦に雷神のなった不思議さを話し、その時れいの発句をとり出すと、検校は即座にわきをつけてくれた。

うるおう年の　四方の梅がえ

と。その後とかくするうちに、正月も十六日になったので、春のあそびにとて、林のなかの枝ぶりのよい松を掘りおこして、庭に植えたり、地形の高低をなおしたりして、一日をすごしていた。

文明十一年三月はじめのころ、離れを新造し、その後つづいてかりの造作をするだけにして、四月はじめごろから、さきに（文明八年ごろに）摂州和泉の堺にたてておいた古坊（堺北御坊信証院の建物）を移し、寝殿のような形に作ったが、とかくするうちに同年四月二十八日にははや柱立てをはじめて、昨日今日というまに、なにとなく八月には立派に整備され、庭までも数奇をこらして路をつけ、全部ではないが、寝殿が完成した。折節九月十二日夜、あまりに月がくまなく照って美しかったので、東の山を仰ぎ、なんの思案もなく心にうかぶままにつらねてみた。

小野山や　ふもとは山科　西中野村　ひかりくまなき　庭の月影

とひとりで詠んでいるばかり。それから春夏もさり秋もすぎ、冬になると、すぎてしまった夏の炎天を思い出す。春より冬のこのころにかけて普請工事築地など皆が汗水たらし心をつくしてくれた苦労も、今思い出せば、すべてが夢のように甘やかで美しい。

これにつけて、だんだんと私も年をとり、今では髪も髭も白くなり、身心に苦悩がさしせまり、手も足も弱まり、すでに六十有余の歳となった。父に年齢がまさったのみで、なんの所詮もない。ああ人間はよるべのない界とはわかっていながら、もし自分の気ままにまかせられるなら、こんなあさましい世界に生きながらえているよりは、早速に法性真如の都というめでたくすぐれた世界に生まれ、くらべようのない楽しみをうけることこそ、本意として願わしいけれど、それもかなわぬことで、昨日もすごし今日も暮らす。その悲しさ、口惜しさ。しかも老体の習慣で、昼は一日中あれこれ煩雑で、夜はまた夜で暁の鳥が鳴く時分に目がさめたまま眠ることはすくない。朗詠の詩にそれがうたわれて「老いしものの眠りは早くさめやすく常に夜を残せり　病みて力がまず衰え年を待たず」という。今、詩の意味にわが身を思いあわせて、まことにあわれなことである。かくなる上は、三国の祖師・先徳が伝え知らされた佛法がしたわしいと思い、聖人の勧化にあえた宿縁がとくにありがたい。また六十あまりのこの歳まで生きのびたのも、ひたすらご恩がえしをするためかと心肝に銘じて、尊くもよろこばしく思われる。(文明十一・十二)

解説

これは文字どおり何度読んでも楽しく、老境に入ってなお明るい未来を思わせる御文である。

五十五　105　佐々木の如光の没後三河の國に秘事法門が流行していることを聞き、当流の正義をのべて淨光ら三人にわたす。

そもそも三河国において当流安心の次第は佐々木坊主死去已後は、国の面々なども安心の一途さだめて不同なるべし、とおぼえはべれり。そのゆえはいかんというに、当流の実義うつくしく讃嘆せしむる仁体《じんてい》あるべからざるがゆえなり。たといまたその沙汰ありというとも、ただ人の上の難破ばかりをいいて、わが身の不足をばさしおきて、我慢《がまん》・偏執《へんじゅう》の義をもてこれを先とすべし。かくのごとくの心中なるゆえに、当流にその沙汰なき秘事法門ということを手作りにして、諸人をまよわしむる條、言語道断の次第なり。この秘事をひとにさずけたる人体においては、ながく悪道《あくどう》にしずむべきものなり。しかればすなわち、自今已後においては、以前の悪心をすてて、当流の安心をききて、今度の報土往生を決定せしめんと思うべし。かってもて、当流の一義において秘事の法門ということあるべからざるものなり。

それ当流聖人の一義は、ことに在家止住のともがらをもて本とするがゆえに、愚痴闇鈍《ぐちあんどん》の身なれども、ひとえに弥陀如来の他力本願に乗じて、一向に阿弥陀佛に帰命すれば、即時に正定聚のくらいに住し、また滅度にいたらしむ、とこそつたえたり。このゆえに、超世《ちょうせ》の本願とも不可思議の強縁《ごうえん》とも申しはんべれ。これすなわち、摂取不捨の益にあづかりぬる真実信心をえたる一念発起の他力の行者とはもうすものなり。このうえにはただ弥陀如来のご恩徳のふかきことをのみおもいて、その報謝のためには行住座臥をいわず、南無阿弥陀佛ととなえんよりほかのことはなきなり。なおもてこのうえにわづらわしき秘事ありというやからこれあらば、いたづらごとと こころえて、信用あるべからざるものなり。あなかしこ　あなかしこ。

文明十二年　六月十八日　これを書きおわりて淨光・真慶・良全上洛の時、渡しおわりぬ。

陰士　御判

現代意訳

さて三河の国での当流の安心は佐々木（岡崎市）の上宮寺如光が死去してからは、国の人々のありさまがきっと異なってきたように思われる。それというのも当流の実義を立派に讃嘆できる仁体がないからであろう。たとえ信心の沙汰があったとしても、ただ他人の欠点のみをあげつらい、自分の不足を棚にあげ、我慢・偏執の主張が先にたつ。こんな心中からして、当流の説でもない秘事法門を勝手にでっちあげ、諸人をまよわせることは言語道断である。この秘事を他人にさずけたものはながく悪道に沈むであろう。したがってこれからは、これまでの悪心をすてて当流の安心を聞き、このたびの報土往生を決定しようと思うがいい。当流の一義にけっして秘事の法門はない。当流聖人の一義は、此の世界に住むものが本だから、愚痴闇鈍の身をひとえに弥陀如来の他力本願に託して、一向に阿弥陀佛に帰命すれば、たちまち正定聚の位に住し、また滅度にいたりうる、とつたわっている。だから超世の本願とも不可思議の強縁ともいう。これが摂取不捨の益にあづかって真実信心をえた一念発起の他力の行者というのである。それからはただ弥陀如来のご恩の深さを感じ、報謝のためにいつでもどこでもだれでも南無阿弥陀佛ととなえる以外にはなにもない。この上なにかわずらわしい秘事がある、というものがあれば、つまらないざれごとと思って、信用してはならない。あなかしこ　あなかしこ。文明十二・六・十八　これを書きおわって、浄光・真慶・良全が上洛の時にわたした。

陰士　御判

解説

佐々木如光が亡くなってのちの三河の秘事法門を心配しての御文である。署名に陰士《いんし》とあるのが印象深い。隠遁《いんとん》の志にひかれてとは叡山を出た親鸞の心境をものがたる覚如の言葉であった。

五十六　106　大津・山科両所の人々の行儀の不法と懈怠をいましめる。

そもそも大津・山科両所人々ていたらくを見およぶに、さらに当流の正義にしみじみと決定せしめたる分もなし。しかれば此のあいだ、愚老連日の病悩におかされて、まことにこのまま往生の出立にてもあるやらんと覚ゆるあいだ、心底におもうおもむき、その苦痛のあいだにつらつら人々の心中をはかり案ずるに、うるわしく今度の一大事、報土往生をとげしめんための、他力大信心を弥陀より発起せしめられたる、そのありがたさを、不可思議におもうすがたは、かつもてみえずとおぼえたり。

そのゆえは、弥陀如来のご恩徳のいたりてふかきことをも、さらに心にもかけずして、ただ古えより今日に至るまでも、わが身ひとり信心のとおりよく覚悟せり、と思う風情なり。今の分の心得にては、わが身の安心の方もいまだ不定なり、と思いやられたり。その信心を決定せぬとおぼえたるその証拠には、一遍の称名も心にはうかばず、また父母二親の日にあたらば、親というものあればこそ、かかる殊勝の本願をばききはべりと思わば、などかその恩のあさからぬことをもおもいて、いかでか、とむろうこともあるべきに、その心すくなきがゆえに、まして佛恩報尽のおもいもさらになきゆえに、口に称名をとなうることもなし。またいたずらにあかしくらせども、一巻の聖教を手にとり一首の『和讃』をも見ることもなし。朝夕の勤行に助音《じょいん》せんともおもわず、ただ人まねばかりにうなりいたる体なり。またわが身をたすけたまえるいわれをときあらわせる『(浄土)三部経』なれども、これを堪能《たんのう》の機は訓ごえにもせめてよむべき道理とも思わず、あまっさえ、古えは佛前に『三部経』をおく人さえ雑行なりといいはべりき。今もその機類あいのこるか、とおもうなり。あさまし、あさまし。

また『和讃《わさん》』『正信偈《しょうしんげ》』ばかりを本として『三部経』をば本と思わず、たまたま志ありてよむ人をば偏執せり。言語道断の次第、本拠をしらぬ人のいえることばなり。たといわが身文盲にしてこれをよまずとも、かたじけなくも我らが浄土に往生すべきいわれをば、この経にときのべたまえり、とおもいて信ずべきに、つねの人の覚悟には『三部経』ということをもしらねども、ただ聖人の仰せを信ずることこそ肝要よ、あらむずかしの『三部経』の文字沙汰や、といえり。これまた大きなる本説をしらぬえせ人のいえることばなり、くれぐれ信ずべからず。また『正信偈』『和讃』をもては、朝夕の道俗男女、佛恩報謝の勤行にこれを修すべきこそ肝要といえることばなり。総じて当流の一義をたつるにつきて、『和讃』『正信偈』をもて肝要という名言、かえすがえすしかるべからざることなり。されば、朝夕はただ佛恩《ぶっとん》のふかきことを思いて称名すべし。

これによりて、善導和尚の解釈にもくれぐれ佛恩のふかきことをのみ釈したまえり。されば聖人、『教行信証』六巻をつくりても、三国の祖師先徳相承《せんどくそうじょう》して浄土の教をおしえたまう恩徳のふかきことをひきのせ、ことに佛恩報尽なるおもむきをねんごろに仰せられたり。ことしげきによりて今ここにはのせず。

そのなかにも、やすくきこえたる『正信偈』の文にいわく「憶念弥陀佛本願《おくねんみだぶほんがん》　自然即時入必定《じねんそくじにゅうひつじょう》　唯能常称如来号《ゆいのうじょうしょうにょらいごう》　応報大悲弘誓恩《おうほうだいひぐぜいおん》」ともいい、また『和讃』には「弥陀大悲の誓願を　深く信ぜん人はみな　ねてもさめてもへだてなく　南無阿弥陀佛をとなうべし」といえり。この文のこころは、人つねに沙汰せしむることなれども、さらにこころそれにならざるあいだ、総じて本願の一すじに殊勝なるありがたさをも別しておもわず、また信心のしかとさだまりたる分もなきゆえに、一遍の称名をおもいだすこともなし。さらにもてこれらの人の風情は聖人の御意にそむけり、当流の正義にあらず。以前いうところのおもむきを今日よりして廻心改悔《えしんがいけ》の心なくば、まことにもて無宿善の機たるべきあいだ、このたびの報土往生は大略《おおむね》不定とこころうべきものなり。

文明十二歳　八月廿三日

現代意訳

さてさて大津・山科両所、人々のていたらくをながめると、当流の正義を深く心にしみて決定した一分もない。それにこのあいだ愚老は連日の病悩におかされて、このまま死出の旅路をたどるのかと感じたが、その苦痛にたえた心の底でつくづく人々の気持をおしはかってみるに、このたびの一大事、報土に生まれかわるために、みごと他力の大信心を弥陀より発起せしめられた、そのありがたさを、不可思議に思うすがたが、まったくみえない。

なぜなら、弥陀如来のご恩徳のとても深いことにすこしも心にかけず、ただ昔から今日まで、わが身だけの信心のままを覚悟した、と思いこんでいる風情である。今のそんな心得では、わが身の安心のほうがまだ定まらぬ、と思いやられる。信心を決定していないと思うその証拠は、一ぺんの称名も心にうかばず、また父母の忌日にあたれば、親があればこそ、このようにぬきんでた本願を聞くことができたと思うなら、親の恩のあさくないとして、どうあっても弔うべきなのに、そんな心はつゆほどもない。まして佛恩報尽の思いなどさらさらない。だから口には称名すらとなえない。また自由気ままにあかしくらしていながら、一巻の聖教を手にとり、一首の『和讃』も見る気もない。朝夕の勤行に助音しようともせず、ただ人まねばかりでうなっているだけである。わが身のたすかるいわれを説きあらわした『浄土《じようど》三《さん》部経《ぶきよう》』を堪能するために、せめて訓読みに読もうとも思わぬ。かって佛前に『三部経』をおく人を雑行だとあざけったその陋習が今ものこっているのかと思う。まことにあさましいかぎりである。

しかも、『和讃』や『正信偈』だけを本とし『三部経』をば本とせず、たまたま読もうとする人を非難する始末、言語道断である。真のよりどころを知らない人のいう言葉だ。たとえむつかしくて読めなくとも、かたじけなくも我らが浄土に生まれかわる意義を、この経に説いてある、と思って信ずべきなのに、日常感覚で『三部経』などそ知らぬ顔、ただ聖人の仰せを信じていさえすればいい、なんとむずかしい『三部経』の文字だろう、という。これまた大いなる佛説を知らない人のいつわりの言い草だ。くれぐれも信じてはならない。

また『正信偈』『和讃』は、朝夕に道俗男女が佛恩報謝の勤行におさめるのが大事である。総じて当流の一義をたてる時には『和讃』『正信偈』を肝要とするといういい方はまったくまちがっている。そこで朝夕はただ佛恩の深さを思って、念佛するがいい。

善導もかさねて佛恩の深さのみを釈されている。聖人は『教行信証』六巻をつくって、三国の祖師・先徳が相承し浄土にみちびく恩徳の深さを引用し、ことに佛恩報尽の趣旨を徹底して教えられた。その例はあまりに多いから、今はこれを略する。

そのなかで耳に親しい『正信偈』には「憶念弥陀佛本願　自然即時入必定　唯能常称如来号　応報大悲弘誓恩」とあり、『和讃』には「弥陀大悲の誓願を　深く信ぜん人はみな　ねてもさめてもへだてなく　南無阿弥陀佛をとなうべし」とある。この文の意味は、人がつねに言っていることでも、心がそうならないものだから、総じて本願の一すじにすぐれたありがたさをなんとも思わず、信心のたしかに定まる一分もないので、一ぺんの称名を憶念するはずもない。こんな人々の生き方は聖人の御意にそむく。当流の正義ではない。これまでの態度をただ今から廻心懺悔する心がなければ、それこそ無宿善の機だから、このたびの報土往生はおそらく定まることはないであろう。

（文明十二・八・二十三）

解説

およそ言葉が主、行為が従という関係を保っているのが人間社会の現実である。主人が命令し、従者が行動する。相手が宿業にしばられ身動きがとれないときには『正信偈』のように言葉が少なくてよいが、かなり余裕がある自由人であるときには言葉が多くなる。それは医者が急病患者にはほとんど口をきかずに処置しなければならないが、それほどでないときには患者が十分なっとくするように理由をあげての説得をするようなものである。

『浄土三部経』と七高僧の釈義はもっぱら蓮如が当流の正義とした「一念発起　平生業成」のよってたつ根拠をあきらかにする如来の言葉である。ふつう平生業成は〈平生業成がよければ幸福になり、悪ければ罰があたる〉といったようにつかっているが、曇鸞がいうように平生のうちに一念発起さえすれば、往生する（生まれかわる）という業事が成弁（成就）するのであって、臨終のどたん場で往生するのではないという意味、親鸞がいうように「信心定まるとき往生定まる」という意味である。ただし、すくわれたからには滅度にいたるまでの如来への報恩謝徳は忘れまいと蓮如は説く。此の世で成仏する必要がないというのが、凡夫のままですくわれたということである。

4.57(107)

第四部　本願寺創建　十五章

五十七　107　文明十二年、山科にご影堂が建立されていく経過をのべる。

去ぬる文明十一年の夏ごろより寝殿《しんでん》ようやく立ちはじめて九夏三伏《きゅうかさんぷく》の夏は日永しといえども、ほどなくうち暮れて、紅菊柴蘭《こうぎくしらん》の秋はみじかきあいだ、神無月《かんなづき》仲旬末つ方にもなりはべりぬれば、今年というもはや幾ほどあるべからずと思うあいだ、いかにもして御影堂を予が存命のうちに建立せしめんと思い企だつるところに、その志あることを門徒中にも存知あるかのあいだ、すでに南方河内国門下中より和州吉野の奥へそま入りをさせて、やがて十二月中旬ごろとよ。柱五十余本そのほか断取の材木をとり上せて、これをつみかさねおくあいだ、すでに年内もうち暮れぬ。しかるに年もあくれば、文明十二年の初春になりにけり。さるほどに、正月というも七日十五日もすぎ、十六日にもなりはべりぬれば、まず愚老がはかりごとにかの御影堂を建立せしめんがためのこころみに、所詮小棟づくりに三帖敷きの小御堂をつくりはべりぬ。さすれば、はや正月も下旬ごろにすぎゆくほどになりぬれば、その後やがて二月三日よりことはじめをさせて御影堂の造作を企てつつ、そのままひた造作にてすぎゆくほどに近内近郷の雑材木をあつめよせ、五日十日とその覚悟もなく、門下中の志にまかせ作事《さじ》せしあいだ、まことに法力の不思議にてありけるか、すでに三月廿八日には棟上げの祝いをさせて大工・番匠《ばんしょう》方の好粧《こうしょう》美々しかりき。されども、その時分、諸国の門徒中、たいがい、その棟上の祝いにあいはべりき。まことに不可思議の宿縁あさからぬことどもなり。

さるほどに棟上げ已後はなげし敷居なんどは、和州吉野の材木をあつらえ、そのほか天井立て物なんどは人々の志にまかせて請けとりて、これを沙汰す。またやねいの道具・板敷のたぐいはおおむね大津よりこれをこしらえてきたれり。また四方の縁なんどは深草（藤森）の宮にありける杉木を買得し、次にやねをばまず竹おそいにてすぎ榑をもて仮葺にさせて、その後ひわだ大工をよびよせて、そしきをとらせて、その入るべき具足をあつらえそろえて、すでに八月四日よりはじめて、ひわだ葺にふかせけるあいだ、作事は四月・五月より八月までは日永きあいだ、番匠の手間もさのみいらずして、ほどなく出来《しゅったい》せり。さるほどに、八月廿八日にはまず仮佛壇をこしらえて絵像の御影をうつしたてまつりけり。その夜は愚老もおなじくこもりぬれば、まことによろこびは身にあまりて、祝着千万なりき。されば予が年来京・田舎とめぐりしうちにも、心中に思うようは、あわれ存生のあいだにおいて、この御影堂を建立《こんりゅう》成就して、心やすく往生せばや、と念願せしことの今月今夜成就せり、とうれしくも尊くも思いたてまつるあいだ、その夜の暁け方まではついに目もあわざりき。

またそのうちにも去ぬるころ、み台様《だいさま》お成りありて、この御影堂ごらんありしことを思いつづくれば、前代未聞のことといいながら、ただごとども思わず、かたじけなくも思いはべりき。かくて造作は、大略周備《しゅうび》成就の心地にて、橋隠《はしがくし》・妻戸《つまど》の金物なんどははや出来したりければ、白壁をぬり、地形の高下をつくりなおしなんどせしほどに、霜月もはや中旬ごろになりぬれば、

すでに十八日には年来大津にこの十余年のあいだご座ありし根本の御影像をうつしたてまつりぬ。しかるあいだ、例年の報恩講もはじまりければ、諸国門徒のたぐい同心に渇仰《かつごう》の思いあさからずして、面々に懇志をはこび、一七日中の勤行の念佛その退転なかりき。

そのうちにおいて愚老思うよう、この間の造作中の窮屈にその甲斐あることを思い出でてこの御影堂造立中なんの障碍《しょうげ》もなく建立成就せしむる條、祝着《しゅうちゃく》きわまりなし。また諸国の面々の懇志をはこばしむることを悦ばしめ、

かつは信心もいよいよ決定して、当生の来果《らいか》をも心やすくえせしめん（がためにこの報恩講七ヶ日中によそえて愚意の旨趣《しいしゅ》をのぶるなり）と思うなり。これについて、この在所においてはじめて御影堂一宇建立して、当年はじめて一七ヶ日の報恩講始行せしむること不思議の子細なり。

現代意訳

さて去る文明十一年の夏ごろに寝殿がようやく完成したが、九夏三伏の夏は日がながいとはいえ、いつかは暮れて、紅菊柴蘭の秋の日のみじかく、あっというあいだに十月中旬も末になった。今年もはやいくらもないとは思いつつ、どうしても御影堂を私の生きているうちに建立しようと思い計画をねっていた。その計画を門徒たちも知っていて、すでに南方河内国門下中から杣木伐採のため和州吉野の奥山に入り、十二月中旬ごろであったか、柱五十本あまりのほか断りとった材木を運び上げ、積みかさねておくまでで年が暮れた。年があけて文明十二年の初春を迎える。というまに正月も七日・十五日とすぎ、十六日にもなれば愚老の計画で御影堂を建立するこころみとして、いわば小棟を上げて三帖敷きの小さな御堂を作っているうちに、はや正月も下旬をすぎた。それから二月三日から工事をはじめ御影堂の造作を企て、そのまま造作にむけて準備し近内近郷の雑材木をあつめよせ、五日・十日はおぼえもなく、門下中の志にまかせ工事にかかり、法力の不思議か、すでに三月二十八日には棟上げの祝い、大工・番匠方の好粧はみごとであった。諸国の門徒中がたいていその棟上げの祝いの時に参加したのも、不可思議の宿縁あさからぬことであった。

棟上げ以後、なげし敷居などは、ほとんど和州吉野の材木をあつらえ、そのほか天井たて物などは人々の志にまかせて請けとり、これをこしらえた。屋根裏のこけら・板敷のたぐいは多く大津より造ってきた。四方の縁などは深草藤森の宮にあった杉木を買収した。ついで屋根板を竹でおさえてすぎ榑で仮葺し、そのあとにひわだ大工をよびよせ、組立てさせ、入用の具足をあつらえととのえ、八月四日にはじめて、屋根を檜皮葺にふかせた。工事は四月・五月より八月まで日もながいから、番匠の手間もかからずに、ほどなく出来上がった。八月二十八日、仮佛壇をこしらえてまず絵像の御影を移して安置した。その夜は愚老も一緒にこもったから、まこと喜びが身にあふれて、祝着千万であった。私がこれまで京・田舎とめぐっていた時に、心の中で、生きているあいだに、この御影堂を建立完成して、心やすらかに往生したいものと念願していたことが今月今夜成就したのである。うれしくも尊くも思い、その夜の暁け方まで私はついに一睡もできなかった。

十月十四日、足利将軍のみ台日野富子さまがおいでになり、この御影堂をごらんくださったことを思いつづければ、前代未聞といいながら、ただごととも思われず、かたじけなく思うことである。かくて造作は、ほぼ整備し完成したようで、橋隠・妻戸の金物などもうできたから、白壁をぬったり、地形の高低をつくりなおしたりしているうちに、十一月もはや中旬ごろになってしまった。

十八日、この十余年間、大津に安置してあった根本の御影像を移した。それからすぐ例年の報恩講がはじまる。諸国門徒の人々はひとしく渇仰の思い深くそれぞれ懇志をはこび、一七日中の勤行の念佛はすこしのたじろぎもなかった。

愚老は思う。工事中の困難の甲斐があったことを思いだして、御影堂造立中なんの障碍もなく建立成就したことは、祝着きわまりない。諸国の人々の懇志をはこんでくれたことをよろこぶとともに信心をいよいよ決定して、未来永劫の佛果を心やすく得せしめよう（がためにこの報恩講七ヶ日中にあたって愚意の旨趣をのべるのだ）と思うことである。そのためにこの在所に御影堂一宇を建立し、今年はじめて一七ヶ日の報恩講をつとめあげることができたことは、まことに不思議な子細である。

解説

本願寺・御影堂の建設は単に「行じて沙門となり大きに功徳を修することあたわずといえども、当に斎戒を奉持し、塔像を起立し、沙門に飯食せしめ、像を懸け燈をとぼし、華を散じ香をたく」ためのみではない。本願寺を象徴とするこの地上における教法社会（真実信心の僧伽）の建設である。それは親鸞聖人の時代では理想であったが、実現しなかった。本願寺の再建・再興とはいうが、覚如以来の本願寺はまだ浄土真宗本来の僧伽ではなく、聖道門伝来の寺院、叡山の末寺の域をでなかった。山科で出現した本願寺は名実ともにこの地上におけるはじめて創建された浄土真宗の僧伽である。僧伽がなければ帰依三宝がなりたたない。浄土真宗とはいえない。この真宗の僧伽《さんが》を顕現する上で、もっともむつかしい問題はその根本原理である。

十八世紀末のドイツの哲学者カントによれば、国法（蓮如は王法《おうぼう》という）はなんらかの目的をめざす他律《たりつ》的手段にすぎず、自律《じりつ》的道徳ではない。〈私は、なにか別のあるものを欲するから、何かあることをなすべきである〉という。道徳律は〈私は別のなにものをも欲しないにせよ、これこれのことをなすべきである〉と命じる。このような道徳律は合法性を超えている。合法的な行為は正当といえるかもしれないが、かならずしも僧伽の存在理由にはなりえない。

法治国家の一般大衆は法律の下にあるが、法律によって支配される奴隷ではない。でなければ、人間の自由・自律的道徳が法治国家では完全にうばわれることになるであろう。したがって、自由と自律を保証する法律は善法であり、人間の自由と自律を踏みにじるような法律はあきらかに悪法である。「王法を額にあてよ」とは王法に支配される奴隷になれということではない。

仏教の歴史は、あたかも「数」の歴史が、自然数からゼロや負数を含む整数へ、さらに有理数から無理数を含む実数から複素数へひらかれていって、「数」がより大きな自由の可能性を求めて展開するように、仏教合法性（律）を超えて道徳性（戒）へ、道徳性（戒）を超えて宗教性（信）へかぎりなく碍りのない自由を求める。それが正・像・末の史観の骨子なのである。「超えて」ということはたんなる力の拡大、適用範囲がより広くなるということばかりではない。それ自体の内面がより深く、地中にむかって掘り下げられ教団の根底・仏地にまで至りつくのである。これこそ仏願力のなせる業にほかならない。

しかし、キェルケゴールは『おそれとおののき』で道徳は普遍《ふへん》的なものだが、信仰は個別《こべつ》的なものであり、信仰では個別《こべつ》的なものが普遍《ふへん》的なものに対して優位するという。しかし、そのように信心が個別《こべつ》的なものにとどまるなら、自性唯心《じしょうゆいしん》に沈む独我論《どくがろん》を脱しえない。
たった一人の信仰が、もし普遍的なものよりも優位にたつとすれば、＜和合衆＞であるべき僧伽の普遍的原理、つまり僧伽の倫理とは何であろうか。実如がいうように他力の信心が一人一人のしのぎにすぎないなら、僧伽の普遍的原理をそこからみちびくことはできない。それでも、信心する人に僧伽に帰依せよと命ずるのは、あきらかに自己矛盾である。そこにもっともむつかしい僧伽の問題がある。曇鸞は真佛土について、つぎのようにのべている。

　諸法皆空をいいかえれば諸法因縁生であるが、これを唯識三性《さんしょう》説でいえば虚妄分別性に対する依他起《えたき》性である。依他起《えたき》というのは paratantra の玄奘《げんじょう》訳であって、菩提流支《ぼだいるし》訳『楞伽経《りょうがきょう》』の最後の偈頌《げじゅ》では「分別せざるが他力なり」というように＜他力＞と訳されている。この＜他力＞は曇鸞ひいては親鸞思想の基本的な言葉である。『浄土論』にいう阿弥陀仏の浄土「荘厳《しょうごん》は第一義諦《ぎたい》妙《みょう》境界相《きょうがいそう》」を註釈して曇鸞は「第一義諦 parinisipanna（これは菩提流支訳による。玄奘訳では円《えん》成実性《じょうじつしょう》）とは仏因縁の法である。このさとり、すなわち第一義が（存在そのものを象徴する）世界を総摂《そうしょう》するはたらきをもっている」とのべている。

　要するに、浄土という真の社会共同体の世界は一人一人の信心を仏因縁の法、つまり他力が統理する世界である。それは、僧伽がわが弟子ひとの弟子というようなピラミッド型の派閥的な統合体、あるいは合法的体制ではない。人間の生きた集合体は「つくべき縁あればともない、はなるべき縁あればはなれる」真の自由を確保できるのが僧伽の基本原則なのである。善知識だのみの独占欲とか施物だのみの所有欲とかは、この基本原則に反しているのである。

五十八　108　報恩講に御影堂完成の喜びをのべ、門徒の不信、ことに秘事をいましめ正義にかえるようにすすめる。

そもそも当所は山城国宇治郡山科郷小野庄野村の内西中路という所なり。しかれば、この在所において、いかなる往昔《おうじゃく》の約束ありてか、不思議にかりそめながら文明第十の天初夏中旬ころより暫時のように居住せしめて、すでに一宇の坊舎《ぼうしゃ》を興行《こうぎょう》し、そのまま相続して、次年文明十二年庚子二月初ごろより思い企て、御影堂をかたのごとく柱立ばかりと志すところに、何なく佛法不思議の因縁によりけるか、諸国門下中あまねく懇志をはこばしむるあいだ、ほどなく造立して、すでに十一月十八日には、この一乱中大津に置きたてまつりし性本《しょうほん》の御影をうつし申す。

つらつら当所濫觴《らんしょう》の由来を案ずるに、諸篇につきて何の障碍《しょうげ》もなく建立せしむる條、さらにもて凡情《ぼんじょう》の所為《しょい》にあらざるかとも覚えはべり。別しては愚老が本懐《ほんがい》満足何事かこれにしかんや。これによりて、諸国門葉のともがらも同じく法喜禅悦《ぼうきぜんえつ》の思いを含まざらんや。しかるあいだ、今月廿八日は祖師聖人のご正忌として、毎年をいわず親《しん》疎《そ》をいわず、道俗男女諸国門下の類《たぐい》このご正忌をもて本と存ずること、今にその退転なし。このゆえに当流にその名をかけ、一度弥陀如来の他力の信心を獲得せしめたらん行者においては、今月廿八日、七日報恩講のご正忌に、その志をかけざらんともがらは、ひとえに木石の類たるべきものか。さるほどに、かの聖人のご恩徳の深きことはたとえをとるに迷盧《めいろ》八万の頂　蒼溟《そうめい》三千の底に超過たり。報ゆるべからず、謝すべからざるものか。このゆえに、毎年例事として、往古よりこの一七ヵ日のあいだ、かたのごとく一味同行中の沙汰として、報恩謝徳のために無二の丹誠をこらし勤行の懇志をぬきいづるところなり。しかるに、この七ヵ日報恩講のみぎりにあたって、門葉《もんにょう》の類来集《らいじゅ》すること、今にその退転なし。これについて、不信心の行者においては、報恩謝徳をいたすというとも、その志、聖人の冥慮《みょうりょ》にあいかなうべからず。まことにもて、水入りて垢おちずといえるその類たるべきものか。

伏しておもんみれば、それ聖人のご入滅は年忌遠くへだたって、すでに二百余歳の星霜をおくるといえども、ご遺訓ますますさかりにして、今にも『教行信証』の名義《みょうぎ》、耳の底にとどまりて人口にのこれり。貴ぶべく信ずべきは唯この一事なり。しかるに近代、当流門下と号するやからの中において、聖人の一流をけがし、あまっさえ自義を骨張し、当流になき秘事がましきくせ名言をつかい、人の難破をいいてこれを沙汰し、わが紕繆《ひびゅう》をばかくすたぐい、在々所々にこれ多し。言語道断の次第なり。ただ人並の仁義ばかりの佛法しりがおの風情にて、名聞の意をはなれず、人まねに報恩謝徳の志をいたすというとも、その所詮あるべからざるものなり。

さるほどに、不信心の行者においては、この一七ヵ日の報恩講中に、御影前にありて改悔《がいけ》の意をおこして、相互に信不信心の次第を懺悔せば、まことに報恩謝徳の本意に達すべきものなり。されば、聖人の仰せには、ただ平生において、一念帰命の真実信心を獲得せしめたる人の上においてこそ、佛恩報尽の道理はこれあるべし、とのたまえり。これによりて、この一七ヵ日報恩講のみぎりにおいて、未安心の行者はすみやかに真実信心を決定して、一《いっ》向専修《こうせんじゅ》の行者とならん人は、まことにもて今月、聖人のご正忌の報恩謝徳となるべきものなり。あなかしこ　あなかしこ。

文明十二年　庚子　十一月廿一日　これを書く。

現代意訳

ここは山城国宇治郡山科郷小野庄野村のうち西中路というところである。この在所でどのような往昔の約束があったのか、不思議なことには、文明十年初夏中旬ころ、かりにしばらく住むために一宇の坊舎を造り、それに続いて、あくる文明十二年二月はじめごろより御影堂をかたちだけ立柱のみと思い企てていたら、なんと佛法不思議の因縁によってか、諸国門下中こぞって懇志をはこんでくれ、ほどなく建立して、すでに十一月十八日には、戦乱のあいだ、大津においていたご真影を移してここに安置することができた。

つくづくと当所が発するゆかりをかえりみれば、万事なんの障碍もなく建立できたことは凡情の所業ではないとさえ思われる。とりわけ愚老の本懐、満足これにしくものはない。諸国門葉の人々もおなじく法喜・禅悦の思いであろう。そこで今月二十八日は祖師聖人のご正忌として、毎年、親疎を問わず道俗男女諸国門下の人々がこのご正忌を心のふるさとと思って、今もたえることなく参集する。当流にその名をかけ、一たび弥陀如来の他力の信心をえた行者で、今月二十八日、七日報恩講のご正忌に、その志をかけないようなともがらは、まったく木石のたぐいではあるまいか。とまれ親鸞聖人のご恩徳の深さは、たとえば迷廬八万の頂　蒼瞑三千の底に超過している。恩に報い感謝しなくてよいものか。こうして例年、昔からこの一七ヵ日のあいだ、みごとに一味同心のものの沙汰として、報恩謝徳のために無二の忠誠をつくし勤行の懇志をぬきんずるところである。さて、七ヵ日報恩講の際に、門葉の人々が来集して今もおこたることがない。この際、信心のない行者が報恩謝徳をしたといっても、その志は聖人の冥慮にかなうはずがない。あたかも水に入って垢が落ちないよごれはてた連中ではなかろうか。

伏して思えば、聖人のご入滅からは年忌遠くへだたり、すでに二百余年の星霜をへても、のこされた教えはますますさかんで、今なお『教行信証』の名義は耳の底にとどまり人口にのこっている。尊び信ずるのはただこの一事である。しかし近代、当流門下となのりながら、聖人の一流をけがすばかりか私義を主張し、当流にない秘事みたいなくせ言葉をつかい、人の欠点をとりたてて批判し、自分の迷謬をかくすものが在々所々におびただしい。言語道断である。ただ人なみにお義理の、佛法知ったかぶりの態度で名声ほしさに、人まねをして報謝の志をつくすような顔をしても、なんにもならぬ。

だからして、信心のない行者は、一七ヵ日の報恩講中に、御影前にぬかづき改懺の情をもよおし、たがいの信・不信心を話しあって反省すれば、まことに報恩謝徳の本意をさとりえたといえる。聖人は、ただ平生において、一念帰命の真実信心をえた人にこそ、佛恩報尽の道理がある、といわれた。だから一七ヵ日報恩講の際、未安心の行者はすみやかに真実信心を決定して、一向専修の行者となれば、それこそ今月の聖人のご正忌の報恩謝徳となるであろう。あなかしこ　あなかしこ。（文明十二・十一・二十一）

解説

他力とは何かを、われわれはあらためて問わなければならない。それは存在の根源的な力への意志である。ニーチェは『力への意志』六九三番で「存在の深奥の根源は、力への意志である」という。力への意志といっても、無力なものが権力をえようと意志するのではない。曇鸞は「願はもて力を成し、力はもて願を就す。願は徒《いたづ》らに然らず、力は虚《むな》しく設けず、力と願とあい符いて畢竟《ひつきよう》たがわず。故に成就という。(意志が力を生み、力が意志を実現する。意志は存在そのものを喪失しないように確保し、力は存在そのものを隠蔽しないであらわにする。力が意志であり、意志が力である。この二つが間一髪を入れず、ぴったりと一致してはじめて、成就<実現・完成>した、<出来上がった>ということができるのである)」という。

はじめて他者に接したとき、まったく言葉が通じないところから、ひとは自他分別識によって、まったくの赤の他人として無用におそれ忌みきらい、ついにはこれを排斥する。親鸞は「悪性サラニヤメガタシ　ココロハ蛇蝎《だかつ》ノゴトクナリ」といったが、他者を蛇蝎《だかつ》のようにおそれ忌み嫌う自分こそが蛇蝎《だかつ》なのであった。つまり、我ら凡夫は本来の自己自身を他者と見なし、自我を自分と錯覚しているのである。

他力は他人の力ではない。諸天・人民、はては地獄・餓鬼・蜎飛蠕動(蛇蝎もそこにはいるだろう)のたぐい(『平等覚経』)にさえあきらかに存在するような、いのちの不可思議さ、根源的な力こそ他力である。人間存在のもっとも深い奥底に力への意志がある。力とはあくまでも自己自身の本質を否定し超克しようとする満ちあふれんばかりの意志であり、そのままにあきらめてとどまっていては、無力におちいる。意志するとは、より強くより広大になろうと意欲することであって、より弱くより小さくなろうとすることはありえない。力への意志は同時に意志の力であり、力願は願力である。ニーチェが「この(いのちに満ちあふれる)世界は力への意志であり——それ以外の何ものでもない。(一〇六七番)」というとき、どこまでも自己自身を超克してやまない生命の根源的構造をいいあらわそうとしているのである。

いわゆる他力を信ずるとは、生きとし生きるものの〈生きて存在するという根源的なすがた〉なのだ。この存在そのものの力への意志、すなわち他力という根源的生命力に目覚めて、曇鸞は如来浄土の論を展開したのである。無量寿・無量光という名は、かぎりなく輝くいのちではない。そのような実体的なとらえ方をしてはならない。そんないのちはどこをさがしてもない。存在することのかぎりない光りかがやきを指し示すのである。聖徳太子は飢えた旅人に、清沢満之は奴隷エピクテタスに、いや宿痾《しゅくあ》敗惨《はいざん》の自己自身に、いのちのかぎりない光り輝きを見いだした。だからこそ、愚禿釈親鸞は「他力というのは、如来の本願力である」といったのである。

信心が一人一人のしのぎであり、単独者究極の心であるかぎり、共同体である僧伽はなりたたない。しかし、浄土真宗の信心は佛願他力によってたまわった信心である。けっして自身の覚悟ではない、自力の執心ではない。したがって、かならずや本願他力を原理とした新しい共同社会たる地上の僧伽が成就するであろう。僧伽ができなければ、いわゆる仏法僧の三宝を完備したとはいえない。とはいえ、その僧伽はこれまでのほとんどの組織が本山と末寺、本部と支部といったようなピラミッド型でありえない。あたかも地球のように、一人一人が中心になり自利利他円満の球形でなくてはならない。それは理想のユートピアだと笑いとばされるかもしれないが、現に国際連合もなお粗雑で未完成ではあるが、そのような社会組織を目指しているのではないか。親鸞聖人の四海皆

兄弟の心、蓮如上人の平座の讃嘆談合とは実はそのようなものだったのである

五十九　109　阿弥陀堂造営をはじめ仮佛壇に本尊を安置し前住存如上人二十五回忌法要をいとなんだ歓喜をのべる。

さるほどに、この一七ヵ日報恩講中において、近国近郷の門葉のともがら群集して幾千万という数なし。これしかしながら、宿善のもよおす謂いかとも覚えはんべりし中にも、この一乱において御影堂いまだたたざるところに、不思議に時尅到来《じこくとうらい》して、当年中において建立成就せしむる條、一宗の大慶、門徒の面々、喜悦《きえつ》の眉《まゆ》を開くかのあいだ、来集《らいしゅう》の門下の心中もげにもと思いしられたり。しかれば、一七ヶ日の勤行のあいだ、事ゆえなく結願成就しおわりぬ。されば、いつのご年忌よりもことあたらしく殊勝にこそおぼえはべりしなり。さるほどに、報恩講已後は諸門下中もひまのあきたる心中どもとみえたり。しかれば、愚老もよろづに心安く、本望をとげて満足、何事かこれにしかんや。しかるあいだ、とかくすれば、いよいよ寒天もいとどはげしさまさりければ、老体の身なれば、連日の造作中の窮屈におかされて、手足も合期ならざるあいだ、炉辺にありてつくづく思うようは、さてもすぎにし春夏秋をもなにとくらしけるぞ、と老いの眼のあいだにもややもすれば思い出にけり。かくてすぎゆくほどに、今年というも幾ほどもなく十二月中旬ごろになりぬれば、年内もはや年暮れがたになりぬべきあいだ、つらつら愚老が心中におもうよう、当年造作中の身労をいたし、すでにはや御影堂建立すといえども、なおこともつきせず、あわれとてものことならば、予が生存のうちに阿弥陀堂一宇を、せめてかたのごとく柱立ばかりなりとも、建立せばや、とおもうなり。

そのゆえはいかんというに、そもそも当寺のことはかたじけなくも亀山院・伏見院両御代より勅願《ちょくがん》所《しょ》の宣《せん》をこ

うむりて、他と異なる在所なり。しかるあいだ、本堂とてその形なければ所詮なし。このゆえにしきりに建立の志深くもよおすところなり。よってまず、和州吉野の郡に人をくだし、大柱を二十余本あつらえおきはべりぬ。さるほどに、年もあくれば文明十三年正月中の十日になりぬれば、已前あつらえおきしその柱をすでにないもちきたれるあいだ、まず寝殿の大門の道具さいわいに用意せしむるほどに、これを当月廿二日に柱立をさせて、かりぶきやねをこしらえて、しかして後二月四日より阿弥陀堂の事始めをさせて、則柱どもをつくらせ、そのままうちつづき材木を料簡《りょうけん》して作事するほどに、なにとなく法力の不思議によりて、四月廿八日にはすでに棟上げを企て、大工番匠方の祝言事おわりぬ。かくて日をへるままに、春夏のあいだは日永くして作事するあいだ、ほどなくたいがいに出来せり。しかるあいだ、六月八日にはまずかり佛壇《ぶつだん》をこしらえて、本尊をすえたてまつりけり。

今ははや日ごろの愚老の本望たちまちに満足す。さるほどに前住廿五年の遠忌に相当せるあいだ、このいとなみをなさんと思うなり。これによりて、一七日念佛勤行をはじめければ、遠国・近国の門徒中面々に歩をはこび志をいたして群集し、念佛の助音に心をかけ、あるいは一日あるいは二日なんど逗留しはべりき。かくて事ゆえなく結願成就しおわりぬ。しかるあいだ、愚老の本望かたがたもて周備《しゅうび》満足、何事かこれにしかんや。つらつら事の次第を案ずるに、当年前住廿五年にあいあたりて、阿弥陀堂かたのごとく建立せしむること、真実々々報恩謝徳の懇念も冥慮《みょうりょ》にあいかなうかともおもい、また愚老が連年の志もたちまちに融通《ゆうずう》しけるゆえかともおもいあえり。かたがたもて佛法の威力、一身の宿縁のいたり、不可思議なり。これしかしながら、まことにもて佛願難思《なんし》の強縁《ごうえん》、希有《けう》最殊《さいしょう》の直道《じきどう》にもうあえる徳なり。

文明十三年

現代意訳

この一七ヵ日報恩講中には近国近郷の門葉の人々何千何万と群集してかぞえきれない。これこそ宿善のもよおしというものかと思われる。戦乱のなかで御影堂をまだ建てられなかったのに、不思議に時期が到来して、この年のうちに建立成就したことは、一宗あげて大いなるよろこびに湧き、門徒の面々、喜悦の眉をひらくかのように集まってきた門徒の胸中もさぞかしと思いしられる。一七ヶ日の勤行もなんの事故もなく結願成就しおわった。いつものご正忌よりも、あたらしく、さわやかであった。それにしても報恩講がすんだあとは、諸門下中も閑暇のようにみえる。愚老もなにもかも心安らかに本望をとげて、これにまさる満足はない。が、とかくするうちに寒空もひどくはげしくなりまさると、老いの身体はこれまでつづけさまの工事の難儀におかされ手足もよわまる一方、炉端でつくづく思うには、過ぎた春夏秋をどうして暮らしてきたことやら、と老眼の間にややもすれば思い出す。こうして月日がすぎて今年もいつのまにか十二月中旬ごろになってしまった。年の暮れるころになって、愚老が心中に思う。今年は苦労して御影堂建立したが、それで事もはてず、せめてのことに私が生きているうちに、阿弥陀堂一宇をせめて立柱だけでもいいから建てたいもの、と思ったものである。

そもそも本願寺はかたじけなくも亀山天皇・伏見天皇の両代から勅願所の宣下をこうむって、他と異なる寺だからである。それなのに、本堂の形がなければその意義はない。そこで、しきりに建立の意志が深くもよおすのである。まず和州吉野郡に人をやり大柱を二十本あまりあつらえておいた。というまに年もあけて文明十三年正月十日になると前にあつらえておいたその柱をもうかついでもってきた。さいわい寝殿の大門の用具を準備していたから、一月二十二日に立柱、かりぶきの屋根をこしらえて、それから二月四日から阿弥陀堂の工事をはじめ、則柱などをつくり、そのままつづいて材木を料簡して工事をすすめた。なんと法力の不思議によって四月二十八日にはや棟を上げ大工・番匠方の祝言事もおわった。こうして日を経るにつれて春夏の間は日も長く工事もはかどって、ほどなく大体出来あがった。そこで六月八日に仮の佛壇をこしらえ、本尊を安置した。

今はもうかねての愚老の本望、たちまちに満足したのである。ちなみに前住二十五年の遠忌にあたるから、この法要をつとめようと思い、一七日念佛勤行をはじめると、遠国・近国の門徒中の面々が、歩みを運び志をつくして群集し、念佛の助音を心がけ、一日もしくは二日も逗留する。そのあいだなんの事故もなく結願成就しおわった。愚老の本望はいっそう整備し、満足これにしくものはない。つらつら事のゆくたてを思えば、今年は前住二十五年にあたって、阿弥陀堂がみごとに建立できたことはまこと報恩謝徳の懇念が冥慮にかなったかと思い、愚老が年来の志がたちまちに成就したからとも思いあわすのである。のみならず佛法の威力、一身の宿縁のほど、不可思議である。とはいえ、まこと佛願難思の強縁、希有最殊の直道に遇いえた徳である。(文明十三)

解説

王政はもとより貴族政も民主政も、さらには共産主義国家もわれわれには遠くなった。人間の自力のはからいで形成する社会の存続は、もはや堪えられないほど退屈きわまる。

現代世紀末の世界において求められているのは、新しい人間の国家社会を建設することである。しかし、「新しい人間」とは何か。これはきわめて困難な課題である。いますぐに決定的なことはいえなくとも、われわれはすくなくとも二十一世紀の未来に向けて「創造性に富む真の自由人とは何か」「独立者とは何か」を問わなくてはならない。

それには否定的無限がさらに深まらなくてはならない。否定的な無限とは何か。キェルケゴールは「人間のような有限な存在者にとっては、彼が時間のうちに生きているかぎり、否定的な無限が最高のものである。そして肯定的なものは一つのおぼつかない安心である」という。

新しい共同体の原理とはまず真実の共同体でなくてはならない。この「共同」の二字について、善導は『勧衆偈《かんしゅうげ》』の巻頭に言う。「道俗時衆等《どうぞくじしゅうとう》　おのおの無上心を発《おこ》せども、生死はなはだ厭いがたく、仏法また欣いがたし。共に金剛の志しを発して、横ざまに四流《しる》を超断す」と。ここでは、あきらかに「おのおの」と「ともに」を区別し、おわりには「同じく菩提心《ぼだいしん》を発して」といっている。ここに、各別に対して共同の二字がある。

当流における新しい共同体は自利利他の原理によって成りたつのである。それは〈ひとはおたがいにもちつもたれつ〉というような世俗的意味ではけっしてない。親鸞の『教行信証』証巻の終わりに「宗師は大悲往還《だいひおうげん》の回向《えこう》を顕示して、ねんごろに他利利他《たりりた》の深義《じんぎ》を弘宣したまえり」とある。曇鸞の『論註』の他利利他《たりりた》の深義《じんぎ》に言う。「他利と利他とを論ずるに左右あり。もしおのずから仏をしていわば、よろしく利他というべし。今まさに仏力を談ぜんとす。このゆえに利他をもてこれをいう。まさに知るべし」と。

曇鸞がねんごろにいおうとするのは、たんなる言葉のあやではない。他利と利他とは根本的に異質なのである。他利の関係は、自我と対称される相手とおたがい凡夫どうしのかかわりにすぎない。たとえ生い立ちなり傾向的性格なりがいちじるしくちがっているとしても、わが身がかわいいというかぎり、おなじ穴の狢《むじな》である。だから、おたがい肩をたたきあって話していても、まったくすくいはない。ヘラクレイトスは「たがいに他の死を生き、他の生を死んでいる」と言う。これはあきらかに自己矛盾である。この自己矛盾をはらむ対話はみだりがわしい馴れあいか、それとも自我と他我のあいだの不信感もしくは闘争のほかにないであろう。

したがって、人類の歴史は罪悪深重の歴史である。それは口に自利利他をとなえながら、かの自己矛盾が存するかぎり、自利利他が成りたたないことを如実にあらわしている。いつの時代でも人間どうしの権力闘争が展開している。正義といい、平和という。それはただ名目のみ、その実、庶民大衆の惨憺たる血と死臭が大地をおおうばかりである。それというのも、権力の実体は暴力であり、ひとたび圧倒的な権力がふるわれるや、罪悪深重の猛虎が野に放たれるおそるべき殺気が大衆の耳目をふるえあがらせるからである。

権力をもたないで、いつでも権力に虐げられている庶民大衆を真宗では「諸有《しょう》衆生《しゅじょう》」という。諸有衆生は不信と無能の世紀をかろうじて生きているのである。

これに反して利他の関係は、空無我をさとった（すなわちまさに名のみが存在することを認識した）正覚阿弥陀と、それから遠く逸脱し隔絶された非対称的な実体的な自我という存在者とのかかわりである。たがいにあい通ずるものはまったくなく、話しあいすらできない。しかし、この断絶によって、かえって自我の自己矛盾・葛藤は生じない。この無関係の関係を支えるものはただ存在することへの愛のみである。「愛楽《あいぎょう》仏法味《ぶっぽうみ》」という。この「存在そのものへの愛」が、覚者の教と相応する「優婆提舎《うばだいしゃ》」（心の底からの対話）をはじめるのである。むろん、この存在そのものへの愛は存在そのものの愛（大悲）にささえたもたれている。

われわれ凡夫が「まさに仏力を談ぜんとす」る今（仏本願力を他力というとき）、もとより他利の関係にとどまるのではなく、存在そのものの愛によって、すすんで利他の関係に入らしめられなければならない。そのかかわり、無関係の関係のなかでは、おたがい凡夫対等の話しあいはない。深い沈黙のみしかつたわらない。凡夫どうしがたがいに人格をみとめあって話しあっていても、ついにはなんの解決もえられないであろう。所詮わが身という存在者がかわいいからである。これを＜諸有衆生《しょうしゅじょう》＞という。たがいの自我にとらわれているからである。

利他の関係に入らしめられた証明は、存在そのものから深奥の本質である力への意志を、ひたすら存在の言葉（いのちの声）に耳を傾けることによって、獲得することである。ハイデガーがいうように「言葉は存在の言葉（いのちの声）」だからである。

仏力、すなわち存在そのものを自覚した力を談ずるかぎり、存在の力に帰することによってのみ、未来をすくわれる（自由に独立する）可能性がある、と曇鸞はいいたいのである。

親鸞の学は理性の学ではない。善導が「学仏大悲心」という大悲の学である。学があくまで理性に固執するというのなら、むしろそれは学仏道、端的に「道」といったほうがよかろう。それは、他力に帰したものは、まだ帰することができないものに教える。まだ帰することできないものは、すでに帰したものを訪れるという連続無窮《れんぞくむぐう》の道である。それはすべて思いがけなくも（不思議に）、無縁の大悲、存在者どうしの愛ではなく、存在そのものの力の意志としての他力のはからいによるのである。

われわれ人間は、存在そのものの力への意志に（昂揚《こうよう》する生命の躍動《やくどう》するままに）歓喜して身をゆだねるのみであろう。親鸞が隠遁のこころざしにひかれて比叡山を出たとき、深い疑問があった。のち彼は「しばらく疑問を至して、ついに明証を出だす」という。「疑問」とは閉鎖された共同体における信心の単独性を遠離し、あらゆる既存の体制から出で立つ存在への強い意志をあらわす。いいかえれば共同体とは名のみ、その実みだりがわしい馴れあいや自我と他我のあいだの死にものぐるいの闘争ときっぱり縁を切りながら、しかも、なお明証がえられない境位をいう。

しばらく疑問を至すところ、そこに愚禿という名が存在する。もはや、その名は聖道門という名の共同体にも、俗という名の国家共同体にも属さない。隠遁《いんとん》（インコグニト）の旅立ちだからである。「隠遁《いんとん》の志にひかれて」という言葉からは、まさしく力への意志にひかれて世界に雄飛しようとする自由な羽ばたきの音が聞こえる。

「明証を出だす」とは、おのずから利他の関係に入らしめられた証明として、存在そのものから深奥の本質である力への意志を、ひたすら存在の言葉に耳を傾けることによって、おのずから獲得したということである。そこに愚禿釋親鸞の名のりが永遠に大地から涌きおこってくる。

思うに、この他利利他《たりりた》の深義《じんぎ》にこそ、広大無碍の一心を宣布する親鸞聖人の公開された秘密が存する。これが真に新しい共同社会（本願念仏の僧伽《さんが》）の根本原理でなければならない。

六十　110　『安心決定鈔』の文句をおぎない、機法一体・願行具足の義をのべる。

それ当流の念佛行者においてまず弥陀如来他力本願の趣を存知せしめ、真実信心を発起せしむべし。それについて第十八の願意をよくよく分別せよ。その心いかんというに、阿弥陀佛、法蔵比丘《ほうぞうびく》のむかしちかいたまいしは、十方衆生にわが願行《がんぎょう》をあたえて、この功徳力をもて往生をとげさしめんに、もしわれ成佛せずば、弥陀も正覚をなりたまうべからず、という大願をおこしたまうに、その願すでに成就して、阿弥陀佛となりたまえり。されば衆生にかわりて願と行とを成就して我らが往生をすでにしたためましましけり。これによりて十方衆生は佛体《ぶったい》より願行を円満するがゆえに衆生の往生成就するすがたを、機法一体の南無阿弥陀佛とは正覚を成したまうなりとこころうべきなり。ゆえに、佛の正覚のほかは衆生の往生はなきなり。十方衆生の往生成就する時、弥陀も正覚をなりたまえるがゆえに、佛の正覚なりしと、我らが往生の成就せしとは同時なり。されば他力の願行をば、弥陀のはげみて功を無善の凡夫にあたえて謗法《ぼうほう》・闡提《せんだい》の機、法滅百歳の機までも成ずという不可思議の功徳なり。このゆえに、凡夫が他力の信心を獲得することかたし。しかるに自力の成じがたきことをきくとき、他力の易行なることもしられ、聖道の難行《なんぎょう》なるをきくとき、浄土の修しやすきことをしらるるなり。これによりて佛智のかたより何のわづらいもなく成就したまえる往生を我ら煩悩《ぼんのう》にくるわされてむなしく流転して、不可思議の佛智を信受せざるなり。さればこの上には一向に本願の尊きことをふかくおもいて佛恩報尽のためには、行住座臥をいわず称名すべきなり。また法蔵菩薩の五《ご》劫兆載《こうちょうさい》の願行は凡夫のためにとてこそ願行をば成就したまう。されば阿弥陀佛の衆生のための願行を成就せしいわれを、すなわち三心《さんしん》とも三信《さんじん》とも信心ともいうなり。これによりて阿弥陀佛はこの願行を名に成《じょう》ぜしゆえに、口業にこれをあらわせば南無阿弥陀佛というなり。ゆえに領解《りょうげ》の心も凡夫の機にはとどまらず領解すればやがて佛願の体にかえるなり。また佛恩報尽のためにとなうる念佛も弘願《ぐがん》の体にかえるゆえに、浄土法門は第十八の願よくよくこころうるほかにはなきなり。第十八の願をこころうるというは、名号をこころうるなり。

また念佛という名をきかば、わが往生は治定とおもうべし。十方の衆生往生成就せずば正覚とらじとちかいたまえる法蔵菩薩の正覚《しょうがく》の果名《かみょう》なるがゆえに、とおもうべし。また弥陀佛の形像をみたてまつらば、はやわが往生は決定とおもうべし。また極楽という名をきかば、法蔵比丘の成就したまえるゆえに、我らがごとくなる愚痴悪見《ぐちあくけん》の凡夫のための楽《らく》のきわまりなるがゆえに極楽というなり。さればひしと我らが往生を決定せしすがたを南無阿弥陀佛とはいいけるという信心おこりぬれば、佛体すなわちわれらが往生の行なり。ここをこころうるを第十八の願をおもいわくとはいうなり。まことに往生せんとおもわば、衆生こそ願をも行をもはげむべきに、願行は菩薩のところにはげみて感果《かんか》は我らがところに成ず。これすなわち世間・出世の因果の道理に超異《ちょうい》せり。このゆえに、善導はこれを別《べつ》異超世《ちちょうせ》の願とほめたまえり。

念佛というは、かならずしも口に南無阿弥陀佛となうるのみにあらず、阿弥陀佛の功徳を我らが南無の機において十劫正覚の刹那《せつな》より成じいりたまいけるものを、という信心のおこるを、念佛というなり。さて大慈悲を本とするがゆえに、愚痴悪見の衆生をたすけたまうをさきとするゆえに、名体不二《みょうたいふじ》の正覚をとなえましますゆえに、佛体も名におもむき名に体の功徳を具足するゆえに、何とはかばかしくしらねども往生するなり。このゆえに佛の正覚のほかに衆生の往生もなく、願も行もみな佛体より成じたまえり、としりきくを念佛の衆生といい、この信心を、ことばにあらわるるを南無阿弥陀佛というなり。

文明十三　十一月十四日

現代意訳

当流の念佛行者は弥陀如来他力本願の趣を身につけて、真実信心を発起しなければならない。それには第十八の願意をよくよくわきまえよ。その心は、阿弥陀佛が因位法蔵の昔にたてられた誓いは十方衆生にわが願行をあたえて、この功徳力で生まれかわらせよう、もしわたしが成佛しなければ阿弥陀佛としての正覚を成就すまい、という大願をおこされて、その願を成就し阿弥陀佛とおなりになった。つまり衆生にかわって願と行とを成就し、我らが往生をすでに準備されたのであった。法蔵の願により十方衆生は佛体より願行を円満しているから衆生の往生が成就したすがたを、機法一体の南無阿弥陀佛として正覚を成就されたのだ、とこころうべきである。だから、佛の正覚のほかに衆生の往生はない。十方衆生の往生が成就する時、弥陀も正覚をえられるのである。佛の正覚と我らが往生が成就するのとは同時である。他力の願行を、弥陀のはげんだ功徳を無善の凡夫にあたえるから謗法・闡提の機も法滅百歳の機も成就する。これが不可思議の功徳である。したがって、凡夫が他力の信心をうるのはむつかしい。そこで自力では成就できないと聞くとき、他力の易行が思いしられる。聖道が難行であるのを聞くとき、浄土の行を修しやすいことが思いしられる。にもかかわらず、佛智の方からなんの造作もなく成就された往生をば、我らは煩悩に狂ってむなしく流転しこの不可思議の佛智をいただかないのである。だからこれからは一向に本願の尊さを深く思って佛恩報尽のために、だれでもいつでもどこでも称名しなくてはならない。因位法蔵の五劫・兆載の願行は凡夫のためにこそ成就したまう。だから、阿弥陀佛が衆生のための願行を成就した根源を、三心とも三信とも信心ともいう。そして阿弥陀佛はこの願行を名に成就しとげられた。これを口業にあらわしたのが南無阿弥陀佛である。したがって、了解する心も凡夫の機にはとどまらず、了解すればやがて佛願の体にかえる。佛恩報尽のために称する念佛も弘願の体にかえるのだ。だから、浄土の法門は第十八の願をよくこころえるほかに何もない。第十八願をこころえるというのは、名号をこころえることである。

念佛という名を聞けば、わが往生は定まったと思うがいい。それこそは、十方の衆生の往生が成就しなければ正覚をとるまいと誓われた法蔵菩薩の正覚の果名であるから、と思うがいい。弥陀佛の形像を仰ぎ見れば、はやわが往生は定まったと思うがいい。極楽という名を聞けば法蔵比丘が成就された以上、それは我らのような愚痴悪見の凡夫のための快楽の極点だから極楽と思うがよい。我らが往生を決定したすがたが南無阿弥陀佛であるという信心がおこったら、佛体そのものが我らが生まれかわる行である。そこがわかったのを第十八願を了解したという。ほんとに生まれかわろうとするなら、衆生の方が願をかけ行をはげまねばならぬはずなのに、願行は菩薩のところではげんで、感果は我らのところに成就する。これは世間・出世間の因果の道理に超異している。だから、善導はこれを別異超世の願とほめられた。

念佛とは、かならずしも口で南無阿弥陀佛と称するのみでない。阿弥陀佛の功徳を我らが南無の機において十劫正覚の刹那からなしとげられた、という信心がおこるのを、念佛という。さて大慈悲を根源とするからには、愚痴悪見の衆生をたすけるのを先とする。名も体も二つでない正覚をとなえられる以上、佛体も名にきわまり名に体の功徳がそなわっている。だから、何とはっきりと知らなくとも生まれかわることができるのである。佛の正覚のほかに衆生の往生はない。願も行もみな佛体より成就された、と思い知って聞きひらくものを念佛の衆生といい、この信心が言葉にあらわれたのが南無阿弥陀佛である。(文明十三・十一・十四)

解説

ほとんどの歴史家は蓮如が山科で本願寺を再興したという。むろん、蓮如がいなければ再興できなかったことはたしかである。しかし、吉崎でできなかったことがなぜ山科でできたのか。蓮如内心の成熟を歴史家は説明しない。実際、吉崎では蓮如はさんざんの目にあって退去せざるをえなかった。それというのも、吉崎における蓮如はまだ自分の智慧才覚《ちえさいかく》をたのんでいた。ここで何かやってやろうという自我の残滓《ざんさい》があったからである。人生も五十を過ぎてこのまま朽ち果てるのかという思いが念頭を去らぬ蓮如に自力の執心があったことはもっともである。蓮崇はじめ多屋衆がわるいのではない。御文にも見られるとおり、吉崎の要害化をすすめたのは蓮如その人であった。そこにはたして名聞・利養を求める心がなかったかどうかうたがわしい。

山科ではそうではなかった。蓮如は出口の陰栖《いんせい》を通してあきらかに脱皮《だっぴ》している。すべてを本願他力に帰しつくした無心の蓮如がそこにいるのみである。この御文がそれを証明してあまりあるであろう。われわれは御文を通して蓮如の微妙な心の変化を読みとらなければならない。

六十一　111　文明十三年報恩講に真実信心をうることこそ佛恩報謝であることを強調する。

そもそも今月廿八日は開山聖人遷化のご正忌として、往古より毎年をいわず、この一七ヶ日の念佛勤行その退転なく報恩謝徳の忠勤をぬきいづるところなり。しかるあいだ、来集の門葉のたぐいの身上において、報恩謝徳の懇志をはこぶといえども、一念他力の真実信心を心底におさめざらんともがらにおいては、いかなる大義をつくして報恩謝徳をいたすというとも、その志、祖師聖人の御素意にもあいかないがたきものなり。この道理をよくよく分別して、報謝の志をば各々いたすべし。ただ人まねばかりにして、名聞のこころをかまえて、そこばくの大義をおこし、はるばるの遠路《えんろ》をしのぎ、この寒天に上洛をいたすというとも、まことにもて、水入りて垢おちずといえる理にあたりて、もてのほかいたづらごとなり。しかりといえども、たとい今日までもそのこころわろくして、未安心の人ならば、すなわち当座においてその不審をいたし、その真実の信心をとらんとおもうべし。ただ座席にあつまりて、無言の体にて悪心をも改悔廻心《がいけえしん》せずしていたらんともがらは、まことにあさましき次第なり。このおもむきを分別して、他力金剛《こんごう》の真実信心を獲得せんと思わば、まことにもて、今月聖人の報恩謝徳にもあいかなうべきものなり。あなかしこ　あなかしこ。

文明十三年　十一月廿四日

このことば　かきおく筆の　あとをみて　法のこころの　ありもとぞせよ

現代意訳

さて今月二十八日は開山聖人遷化のご正忌として、昔から毎年いつも、一七ヶ日の念佛勤行を怠りなく報恩謝徳の忠勤をぬきんでるところである。来り集まった門葉の人々の身上にとって、報恩謝徳の懇志をはこんでも、一念他力の真実信心を心底におさめないともがらは、どのような大義をつくして報恩謝徳したとて、その志は祖師聖人の素意にかないはしないであろう。この道理をよくわきまえて、それぞれが報謝の志をささげるがいい。単に人まねだけで名声ほしさに、いくら大儀そうに、はるばる遠路に耐え、この寒空を上洛しても、まったく水に入りて垢が落ちぬという話のとおり、もってのほかのざれごとである。しかし、たとえ今日までこころ悪くまだ安心をえない人なら、法座のなかで不審をのべ、その真実の信心をえようと思うがいい。席に集まっても黙ったまま悪心をも改悔廻心しないでいるのは、まことにあさましいものである。当流の趣旨を十分に了解し、他力金剛の真実信心を獲得しようと思うなら、それだけでも聖人の報謝にかなうことであろう。あなかしこ　あなかしこ。（文明十三・十一・二十四、和歌は略する）

解説

4.61(111)

御影堂の完成は弥陀の本願の成就である。蓮如なんかの力で出来たのではない。「この趣を分別して、他力金剛の真実信心を獲得せんと思わば、まことにもて今月聖人の報恩謝徳にもあいかなうべきものなり」とは、まさしくこのことである。

六十二　113　文明十四年御影堂大門が建て、本堂の残った工事をなしとげ同十五年八月二十二日完了したことをのべる。

文明十四年壬寅の春くれば、正月十五日というも、ほどなくうちすぎぬ。しかるあいだ、予、年齢つもりて当年は六十八歳におよびはべりぬ。さるほどに心中におもうよう、御影堂大門の材木さいわいに用意して、うち積みおくあいだ、正月十七日より番匠方の事始めをさせて作事せしむるあいだ、同廿八日にはすでに大門の立柱せり。それより相続して作事せしむるあいだ、ほどなく出来せり。しかして後、阿弥陀堂の橋隠れも柱を用意してこれをおく。また阿弥陀堂の四方の柱も幸いにかねてよりこれを作りおくあいだ、坊の前にとどこおるあいだ、同じくこれも立ておわりぬ。かくのごとくうちすぎゆくほどに、大門の地形を引きたいらげて、総じて四壁のうち東西南北の地形も不同なるあいだ、雨ふる時は水も順流にはながれざるあいだ、諸方の不浄の悪水どももながれゆくべき方なきあいだ、そのしたたりをとらんがために小堀を南北にほらせて、不浄の悪水をながしおわりぬ。その堀のはたに松をうえならべ、すなわち門の前には橋を両所にかけぬ。しかして後は愚老が冬の焚火所と思いて、四間の小棟づくりのありけるを四月七日のころより作りなおしおわりぬ。そのやねは常の屋、あまりに軒ひくきおかしげなるあいだ、去ぬる冬のころより吉野柱を誂えおくあいだ、この作事をはじむるほどに、四月廿二日にははや立柱せるあいだ、ほどなく出来して、本の戸障子をそのまま立ちあわせけるほどに、同晦日にはたいがい出来《しゅったい》せるあいだ、そのまま作事をば停止せしめおわりぬ。その後、五月六日より、いまだ造作もととのわざるあいだ、またはじめて作事するほどに、ことごとく出来せり。またあまりに寝殿の天井どもいまだこれなきあいだ、同じくこれを企てつくりければ、いくほどなくして出来せり。すなわちまず本尊を六月十五日すえたてまつりけり。

かくて月日をおくるところに、あまりに白造の佛壇なればみぐるしき、と申しけるほどに、漸に諸方へ漆をあつらえおき、すでに閏七月二日より奈良塗師をやといこれをぬらしむるほどに、九月廿日ごろに出来せり。その後やがて絵師をよびよせ、細色をさせ、また杉障子に蓮をかかせ、同佛壇のうしろ障子にも蓮をかかせけり。次にはまた正面の唐戸もおらせて立ておわりぬ。しかるあいだ、大略阿弥陀堂造作の分は出来せり。これよりのちは上葺きのかわらぶきまでなり。さるほどに、文明十四年の冬もいくほどなくうちくれぬれば、また文明十五年の春三月もたちて五月中旬ごろになりぬるあいだ、阿弥陀堂の瓦葺いまだ修造なきあいだ、これを企てばやとおもいて、やがて河内国古市郡誉田のうち野中の馬という瓦師をたずねよせて、同五月十三日よりはじめて瓦の土のあり所をたづぬるに、西山という所にこれある由、人かたるあいだ、人足をあつめ、これをはこびとり、大葺屋をつくりたて、五月中旬ごろより瓦をつくるあいだ、ほどなく出来して、すでに八月廿二日にははやふきたてにけり。しかるあいだ、阿弥陀堂の分ははやことごとく修造成就するところなり。

文明十五年　八月廿八日

現代意訳

文明十四年の春がきたかと思えば、正月の十五日もはやすぎた。しかも、私も歳をとり今年は六十八歳になった。そこで御影堂の大門の材木をさいわい用意し積まれてあったから、正月十七日より番匠方に事はじめに工事させて二十八日にはすでに大門の立柱がおわった。それから続けて工事を進め、ほどなく大門が出来上がった。のち阿弥陀堂の橋隠れも柱を用意してこれをおく。さいわい阿弥陀堂の四方の柱もかねてからこれを作っておいたので、同時にこれも立ておわった。こうして工事をすすめるうち、大門の前の地形を平かにし、全体に四壁のうちの東西南北の地形も高低があり、雨が降ると水がうまく流れず、あちこちの不浄の悪水が淀んでいるので、淀みをとろうと南北に小堀をはしらせ、不浄の悪水を流してしまった。その堀端に松を植えならべ、門の前には橋を二ヶ所にかけた。それから愚老が冬の焚火所と思って、四間の小棟づくりがあったのを四月七日のころから作りなおしおわった。そののち常に住む庫裏の屋根の軒が低すぎておかしいというので、冬のうちに吉野柱をあつらえておいたから、この工事をはじめたら四月二十二日にははや柱立して形ができた。もとの戸障子をそのまま、たてあわせたから四月のおわりにはおおかた出来上った。そこで工事を一旦停止する。ついで五月六日より、まだ造作の整備していないところを作業しはじめて、すべてが完成した。また寝殿の天井がまだないので、同時に思いたってはらせ、数日で出来あがった。六月十五日には何よりもまず本尊を安置したてまつる。

こうして月日をおくるうちに、白木造りの佛壇では、あまりに見苦しいといわれるので、すこしづつ諸方へ漆をあつらえておき、閏七月二日より奈良塗師をやとい、これを塗らせたら、九月二十日ごろに出来た。それから絵師をよびよせて彩色をさせ、杉障子には蓮をかかせ、佛壇のうしろ障子にも蓮をかかせた。つぎに正面の唐戸も折らせてたておわった。こうして阿弥陀堂造作についてはほぼ完成した。これからあとは上葺きの瓦ぶきだ。というまに、文明十四年の冬もあとわずかになって暮れたので、文明十五年の春三月もすぎて五月中旬ごろになったが、まだ阿弥陀堂が瓦葺きでないから、これを企てなくてはと思い、河内国古市郡誉田のうち野中の馬という瓦師をたずねよせ、五月十三日よりはじめて瓦の土のありかをたづねると西山というところにあるというので、人足をあつめて運ばせ、大葺屋をつくりたてて五月中旬ごろから瓦を焼き、ほどなく出来あがった。八月二十二日には早くも葺きあがった。こうして阿弥陀堂はことごとく完成したのである。(文明十五・八・二十八)

解説

なぜ蓮如は工事の進捗状況をこのようにくわしく記しているのであろうか。それは弥陀如来の仕事の描写だからである。この御文はけっして単なる工事過程の記述ではない。だから、一つ一つ弥陀のお手への報恩謝徳の念がこめられているのを読みとらなくてはならない。たとえば「大門の地形を引きたいらげて、総じて四壁のうち東西南北の地形も不同なるあいだ、雨ふる時は水も順流にはながれざるあいだ、諸方の不浄の悪水どもながれゆくべき方なきあいだ、そのしたたりをとらんがために小堀を南北にはしらせて、不浄の悪水をながしおわりぬ」とある。そこに本願の譬喩をよみとることがなければ、この御文のこころをうけとったとはいえないであろう。完成してのち、やれやれとばかり、蓮如は有馬で湯治を楽しむ。この御文は有馬で書かれたのであろうか。

六十三　115　文明十五年報恩講に六字の意義を説き三ヶ条の掟を示す。帖内四の六に通ず。

そもそも当月廿八日は例年の旧儀のため開山聖人ご遷化の正忌たるところなり。これによりて諸国門下のたぐい、この時節にあいあたりて、参詣の志を運び報恩のまことをいたさんと欲す。しかるあいだ、毎年に七日不断念佛の勤行をはげまさんと擬《ぎ》す。これすなわち、真実信心の行者繁昌せしむといわんか。まことにもて、念佛得堅固の時節到来というべきともおぼえはんべれ。このゆえに、七昼夜勤行のうちに、これに参詣せしむるともがらの中において、まことに人まねばかりに出仕いたすやからこれあるべし。彼の仁においては、はやく御影前にありて廻《え》心懺悔《しんさんげ》して、本願の正意に帰して、一念発起の安心のおもむきをあいたずねて、ねんごろに真実信心をまうくべきものなり。

それ南無阿弥陀佛というは、すなわちこれ念佛行者の安心の体なりとみえたり。そのゆえは南無というは帰命なり。帰命というは我らごときの無善造悪《むぜんぞうあく》の凡夫のうえにおいて、阿弥陀佛をたのみたてまつるこころなり。そのたのむこころというは、すなわちすでに阿弥陀佛の衆生を摂取して、往還《おうげん》二種の廻向《えこう》を衆生にあたえましますこころなり。しかれば、このごろ諸国において当流門人の中に、おおく祖師のさだめおかるる聖教の所判《しょはん》になきくせ法門をたてて当流の法義をみだすこと、もてのほかの次第なり。所詮、この一七ヶ日報恩講のうちにおいて、はやくあやまりをひるがえして正義にもとづくべきものなり。

一　佛法を棟梁《とうりょう》し、かたのごとく坊主分をもちたらん人の身のうえにおいて、いささかも相承せざるしらぬ法門をときて、人にかたり、我ものしりとおもわれんとて、えせ法門をもて人を勧化すること、近代もてのほか在々所々に繁昌《はんじょう》すと云々。これ言語道断の次第なり。

一　京都本願寺御影前へ参詣申す身なりといいて、いかなる人の中ともいわず、大道大路にてもまた関渡《せきわたし》の船中にてもはばからず、佛法方のことを人に顕露《けんろ》に沙汰すること、大いなるあやまりなり。

一　人ありていわく、わが身はいかなる佛法を信ずる人ぞとあいたずぬることありとも、しかと当流の念佛申すものとは答うべからず。ただなに宗ともなきものなり、と答うべし。これすなわち、当流聖人のおしえましますところの佛法者とみえざる人のすがたなり。これらのおもむきをよくよくこころえて、外相《げそう》にその色をみせざるをもて、当流の正義とおもうべきものなり。

これについて、この両三年報恩講中において、衆中として定めおくところの義一つとして違変《いへん》あるべからず。この衆中において万一相違の子細これあらば、ながき世までも開山聖人のご門徒たるべからざるものなり。かたく衆中のために当年の報恩講中においてその成敗《せいばい》をいたすべきものなり。あなかしこ　あなかしこ。

文明十五年　十一月廿二日

現代意訳

今月二十八日は例年にならって開山聖人が遷化されたご正忌である。諸国の門下の人々は、この時節にあたって参詣の志を運び報恩のまことをつくそうとする。そこで毎年七日間、不断念佛の勤行をするのである。こうして真実信心の行者が繁昌するというのは、これこそ念佛得堅固の時節到来と思われてならない。七昼夜勤行に参詣した人々のなかに人の真似だけで出仕するものがあるかもしれない。そんな連中は、はやく御影前で廻心懺悔し、本願の正意に帰し、一念発起の安心のおもむきをもとめ、ねんごろに真実信心をえてほしいものである。

いったい南無阿弥陀佛とは何か。それは念佛行者の安心の体だと見える。なぜなら南無というのは帰命である。帰命とは、我らのような無善造悪の凡夫の、阿弥陀佛をたのみたてまつる心である。たのむ心とは、すでに阿弥陀佛が衆生をおさめとって、往還二種の廻向の道を衆生にあたえられる心である。したがって、このころ諸国で当流門人のなかに多く、祖師の定めておかれた聖教の決判にはないまちがった法門をたて当流の法義を乱すこと、もってのほかである。所詮、この一七ヶ日報恩講のあいだに、はやく心根をいれかえて正義にもとづかなくてはならない。

一　佛法を棟梁し、かたのごとく坊主分をあづかる人の身が、すこしもうけつがれていない未知の法門を主張し、人に話し自分がもの知りと思われようとして、えせ法門で人を教化するのは、近ごろ思いのほか在々所々にさかんだとのこと。これは言語道断である。

一　京都本願寺の御影前へ参詣申す身だからといって、だれかれを問わず大道大路でも関所や渡しの船のなかでも、遠慮会釈なく佛法のことをあからさまにいうのは大まちがいである。

一　人があなたはどのような佛法を信ずる人かと尋ねられても、はっきりと当流において念佛中すものと答えてはならぬ。ただなに宗ともないものです、と答えるがよい。これが当流聖人の教えられた佛法者とは見えぬ人のすがたである。これらの趣意をよく身につけて、ふだんの顔色

・身ぶりにさえ深い心をあらわさないのが、当流の正義と思わなければならない。

これについて、この二・三年、報恩講中で衆議として定めておいた制法には一つもそむいてはならない。もし万が一そむいたならば、永遠に開山聖人のご門徒たりえない。きびしく当年の報恩講の間に成敗をくわえるものである。あなかしこ　あなかしこ。（文明十五・十一・二十二）

解説

他力の信心と制法は縦糸と横糸の関係にある。美しく織りあげられた本願寺にて、蓮如は第十八願成就の文にもとづいて、この御文をしたためているのである。むろん、本願寺は真実の浄土（真《しん》佛土《ぶつど》）ではない。化身土《けしんど》である。しかし、現生《げんしょう》正定《しょうじょう》の聚《じゅ》（集合）をとりわけあきらかにせず、死んでからの往生を説くのみなら、親鸞の廟所《びょうしょ》と門徒の墓場で十分であろう。浄土真宗の存在理由は当益《とうやく》のみならず現益《げんやく》を説くところにある。その具体的な場所が本願寺だといって過言ではないであろう。ただし、後世の信心のない人々が、むしろ本願寺をもてあまして、いろいろと護持の計略を練ることになる。それは蓮如のあずかりしらぬことであり、生き生きとした他力の信心を決定しない罰だといわねばならない。蓮如の没後、山科も石山も焼け失せたことが、無信の人には邪魔なものがなくなって、かえってすくいだったのかもしれない。

六十四　116　秋と冬が聴聞にふさわしい季節であることをのべ、人々の懈怠をいましめる。

そもそもこの去る九月尽のころより予が申せしことは、春夏の間は人の心もよろずにまぎれて情もおさまらざるほどに、秋冬は夜もながく時分もよければ、佛法の物語不審なんどもあらん人々においては、法義をも讃嘆し、一はしいいきかせ、またたずねんことをも答えん、と思う志もあるによりて、この座敷に当年は一縁に居住すといえども、更に老若《ろうにゃく》ともに無言のみにて、さてはつる体なれば、堪忍せしめたるその所詮一つもなし。さるほどに、九月ごろより十二月のすえつかたになりゆくあいだ、すではや年も暮れなんとす。よりて愚老は年齢つもりて六十九歳ぞかし。今四・五日きたらば、すでに七旬にきわまりぬべし。また来年のこのごろまでも存命せんこと不定なるべし。かえすがえす口惜しき次第どもなり。誰ありてさしたる法義を不審せしめたる人、ついに一度もこれなきあいだ、本意のほかに思えども、今において後悔さきにたたざる次第なり。面々各々にせめてその心中一つもあるべからず。ただ天楽ばかりあれば、それを食せんとおもう心中ばかりの人なり。所詮、天楽《てんがく》を興行することも、あながちに食せんためのその志ばかりにてはなきなり。これについて、人々の佛法心もつきやせん、と思うばかりのことにこそ、張行はするなり。されば、たまたまも一帖の聖教をもこれをよみぬれば、人々みなめをふさぎてきく由のていたらくは、さながら座頭坊《ざとうぼう》にことならず。あさまし　あさまし。

また千に一も物をきけるともがらは、佛法の底をばしらず、一はしの義をききて、これをもて人にかたりて、わが名望《めいぼう》と思えること、近代もてのほかの繁昌なり。さるほどに、今日このごろは年も暮れなんとすれば、正月にもなりなば、げにも祝言已下人々の出入りにつけ隙もいり、また人間のすまいなれば、意はとけねども、世間につけ王法につけ遊戯なんどもありぬべし。このゆえに、愚老がかねてより申すことこれぞかし。秋冬ならでは、佛法の物語は心のとまらぬ由、人々にも申しつるなり。あいかまえあいかまえて、またくる年々もその覚悟をなすべきことなり。すではや今四・五日もすぎなば、人々の心もいそがわしく、遊覧《ゆうらん》の体にありぬべきものなり。あなかしこ　あなかしこ。

文明十五年　十二月廿五日　申尅　にわかに　これを書く。

現代意訳

春や夏のあいだは人の心もあれこれいそがしくて気持もおさまらないが、秋や冬になれば夜もながく時節もすごしやすいから、佛法について疑問のある人々に、法義を讃嘆し一端を聞かせたり、質問にも答えようと思いたった。そこで、今年九月の終わりごろから、この座敷で一縁に研修することにしたが、老人も若者もおしだまったまま、おわってしまったていたらくで、せっかく研修している甲斐が一つもなかった。九月ごろより十二月の終わりになって、すではや年も暮れようとしている。愚老も年齢をとって六十九歳である。もう四・五日したら、七十になる。来年のこのごろまで生きながらえているとはかぎるまい。なんとも口惜しいことだ。だれか法義に疑問をもつことが、ついに一度もない。思いのほかだが、今さら後悔さきにたたず。それぞれにせめてもと思うその心が一つもない始末。ただ天楽でもあれば、それを観賞しようと考えているものばかりだ。天楽の会をもよおすのも、やたらと観賞するためばかりではない。人々に佛心がおこるようにと思うから、催すのである。しかし時々聖教の一帖ぐらいを読もうものなら、人々はみな目をふさいで聞くような始末。ちょうど座頭坊と同じで、情けないかぎりである。

また千人に一人質問するものがあっても、佛法の根底を知ろうとせず、ほんの一部分をききかじり、それを人にふりまわして、自分の評判をよくしようとするのが近ごろ意外にさかんだ。もう年が暮れる。正月になれば、祝言をのべる人々が出入りして多忙に気をとられ、人間の暮らしだから、よく意味がわからないが、世間にしろ王法にしろ正月の遊びももよおされるであろう。愚老がかねてから申すのはそこのところだ。秋や冬でなくては、佛法に心のとめる時はないことを人々にさとすものである。油断しないで来年もその覚悟をしなくてはならぬ。はや四・五日もたてば、しきりと気ぜわしくなって、慰戯《いぎ》・遊覧《ゆうらん》がはじまることにもなろうに。あなかしこ　あなかしこ。

(文明十五・十二・二十五　午後四時ごろ　にわかに　これを書く)

解説

蓮如の人格について、蓮如自身いささかも弁明しないが、まったくさとりすますことのない、とことんやんちゃな坊主という評価はぬぐいきれないであろう。ひとはこの蓮如の人格につまづく。たとえば法印権大僧都大和尚位兼寿という紙牌の左右に「七十じに身はみつしほの西の海舟路を照らせ山のはの月」「なきあとにわれをわすれぬ人もあらばただ弥陀たのむこころおこせよ」という詠歌をそえたのが残っている。このような世俗の権威をしめす位が往生思想とならびたっていることへの疑義が指摘される。(しかし、蓮如にはもっと高い自信があった。世俗の位ならこんな所で我慢しようというユーモアも感じられる)。

また『本願寺作法次第』にある有名なエピソードによれば、かってだれにも下げわたすことをしなかった大谷家一門の食事の際のお椀を、たまたま興正寺蓮秀が使ったのを見て、その椀を火吹き竹でたたき割ったという。これも劣等感に根ざす身びいきからくる激しい感情のたかぶりである。(しかし、こんな身びいきはだれにでもある。蓮如だからといって、とやかくいうのは重箱の隅をほじくるようなものではなかろうか)。これについて、なんら公然たる弁護の余地はないが、これだけで蓮如の宗教的な仕事を評価するのは行き過ぎではなかろうか。

六十五　120　能美四講創立に、心得五ヶ条を示すその第五に六字釈を引き機法一体を説く。

そもそも能美郡同行中に佛法について四講ということをはじめて、当流法義の是非・邪《じゃ》正《しょう》を讃嘆すべき興行これある由聞こえ候。まことにもて佛法興隆の根元、往生浄土の支度《したく》、殊勝におぼえ候。それについて守護地頭方へ慇懃《おんごん》のふるまいあるべく候。おなじく寺社本所の所領　押領の儀、堅く成敗あるべく候なり。

一　四講会合のとき、佛法の信不信の讃嘆のほか、世間の沙汰しかるべからず候。

一　四講の人数あまりに大勢に候えば、しかるべからず。所詮、肝要の人数をすぐりて佛法の讃嘆あるべく候なり。

一　当流の法義において、ちかごろはことのほか路次大道をきらわず、佛法方の次第をそのはばかりなく頭露《けんろ》に人にかたることしかるべからず。

一　諸国において当流聖人定めたまうところの法義のほかにめずらしき法門を讃嘆し、おなじく一流に沙汰なきおもしろき名目をつかう人これ多し。あるいはまた祖師先徳のつくりたまうほかにめずらしき聖教これ多し。ゆめゆめこれらを依用すべからず。

一　当流聖人の一流安心のおもむきというは、すなわち南無阿弥陀佛の六字のすがたなり。そのゆえは、この六字の名号のこころをよくこころえわけたるをもて、他力の信心を決定すとは申すなり。

このゆえに、善導大師この六字の名号を釈していわく言南無者《ごんなむしゃ》　即是帰命《そくぜきみょう》　亦是発願廻向之義《やくぜほつがんえこうしぎ》　言阿弥陀佛者《ごんあみだぶつしゃ》　即是其行《そくぜごぎょう》　以斯義故《いしぎこ》　必得往生《ひっとくおうじょう》といえり。この文の意は、南無というはすなわちこれ帰命なり。またこれ発願廻向の義なり。阿弥陀佛というは、すなわちこれその行なり。この義をもてのゆえに、かならず往生することをうるなり、といえり。この釈のこころはいかんというに、南無と弥陀に帰命する衆生に弥陀のもろもろの大功徳をあたえましましこころなり。これすなわち弥陀如来の御方より他力の大信心をさづけたまうこころなり。されば弥陀を信ずる衆生の機と弥陀のさずけたまう法とが一体なるところをさして、機法一体《きほういったい》の正覚成じたまう南無阿弥陀佛とは申すなり。

このゆえに他力の安心を獲得すというとも、ただこの南無阿弥陀佛の六字のすがたをねんごろにこころえわけたるを安心決定の行者とはいうべきものなり。このほかには当流の安心とて別にわずらわしき子細はあるべからず。しかればすなわち、ただ一念の信心決定のうえには佛恩報謝のために行住座臥をえらばず称名念佛すべし。これすなわち、南無阿弥陀佛の体にきわまるなり、とこころうべきものなり。あなかしこ　あなかしこ。

文明十八年　正月四日

能美郡四講中へ

現代意訳

さて(石川県)能美郡同行中で佛法の四講をはじめてつくり、当流法義の是非・邪正を讃嘆する催しがなされると聞いた。まことに佛法興隆の根元、往生浄土の準備、殊勝に思われる。ただし守護地頭方に対してはなるべくていねいにふるまうように。まして寺社本所の領地をうばいとるようなことは、絶対に禁止すべきである。

一 四講会合のとき、佛法の信不信の讃嘆以外の世間について論議をしてはならない。

一 四講の人数があまり大勢になってはいけない。なるべく大事な人数だけをえらんで佛法を讃嘆しなければならない。

一 当流の法義において、ちかごろのように思いもかけず路次や大道いたるところで、佛法の話を遠慮会釈もなく、あけっぴろげに人にいってはいけない。

一 諸国で当流聖人が定められた法義以外に事新しい法門を自慢し、一流につたわってもいない奇妙なこじつけをする人が多い。あるいはまた祖師・先徳がつくられもしないめずらしい聖教も多い。けっしてこれらの聖教をもちいてはならない。

一 当流聖人の一流安心の趣意とは、南無阿弥陀佛の六字のすがたである。この六字の名号の心をよくなっとくすることが、他力の信心を決定するという。

善導大師がこの六字の名号を釈し「言南無者　即是帰命　亦是発願廻向之義　言阿弥陀佛者　即

是其行　以斯義故　必得往生」といわれた。これは「南無というはすなわちこれ帰命なり。またこれ発願廻向の義なり。阿弥陀佛というは、すなわちこれその行なり。この義をもてのゆえに、かならず往生することをうるなり」というのである。それはどういう意味か。南無と弥陀に帰命する衆生に弥陀のもろもろの大功徳をあたえられるという意味である。これが弥陀如来の方から他力の大信心をさづけたまう心である。弥陀を信ずる衆生の機と弥陀のさずけたまう法とが一体であることを指して機法一体の正覚を成就された南無阿弥陀佛というのである。

したがって、他力の安心をうるといっても、ただこの南無阿弥陀佛の六字のすがたをていねいにうけとった人が安心決定の行者といえるのである。このほか、当流の安心に別にむつかしいことがあるはずがない。このようにただ一念の信心が決定したからには、佛恩報謝のためにいつでもどこでも称名念佛することである。すべては南無阿弥陀佛の体にきわまる、とこころえなくてはならない。あなかしこ　あなかしこ。（文明十八・一・四　能美郡四講中へ）

解説

もともと講が組織される目的は、一念の信心を決定し報恩謝徳の念仏をつとめることにある。それでさえ寺社からの非難があったくらいである。集まったのをもっけの幸いとして土一揆を組んで立ち上がろうとするためのものではない。蓮如はただそれをいいたいのである。

この年三月、蓮如は出口から堺へさらに紀伊冷水の了賢のところにおもむいた。

六十六　119　八ヶ条の掟。第八条に六字釈を引き、機法一体を説く。翌年報恩講にこれを修正してふたたび示す。第七条をあらためて『安心決定鈔』を推賞してからは、安心について条外にのべられて七ヶ条の制法になる。帖内四の八に通ず。

そもそも今月廿八日報恩講は往年の流例として昼夜の勤行をいたす。これによりて、近国・遠邦の門徒のたぐい報恩謝徳の懇志をはこび、二六時中の称名念佛、今古退転なし。これすなわち、開山聖人の法流一天四海の勧化比《ひ》類《るい》なきがいたすところなり。このゆえに、七昼夜の時節にあいあたりて、不法不信の根機は往生浄土の信心獲得せしむべきものなり。これしかしながら、今月聖人ご正忌の報謝たるべきものなり。しからざらんともがらにおいては、報恩謝徳のこころざしなきににたるものか。

これによりて、このごろ当流念佛者と号するなかにおいて、まことに心底より当流安心決定せしむる分なきあいだ、あるいは名聞あるいは人並に報謝をいたす風情これあり、もってのほかしかるべからざる次第なり。そのゆえは、すでに万里の遠路をしのぎ、山川の足行をいたし上洛のともがら、いたずらに名聞人並の心中に住せんこと、くちおしき次第にあらずや。すこぶる不足の所存といいつべきものか。ただし無宿善の機にいたりては力およばず。しかりといえども、無二の悔心をいたし一心の正念に住せば、いかでか聖人の御意《おんこころ》に達せざらんものおや。

一　諸国参勤のともがらの中において、在所をきらわずいかなる大道大路また関屋・渡しの船中ともはばからず、当流のただずまいを顕露に人にかたること、かたがたもて、しかるべからざること。

一　在々所々において、当流にさらに沙汰せざるめずらしき法門をいい、聖教を讃嘆し、同じく宗体にもなきおもしろき名目なんどをつかう人これ多し。もてのほかの僻案《へきあん》なり。自今已後かたく停止すべきものなり。

一　この七ヶ日報恩講中にあらんともがらは、一人ものこらず信心未定の人は、心中をはばからず改悔《がいけ》懺悔《さんげ》の心をおこして、真実の信心を獲得《ぎゃくとく》して、国々へ下向すべきものなり。

一　本来、わが信心はうすくして、決定せしむる分もなき人は、その不審をいたすべきところに、心中につつみて、ありのままにかたらざるたぐいあるべし。この人をせめあいたずぬるところに、ありのままに心中をかたらずして、当場《とうば》をいいぬけんとする人のみこれ多し。もったいなき次第なり。あいかまえあいかまえて心中をのこさず懺悔《さんげ》して、真実の信心を決定して、同じく国へ下るべきものなり。

一　近年佛法の棟梁《とうりょう》たる坊主たち、その信心きわめて不足にて、結句《けっく》門徒同朋は信心の一すじを存知せしむるあいだ、坊主の信心不足の由を申すところにもてのほか腹立せしむること、これおおし。言語道断もったいなき次第なり。自今已後、師弟ともに一味の安心に住すべきこと。

一　坊主分の人、近ごろはことのほか重杯の由、その聞こえあり。しかるべからざる次第なり。そのゆえは佛法・世法について重杯《じゅはい》の時は、かならずややもすれば門徒に対しても酔狂のみにて、不思議なる次第も出来《しゅったい》せしむるあいだ、かたがたもてしかるべからず。所詮、酒をのみても子細なき人はしかなり。酔狂《すいきょう》意のあらん坊主は停止せしめられば、まことにもて佛法興隆《こうりゅう》ともいいつべきものか。深く思案あるべきものなり。

一　当流の信心のおもむきは『安心決定鈔』をよくよく披見すべし。

そもそも信心という体はすなわち南無阿弥陀佛六字のすがたなりとこころうべし。そのゆえは善導和尚釈していわく、言南無者　即是帰命　亦是発願廻向之義　言阿弥陀佛者　即是其行といえり。こころは南無と帰命すれば、阿弥陀佛のその衆生をよくしろしめして、万善万行、恒沙の功徳を衆生にあたえましまして、遍照《へんじょう》の光明をはなちててらしたまうゆえに、無明業障《むみょうごうしょう》のおそろしき罪もきえて、他力の信心をさづけたまうあいだ、衆生の信ずる機と阿弥陀佛の法とひとつになるところを機法一体とはいうなり。

この機《き》法《ほう》一体《いったい》というは、すなわち南無阿弥陀佛なり。されば往還《おうげん》二種の廻向《えこう》というは、この南無阿弥陀佛を信ずるこころなり。これによりてわれらが往生のさだまりたる証拠《しょうこ》は、ただ南無阿弥陀佛の六字なりとこころうべきものなり。あなかしこ　あなかしこ。

文明十八年　十一月廿六日　これを書く。

現代意訳

今月二十八日、報恩講は例年のように昼夜のおつとめをする。そこへ近国・遠国から門徒のたぐい報恩謝徳の懇志をはこび、二六時中の称名念佛は昔からたえたことがない。これこそは開山聖人の法流、一天四海にわたる教化が比類のないからである。こうして七昼夜の時節に不法・不信の根機も往生浄土の信心をえなければならない。それが今月聖人ご正忌の報謝となるであろう。そうでない人々は報恩謝徳の心がないにひとしいであろう。

このごろ当流の念佛者と称する者たちのなかで、心の底から当流の安心を決定したこともないのに、人の評判をとろうとか人のまねをして感謝しているような顔だけするものがある。もってのほかの所行だ。すでに万里の遠路にたえ、いく山川をあるいて上洛したものが、意味もなく人の評判を気にしたり人まねをする気持であるのは、口惜しいことではないか。自分ながらたいへん不満足なあり方というべきであろう。ただし無宿善のものはいたしかたがない。けれども、無二の悔心をいだき一心の正念に住することができるものなら、どうして聖人の御意にとどかぬことがあろうか。

一　諸国からに参詣する人々で、どこでも、どんな大道・大路や関屋・渡しの船中でも、あつかましく当流のあり方をあからさまに人々にあげつらってはならない。

一　各在所で当流でいってもいない奇妙な法門をいい、聖教を讃嘆し、おなじく教えにない奇妙な言葉などをつかう人が多い。もってのほかの偏見だ。これからはきびしく禁止する。

一　この七ヶ日報恩講中にまいって信心未定の人は一人ものこらず、心中をあまさず改悔懺悔して、真実の信心をえて国々へ下向するがいい。

一　もともと自分の信心がうすく、決定することもない人は、不審な点を問いただささなくてはならないのに、心中をかくしてありのままにかたらないものもある。こんな人をせめたずねてみると、ありのままの心中をいわないで、その場のみをいいぬけようとする人ばかりが多い。せっかくのチャンスをのがしてはもったいないことである。油断しないで心中をのこらず懺悔して、真実の信心を決定して國へおかえりになるがよい。

一　近年佛法の棟梁たる坊主たちの信心はきわめて不満足である。門徒・同朋は信心の一すじを身につけているから、坊主の信心不足をいうと、もってのほかと腹をたてることが多い。言語道断、もったいないことである。これからは師弟ともに一味の安心に住するがよい。

一　坊主分の人が近ごろ深酒するうわさがしきりにたっている。それはいけない。佛法・世法によらず深酒するとややもすれば門徒に酔狂のふるまいにおよび思いがけない醜聞もおこるから、それだけでもいけない。酒をのんでもたいしたことがおこらなければ、それでいい。とかく酔っぱらうくせのある坊主に禁止するなら、(坊主も信用を回復して)佛法興隆にもなるであろう。深く思案すべきである。

一 当流の信心のおもむきは『安心決定鈔』をよくごらんになるがよい。

さて信心の体は南無阿弥陀佛の六字のすがたである。善導和尚は六字を釈し「言南無者 即是帰命 亦是発願廻向之義 言阿弥陀佛者 即是其行」という。そのこころは南無と帰命すれば阿弥陀佛はその衆生をよく見とどけて、あらゆる善行やガンジス河の砂の数ほどの功徳を衆生にあたえて、あまねく照らす光をはなたれるから無明業障のおそろしい罪さえ消えうせて他力の信心をさづけたまうのである。このように衆生の信ずる機と阿弥陀佛の法と一つになるのを機法一体という。

機法一体とは南無阿弥陀佛である。往還二種の廻向とは、この南無阿弥陀佛を信ずるこころである。だから、我らの往生が定まった証拠は、ただ南無阿弥陀佛の六字だとこころえることができるのである。あなかしこ あなかしこ。(文明十八・十一・二十六)

解説

本願念仏の僧伽の宣言といえば第十八願のほかにない。山科本願寺はこの穢土という夢幻における浄土の確固として俗世を越えた正定聚不退の場所であって、往相と還相二廻向の道の東門である。道はひとすじ、往相と還相というのはその道の両面であって、二すじの道があるわけではない。二すじあれば迷路であろう。往く人と還る人がゆくりなくも出会うのが本願寺である。「蓮如の往生信仰は往相性が顕著《けんきょ》であって、還相性は希薄《きはく》である」という批評はあたらない。しかし、山科本願寺がたとえ「寺中広大　無辺荘厳　ただ佛国のごとし」といわれても、化身土の仮屋であるかぎり、無常であって、常住の国ではないことはもとよりのことである。われわれは真実の浄土と仮構の僧伽をはっきりと区別しなくてはならない。

そこに、在家止住の民衆を最後まであざむかない本願他力の知と愛がある。それは一文不知の民衆にむかって、〈これが虚偽ではない、真実であり正義である〉とはけっして断言しない。あたかも真実であり、正義であるかのように、虚偽ではないけれども、真実に近いすがたをとり、仮に真実や正義を指さし示しているにすぎないというのみである。

六十七　123　浄土真宗の名をかかげ、一向宗とは時宗（臨命終時宗）の名だという。

そもそも当流の名を自他宗《じたしゅう》ともに往古より一向宗と号すること大なるあやまりなり。さらにもて、開山聖人より仰せさだめられたることとなし。ことに御作文《おんさくのもん》なんどには真宗とこそ仰せられたり。しかるに、諸宗の方より一向宗といわんこと信用するにたりず。あまっさえ当流のともがらも我と一向宗となのるなり。それ一向宗というは時宗《じしゅう》の名なり。一遍一向《いっぺんいっこう》これなり。その源は江州番場《ごうしゅうばんば》の道場これすなわち一向宗なり。この名をへつらいてかくのごとく一向宗というか。これ言語道断の次第なり。すでに開山聖人のさだめましましところの当流の名は浄土真宗これなり。その謂いはまず天下において浄土宗四ヵ流あり。西山《せいざん》・鎮西《ちんぜい》・九品《くほん》・長楽《ちょうらく》これなり。この四ヵ流には当流は別儀なり。法然聖人より直ちにつたえましまます宗なり。

このゆえに、当流をばつぶさにいわん時は浄土真宗というべし。略していわば、真宗というべし。されば、『教行証』なんどには大略真宗ともおかれたり。それ浄土真宗とおかるることは、浄土宗四ヵ流とあいかわりて、真実の道理あるがゆえに、真の字をおかれて、浄土真宗とさだめたり。所詮、自今已後、当流の行者は、一向宗とみずからなのらんともがらにおいては、ながく当流の門下たるべからざるものなり。

延徳二年

現代意訳

当流の名を自他ともに昔から一向宗というのは大いなるまちがいである。そんなことを開山聖人がおっしゃったことは一度もない。お作りになった文に真宗といわれている。諸宗の方より一向宗というのは信用するにたりないが、当流の人がみずから一向宗と名のっている。一向宗というのはもともと（臨命終）時宗の名である。一遍一向がそれだ。そのみなもとは江州番場の道場（八葉会蓮華寺、開基は一向俊聖上人踊り念仏を修するが、時衆系ともいえない。すくなくとも、ここが一向一揆の本部があったとは思われない）で、これが一向宗である。この名に媚びて一向宗というか。言語道断の次第である。すでに開山聖人のさだめられた当流の名は浄土真宗である。なぜなら、わが国の浄土宗に四流がある。西山・鎮西・九品・長楽だ。当流はこの四流とは別の義である。法然聖人より直接伝えられた宗である。

だから、当流をていねいにいう時は浄土真宗、略していえば真宗である。『教行信証』などには大ていい真宗といわれている。浄土真宗といわれるのは、浄土宗四流とちがって真実の道理があるか

らである。これからは当流の行者で、一向宗とみずから名のるようなものは永遠に当流の門下ではありえない。(延徳二)

解説

延徳元年(一四八九)八月、三十二歳の法嗣実如に継職、蓮如は隠居して本願寺南殿に移った。その前年の八月、門徒のなかの大立て者金森の道西が九十歳で亡くなっている。ここで、ふたたび浄土真宗の名をかかげて、山科本願寺の立脚点を確認する。

宗名についてはたしかに蓮如のいうとおりであるが、土一揆が番場の道場からではなく、むしろ蓮如の周辺からおこったことはまぎれもない事実である。だから、ここで蓮如が一向宗の名のもとに切りすてているのは、信心もなくて自らのまわりに群がり集まるうさんくさい追随者なのである。

六十八　122　番衆に教えて平生業成の義を説く。

それ人間はゆめまぼろしのあいだのすみかなれば、この世界にてはいかなるすまいをし、いかなるすがたなりとも、後生をこころにかけて極楽に往生すべき身となりなば、これまことに大果報の人なり。それについては、この在所に番衆にさだまること、あながちに世間世上の奉公なんどのようにおもいては、あさましきことなり。そのゆえは、すでに番衆にくわわるによりて、佛法の次第を聴聞するは、ありがたき宿縁なり。または弥陀如来のご方便《ほうべん》かともおもわば、まことに今世・後世の勝徳なるべし。ことに人間は老少不定のさかいなれば、ひさしくたもつべきいのちにもあらず。またさかんなるものも、かならずおとろうるならいなれば、ただいそぎ後生のための信心をおこして、阿弥陀佛を一心にたのみたてまつらんに、すぎたることはあるべからず。されば、弥陀の本願に帰するにつきて、さらにそのわずらわしきことなし。

あるいはまた貧窮《ひんぐ》なる人をもえらばず、富貴《ふうき》なるをもえらばず、罪のふかき人をもきらわざる本願なればなり。これによりて法照禅師の釈にも「不簡貧窮将富貴《ふけんひんぐしょうふうき》」ともいい、また「不簡破戒罪根深《ふけんはかいざいこんじん》」とも釈せり。この釈文のこころは、人の貧窮と富貴とをもえらばず、破戒《はかい》と罪のふかきをもえらばぬ弥陀の本願なれば、わが身にとりてなにのわずらいひとつもなし。ただ一心にもろもろの雑行のこころをなげすてて、一向に弥陀如来を信じまいらするにこころの一念おこるところにて、わが往生極楽は一定なり。このこころをもて、当宗には一念発起　住正定聚ともいい、また平生業成ともたつるなり。これすなわち他力行者の信心のさだまる人なり。この信心決定の後の念佛をば、佛恩報謝の称名とならうところなり。　あなかしこ　あなかしこ

延徳二年　九月廿五日

現代意訳

人間の一生は夢幻のようにはかないすみかだから、この世界でどんな暮らしをし、どんなすがたであろうと、未来永劫のいのちを心にかけて極楽に生まれかわる身となったら、まことに幸福な人である。そのうえこの山科本願寺に当番奉仕をすることにきまったからといって、ただ世間一般の奉公のように思うのは、あさましいことである。なぜなら、当番の衆にくわわって、佛法を聴聞できるのは、すでにありがたい宿縁ではないか。弥陀如来の方便かと思うなら、まことに現在・未来にかけての勝徳であろう。しかも、人間は老少不定のさかいだから、いつまでも生きられる命では

ない。さかんなものはかならず衰える道理だから、いそいで未来永劫のための信心をおこし阿弥陀佛を一心にたのむよりほかにないはずである。そのような弥陀の本願に帰するについて、むつかしいことは何もない。

また貧窮・富貴を差別せず、罪の深い人をも否定しない本願である。法照禅師の釈（『五会法事讃』）に「不簡貧窮将富貴」といい、「不簡破戒罪根深」とも釈している。この釈文の意味は、人の貧窮と富貴も、破戒と罪の深いのも差別しない弥陀の本願だから、わが身にとってむつかしいことは一つもない。ただ一心にもろもろの雑行をなげすてて、一向に弥陀如来を信ずる心の一念がおこるとき、わが往生極楽はさだまる。これを当宗では一念発起　住正定聚といい、また平生業成とたてるのだ。これが他力行者の信心のきまった人である。この信心決定してからの念佛をご恩がえしの称名というのである。　あなかしこ　あなかしこ。（延徳二・九・二十五）

解説

なんの能力もないのにかぎって、人の脚をひっぱることだけは上手という人があるものである。ここでは、まず脚下照顧《きやくかしようこ》して足もとをかためる蓮如の厚朴《こうぼく》な配慮があらわされている。

六十九　125　六字釈の意をのべて了珍と浄泉にあたえる。

南無阿弥陀佛六字不審のこと

善導の釈にいわく「南無というはすなわちこれ帰命なり。またこれ発願廻向の義なり。阿弥陀佛というは、すなわちこれその行なり。この義をもてのゆえに、かならず往生することをうるなり」といえり。このこころを案ずるに、まず南無の二字のこころはいかなるこころぞというに、罪業ふかきわれら衆生をたすけたまえと弥陀如来にもうすこころなり。されば、弥陀のわれら衆生のたのみたてまつる儀をよくしろしめして、大善大功徳の法をあたえましますゆえに、このいわれをすなわち発願廻向の義とはもうすなり。

このいわれあるがゆえに、かならず往生することをうるなり。このゆえに、南無阿弥陀佛と申したてまつるものなり。これすなわち、他力の大信心をえたる念佛の行者とはいうなり。これらのおもむきを了珍・浄泉、在京のあいだ不審せらるるほどに、こころにうかぶところをかきしるしあたうるものなり。

明応二年　八月廿八日　にわかにこれを書く。

現代意訳

南無阿弥陀佛六字不審のこと

善導の釈に「南無というはすなわちこれ帰命なり。またこれ発願廻向の義なり。阿弥陀佛というは、すなわちこれその行なり。この義をもてのゆえに、かならず往生することをうるなり」とある。この文のこころをうかがうと、まず南無の二字とは何の心かといえば、罪業深い我ら衆生をたすけたまえと弥陀如来に申すことである。弥陀が我ら衆生のたのむのをよく見とどけて、大善・大功徳の法をあたえられるから、これを発願廻向の義というのである。

この道理によって、かならず往生することができる。そのすがたが南無阿弥陀佛である。これを他力の信心をえた念佛の行者という。これらのおもむきを了珍・浄泉が在京のあいだに不審を問われたので、心に浮かんだままを書いてあげた。（明応二・八・二十八、にわかに書く）。

解説

この世界では南無阿弥陀仏という六字の名号のほかに、なにものも存在しない。これが浄土真宗の根本原理である。短いが慈味《じみ》あふれる名文である。

七十　126　報恩講に当流は西・鎮両家と違って一念発起　平生業成を本旨とするとのべ、信心をすすめる。

そもそも今月廿八日は毎年、報恩謝徳のためにかたのごとく諸国門徒の懇志をもて一七日昼夜の念佛勤行をいたすところなり。これによって、当流にその名をかけたらん行者においては、この時節にあいあたって報恩をなし謝徳をいたさざらんものこれあらんや。まことに開山聖人のご恩徳の広大《こうだい》なることは、蒼瞑《そうめい》三千の海もかえりてあさしというべきか。それつらつら当流の宗義を案ずるに、鎮西《ちんぜい》・西山《せいざん》の両流にすぐれたり。そのゆえは、あるいは臨終往生を本とし、あるいは念佛の数篇をもて一・二・三・五の往生をゆるす（往生の得不をさだむる）家なり。されば、これらの宗義において各別にして、当流聖人の立義は、すでに一念発起　平生業成の義をたてて、宗の本意とする條、他流には大いにあいかわれるものなり。されば、もし我らも宿縁おろそかならば、聖人のこの一義にはあいたてまつりがたきものか。

しかれば、万が一もこの流にあいまうさずんば、すでに今度の一大事の報土往生はむなしからんことをおもうに、まことになげきてもなおなげくべきものなり。このゆえに、宿善のもよおすところ、悦びてもなお悦ぶべきはただこのことなり。これによりて、諸国諸門徒の中において、信不信の差別これあるべきかのあいだ、所詮、信不信のともがらはすみやかに悪心をひるがえして、善心をもとめて、真実決定の他力信心をもうくべし。もししからざるともがらは、たとい今月聖人の報恩講御忌にまいりあいたりというとも、定めて聖人の御意にはあいかないがたきものか。これによりていよいよ不信心の機は金剛堅固の大信心を決定して、この一七ヵ日報恩講中において報土往生の信心をよくよく決定せしめてのち、遠国《えんごく》の人も近国《きんごく》の人もおのおの本国へ下向《げこう》すべきものなり。

明応三年　霜月廿一日

現代意訳

今月二十八日は例年のように報恩謝徳のために諸国門徒の懇志によって一七日昼夜の念佛勤行をつとめあげる。当流にその名をかける行者は、この時節に報恩をなし謝徳をつくさないものがまたとあろうか。まこと開山聖人のご恩徳の広大なることは、蒼暝三千の海もかえってあさいといわねばならない。当流の宗義は鎮西・西山の両流よりすぐれている。なぜなら、かの流は臨終往生を本としたり念佛する数で一・二・三・五の往生をゆるす（往生ができるできないをさだめる）家だからである。これらの宗義と異なり当流聖人は一念発起　平生業成の義をたてて宗の本意とすることは他流と大いにかわっている。もし我らの宿縁がおろそかであれば、聖人のこの一義に遇うことができないであろう。

しかし、万が一にも当流にあうことができなければ、このたびの一大事の報土往生ができない空しさにつけて、まことに嘆いてもなおあまりあることである。だから宿善のもよおすところ、悦んでもなお悦ぶべきはただこのことである。諸国諸門徒のなかで信不信の差別があるようで、信不信のものはすみやかに悪心をひるがえし善心をもとめて、真実決定の他力信心をうるように。もしそうでない連中はたとえ今月聖人の報恩講御忌にまいっても、きっと聖人の御意にはかなうまい。したがって、不信心の機は金剛堅固の大信心を決定すること。この一七ヵ日の報恩講の間に報土往生の信心をよくよく決定してからのち、遠い国の人も近い国の人もおのおの本国へ下向するがよい。

(明応三・十一・二十一)

解説

真宗と浄土宗の区別をよくわきまえておかなくてはならない。徳川三百年の宗学はこの教相判釈に主力をそそぎ、明治にはいってようやく政府から浄土真宗の称号がみとめられた。

しかし、せっかくみとめられたのに、このごろの真宗の説教は親鸞以前の浄土教にかえっている。それは寺の仕事がほとんど葬式・法事の亡者相手にあけくれ、僧侶たちが現代社会のさまざまな問題に真剣にとりくまず、宗学の苦労を忘れ、善導ばかりを重んじ、曇鸞の研究をおろそかにしているからである。当流の「一念発起　平生業成」はもと曇鸞なのである。

七十一　127　赤尾の道宗の請によって宗要を説く。

ちかごろのことにてやありけん。ここに越中國赤尾《あかお》の淨徳といいしものの甥に、弥七といいしおとこありけるが、年はいまだ三十にたらざりしものなりけるが、後生を大事と思いて佛法に心をかけたるものなり。されば、この六年のさきより当年まで、毎年に上洛せしめてそのうちに年をとること六年なり。かの男のいわく、当流の安心のよう、かたのごとく聴聞つかまつり候といえども、國へくだりて、人をすすめけるに、さらに人々承引《しょういん》せざるあいだ、一筆安心のおもむきをふみにしるしてたまわるべき由しきりに所望《しょもう》せしめて、田舎へまかりくだりて人々にもうしきかしめんと申すあいだ、これをかきくだすものなり。

それ当流の安心と申すはなにのわずらいもなく、もろもろの雑行をなげすてて、一心に弥陀如来　後生御たすけ候え　ともうさん人々は、たとえば十人も百人もことごとく浄土往生すべきこと、さらにうたがいあるべからざるものなり。それを当流の安心とは申すなり。このおもむきをとかくさまたげんものは、あさましきことわりなり、とおもうべきものなり。あなかしこ　あなかしこ。

明応五年　二月廿八日

現代意訳

ごく最近のこと、越中國赤尾の淨徳の甥に、弥七郎という男がいた。歳がまだ三十までもならないのに、未来永劫のいのちを大事と思い佛法に熱心だった。それが六年前から今年まで、毎年上洛して六年を経た。かの男が、当流の安心のかなめをつねに聞いて國へかえって人にすすめますが、どうしても人々がなっとくしてくれません、どうか一筆安心の趣意を御文に書いてください、としきりにせがみ、田舎へかえって人々にいい聞かせたいと申すので、これを書いた。

むろん当流の安心とてむつかしいことは何もない。もろもろの雑行をなげすてて、一心に弥陀如来に未来永劫のいのちあらしめたまえと申す人々は、十人でも百人でもみな浄土に生まれかわることができる。この事実は、まったくうたがいがない。それを当流の安心という。この趣旨をあれこれさまたげるのはあさましいことと思わねばならない。あなかしこ　あなかしこ。（明応五・二・二十八）

解説

赤尾の道宗については『聞書』四五・一三一・一九二にでている。拙著『五帖御文こころえ』では三八四頁を参照されたい。道宗と名のって妙好人にも名をつらねているが、とくに心ひかれる、もっともたくましい念仏行者の典型である。一年に二度も三度も上洛して山科へ来るので、そんなに何度もくるのはたいへんだろうから、あまり来るなといわれ「わかりました」といいながら、またこりもせず上洛したといわれる。永正十三年（一五一六）没。

今日こころえなければならないこと。

一　これまでの山科本願寺創建についての御文に見られるとおり、蓮如上人がめざしたのはあくまでも南無阿弥陀仏を本尊とする本願寺であって、親鸞の御影像を安置する大谷本廟ではない。大谷本廟は本願寺に包摂されるものであるが、大谷本廟が本願寺を包摂することはないのである。大谷本廟が止揚され本願寺が歴史的に展開したからである。この歴史はなんびとも動かしくつがえすことができない。本願寺でない本廟は、どう弁明しようと、親鸞の墓場にすぎない。

二　御文はすべて蓮如の創作ではなく、たとえば、法然上人や覚如・存覚上人のものや『安心決定鈔』など先輩の文を借りたものがあることはたしかである。しかし、これは写しとったというよりも、おそらく蓮如が暗記するほどまでに読みぬいて自分のものとした文章の数々であろう。それを他人の文をぬすんだといって非難するのはあたらない。

三　蓮如上人をぬきにして真宗教団を語ることができない。今の若い僧侶も在家のなかには、その歴史的現実をかなぐりすてて、なにもないはじめから親鸞の僧伽をめざすものが多い。その意気やさかんだが、それなら、既成の本願寺教団と手を切って、独自の道を歩むべきである。本願寺教団に寄生しながら、その歴代の恩徳を忘れて自分かってな外道のイデオロギーをふりまわすのは、自損損他のそしりをまぬがれまい。伝統への禮拝なくして真の革新はないのである。

四　問題の「王法を額にあてよ」などというのは、王法との妥協、屈従を意味しない。国法や法律を頭から悪いといって反対し政治権力を否定しようとするのは、むしろ反対するものにとらわれ権力に強く執着している証拠である。といって、一辺倒では政治にふりまわされる。合法的に、しかもつかず離れずにいて、権力に支配されず心中に佛法を深くたくわえることが無用の混乱をひきおこさない次善の方法であろう。およそ蓮如の制法は機械の制御装置のように、大衆の暴走をおさえるはたらきをもつ。制御装置のない機械は機械そのものを破壊する。それは現代科学の常識であろう。

第五部　三宝の紹隆　十三章

七十二　130　明応五年の報恩講に山科居住がすでに十九年になることをのべ、人々に信心決定をうながし、宗要を説く。この年九月廿四日大坂（摂津石山）の地をえらび、同月廿九日鍬はじめ、十月八日建立した。

そもそも当所山科の野村にいかなる宿縁ありてか、不思議に去ぬる文明十年の春ごろより、この在所において一宇の坊舎を建立せしめて、当年明応五年までは、すでに十九年ぞかし。これすなわち諸国門徒中の懇志をはこびしゆえなり。これによりて一心専念の行者もますますこれあるかのあいだ、法喜禅悦の思議まことにもて、あさからざるものかな。しかれば今月廿八日は開山聖人のご正忌として、毎年をいわず親疎をいわず道俗男女のともがら、このご正忌を本と存ぜしむるあいだ、諸国より来集の面々において今さらにその退転なし。しかるにこのあいだ、つらつら諸人のていたらくをうかがいみるに、まことに佛法における真実信心を獲得せしめたるすがたこれなきか、と見およべり。これ一大事またあさましき次第にあらずや、とおぼえはんべり。さればみな報恩謝徳をいたすといえども、まことにもて水入りて垢おちずといえるたぐいにて、その所詮なきものか。しかりといえども、この一七ヶ日のうちにおいて未安心のともがらは速やかに改悔懺悔《がいけさんげ》して、心中の不審をもことごとくはれて、真実信心をもうけて真実報土の往生をさだめとりて、われわれの本国へ下向せんこと肝要《かんよう》たるべきものか。

されば、安心というも信心というも、何とように心をもち、何とように信ずべきぞというに、たとえばいかなる罪業ふかき人も、さらに罪の重き軽きをうちすてて、かかる罪障の凡夫を摂取したもう弥陀の本願ぞと信じて、なにのわずらいもなくもろもろの雑行の心をうちすてて、一心一向に阿弥陀如来後生たすけたまえ、と深くたのみたてまつらん人は、たとえば十人も百人も千人も、みなことごとく浄土に往生すべきこと、さらにうたがいあるべからざるものなり。かようによく心得たる人をば、信心決定の人となづくべきものなり。あなかしこ　あなかしこ。

明応五年　十一月廿一日

現代意訳

ここ山科の野村にはどのような宿縁があったのか、思いもかけずさる文明十年の春ごろから、この地に一宇の坊舎を建立し、今年明応五年まで、はや十九年目である。これは諸国の門徒中の懇志をはこんでくれたおかげである。ますます増加しつつある一心専念の行者の法喜・禅悦の思いがまことあさくはないことである。そこで今月二十八日は開山聖人のご正忌として、例年親疎をとわず道俗男女がこのご正忌をみずからの生死の根本とする気持から、諸国から参集する面々は今もなおたえることはない。このあいだ、つくづく人々の様子をうかがうと、真に佛法の真実信心をえたすがたはないと見た。これは一大事、なさけないことではないかと思う。となれば報恩謝徳をつくすとはいいながら、水に入りて垢を落とさぬたぐいで、それこそむだ骨折りではないか。この一七ヶ日のうちにまだ安心をえていないものはすみやかに改悔懺悔して心中の不審をすっぱりとはらし、真実信心をうけて真実報土の往生をさだめとり、生まれ故郷へ下向するのが大切である。

安心といい信心という。どんな心で、どうして信じたらよいのかといえば、どんな罪業の深い人も、罪の重い軽いなど問題にせず、こんな罪障の凡夫をおさめとられる弥陀の本願ぞと信じて、なにのわずらいもなく雑行をかなぐりすて、一心一向に阿弥陀如来に未来永劫のいのちあらしめたまえ、と深くたのみたてまつる人なら、十人も百人も千人も、みなともに浄土に生まれかわることができる。その事実にうたがいをはさむ余地はない。これをよく身につけた人を信心決定の人というのである。あなかしこ　あなかしこ。(明応五・十一・二十一)

解説

山科本願寺における十九年の生活は蓮如八十五年の生涯のなかで老いたりとはいえ、もっとも満足できた時代だったであろう。それも他力の信心一つでもたらした大満足である。

『浄土論』の「もろもろの衆生の於泥華を開く」をうけて曇鸞はいう。「『維摩詰所説経』佛道品に∧高原の陸地には蓮華は生じない。むしろじめじめとした泥沼からこそ蓮華は花開く∨という。これは凡夫が煩悩という泥沼のなかから菩薩によってひらきみちびかれてよく佛の正覚の蓮華を咲きひらかせるにたとえたのである。いかにも佛道らしい自然をあらわしているではないか。かくも(佛法僧の)三宝《さんぼう》を紹　隆《しょうりゅう》して永遠に絶やすことがないとは・・・」これは還相の菩薩四種　荘厳《ぼさつししゅしょうごん》の第一の不動応化《ふどうおうけ》(身を微動だにさせないで全世界にゆきわたりさまざまに応化し、如実に修行して常に佛の大事業を成就する)の徳を讃えるところにでている。

思うに、三宝紹隆の徳は還相の菩薩の徳である。ひいては弥陀如来広大の恩徳にほかならない。断じて蓮如の人格の徳ではない、弥陀が至心に回向したまえる如来の大いなる功徳が老いた上人の心身にみちあふれているのだ、という機法の分際《ぶんざい》をよくわきまえておかなくてはならない。

ご普請・ご造作の時、法敬がいった。なにもかも不思議に出来あがり、眺めも結構なことでございます、と。蓮如上人はおっしゃった。「私はもうひとつ不思議なことを知っている。凡夫が仏になることを」と『聞書』にもある。

今や浄土真宗の廻向往還の道は塵埃《じんあい》の巷・泥沼《でいしょう》の里に隠没《おんもつ》し、真実の行・信があらわれることがない。曽我量深師は「信に死して　願に生きよ」といった。信に死するとは何か。願に生きるとは何か。末代のわれわれは、ここに深く思いをいたすべき秋ではなかろうか。

七十三　136　当流と浄土三流の相違点をあげ、つぎに二法身と便同弥勒を説く。文体が他章とやや異なる。

当流のこころは一念（発起）平生業成とたてて、もろもろの雑行をすてて一心に弥陀如来、後生たすけたまえ、とふかくたのまん人は、かならず報土に往生すべきこと決定なり。これすなわち当流の平生業成の義なり。此の上に念佛申すは、弥陀如来のやすく御たすけにあづかりたるご恩の念佛なり、とこころうべきものなり。これすなわち、当流の真実の義なり。または正覚の一念というもこのこころなりとしるべし。

一　鎮西には当得往生《とうとくおうじょう》とたて、来迎をたのむ家なり、これ『観経』の意なり。

一　西山には即便往生《そくべんおうじょう》とたてて、三心だにも決定すれば、自余の雑行をゆるし、来迎《らいごう》を本とするなり。これ『観経』の意なり。

一　長楽寺には報土往生をたてて、報土を本とするなり。こればかりは当流におなじきなり。これも雑行をばゆるすなり。

一 法性法身《ほっしょうほっしん》・方便法身《ほうべんほっしん》のこと。法身というは無体相なり。

一 方便法身というは応身如来《おうじんにょらい》のことなり。浄土の弥陀はみな方便法身《ほうべんほっしん》なりとしるべし。

一 補処《ふしょ》というは弥勒《みろく》のことを申すなり。釈尊のあとをつぎて出世あるべき菩薩なれば、補処《ふしょ》の菩薩というなり。すべて佛のあとをつぐによりて補処というなり。いまの念佛の行者も、弥勒の三会《さんね》のあかつき、さとりをひらくべきように、念佛者も一期《いちご》の命つきて、極楽に往生すべきこと、弥勒におなじきがゆえに、弥勒にひとしとはいうなり。あなかしこ　あなかしこ。

明応六年

現代意訳

当流のこころは一念（発起）平生業成とたてる。雑行をすて一心に弥陀如来に未来永劫のいのちあらしめたまえと深くたのむ人は、かならず報土に生まれかわるときまる。これが当流の平生業成の義だ。それから念佛申すのは、弥陀如来がたやすくたすけてくださったご恩がえしの念佛だとわきまえるがいい。これが当流の真実の義だ。正覚の一念というのもこの心なのである。

一 鎮西流は当得往生とたてて来迎をたのむ家である。これは『観経』の意である。

一 西山流は即便往生とたてて三心さえ決定すれば、ほかの雑行をゆるし、やはり来迎を基本とする。これも『観経』の意である。

一　長楽寺流は報土往生をたてて報土を基本とする点は当流と同じだが、これも雑行をゆるす。

一　法性法身・方便法身について法身とは無体の相である。

一　方便法身とは応身如来のことである。浄土の弥陀はすべて方便法身だと知るがいい。

一　補処とは弥勒菩薩を指す。釈尊のあとに世に出るから補処の菩薩という。佛のあとをつぐ候補者である。弥勒が三会の暁にさとりをひらくように、念佛者も命つきて極楽に往生する。それが弥勒のようだから、弥勒に同じという。あなかしこ　あなかしこ。(明応六八)

解説

かってないほどはっきりとした浄土真宗と浄土宗との教相《きょうそう》判釈《はんじゃく》である。親鸞の『愚禿鈔』では仏教諸宗の教相判釈はあるが、この点はあからさまではない。この御文は短いが、文体がいつもとかわり、いかにも権威のある重厚《じゅうこう》な内容である。

ただ親鸞晩年の『ご消息《しょうそく》』を見ても、如来等同《にょらいとうどう》便同弥勒《べんどうみろく》をさかんに説かれている。これは他力の信心が弥陀如来の心と等しい、たとえば弥勒と同じという意味である。等しいというのは如来とそっくりそのまま同じということではない。しかし、候補者である弥勒とは同じ位置にあるのだ。ここで機の分際をはっきりとこころえておかなくてはならない。

七十四　190　栃川尼公に答え十劫邪義について疑問を解く。

文くわしくみまいらせ候。それにつきては信心のことうけたまわり候。十劫正覚の時、わが身の往生さだまるなんどということは、いわれぬ人の申すことにて候。これによりて日ごろわろき心をうちすてて、これよりのちは、ただ一心に阿弥陀如来後生たすけたまえ、とふかくたのみ申さば、いかなる罪ふかき人なりとも、かならず弥陀の御たすけにあづからんこと、さらにつゆほどもうたがいあるべからず。かようにこころえてのちは、ねてもさめても申す念佛の心は、やすくたのむ一念の人を御たすけ候ことのありがたさよと申す心なり。これすなわち当流聖人のすすめましますす信心決定の人とは仰せられたることにて候。よくよくこのむねをこころえわけられ候べく候。あなかしこ　あなかしこ。

明応六年　七月四日　　　御判

現代意訳

お手紙くわしく拝見しました。信心の問いをたしかにうけたまわりました。十劫正覚《じっこうしょうがく》をえられた時すでにわが身の往生が定まったなどということはありえません。ですから、日ごろの悪心をすててこれからは、一心に阿弥陀如来に未来永劫のいのちあらしめたまえと深くたのむなら、どのような罪深い人でも、かならず弥陀のおたすけにあづかれます。露《つゆ》ほどのうたがいをおもちになってはなりません。このように決断してからは、ねてもさめても念佛申すのは、これほどたやすくたのむ一念の人をおたすけくださってありがとうという報謝の気持からなのです。これが聖人のすすめ

られる信心決定の人です。よくこのこころをなっとくしてほしいものです。　あなかしこ　あなかしこ。（明応六・七・四）

解説

一字一句、繊細な思いやりのこもった御文である。女性の多くは浄花院流の念仏、つまり、『選択集』にあるように「彼の佛願に順がって」ただお念仏するという〈無信単称の異義〉にとらわれている。それがもとづくところは〈十劫正覚の異義〉である。十劫のとっくの昔に弥陀が成仏している以上、いまさら信心の決定もなにもない、というわけである。

男性は「われ意志す」、女性は「彼意志す」といわれる。若いときには親に、嫁しては夫に、老いては子に従う〈三従〉ともいわれる。ただ念仏するのみというすがたは、ともすれば、従順な女性のおちいりがちな異義である。しかし、第三十五願には、みずから「菩提心《ぼだいしん》を発《おこ》す」とある。信の一念を説く蓮如のこの御文は、女性に対する最高の愛の手紙ではなかろうか。

七十五　133　無智罪障の身が安心の趣をどうこころえるべきかをいい、信後の称名の大切であることを示す。類本が多い。

それ親鸞聖人のすすめまします安心のおもむきというは、無智罪障《むちざいしょう》の身のうえにおいて、なにのわずらいもなく、ただもろもろの雑行をすてて、一心に阿弥陀如来をたのみたてまつりて後生たすけたまえ、とふかく弥陀を一念にたのみたてまつらん人は、たとえば十人も百人もみなおなじく浄土に往生すべきことは、さらさらうたがいあるべからざるものなり。このいわれをよくよくしりたる人をば、他力信心を獲得《ぎゃくとく》したる当流の念佛行者というべし。かくのごとく、真実に決定せしめたる人のうえには、ねてもさめても佛恩報謝のために称名念佛もうすべし。ただし、これについて不審あり。そのいわれをいかんというに一念に弥陀をたのむうえには、あながちに念佛申さずとも、ときこえたり。さりながら、これをこころうべきようは、すでにあさましき我らなれども、なにのわずらいもなく、やすくただ弥陀を一念にたのむ力にて、報土に往生すべきことの、ありがたさ尊さよ、とくちにいだして申すべきを、南無阿弥陀佛　南無阿弥陀佛ともうせば、おなじこころにてあるなり、としるべきものなり。あなかしこ　あなかしこ。

明応六年　十月十四日　巳尅にいたりて　これを書く。　八十三歳釈蓮如　御判

あつらえし　文のことの葉　おそくとも　きょうまで命　あるをたのめよ

(弥陀大悲の誓願を　ふかく信ぜんひとはみな　ねてもさめてもへだてなく　南無阿弥陀佛をとなうべし

八十地あまり　おくる月日は　きょうまでも　いのちながらう　身さえつれなや)

現代意訳

親鸞聖人のすすめられる安心の趣意は、無智罪障の身になんのわずらいもなく、ただもろもろの雑行をすて一心に阿弥陀如来をたのみこのたびの一大事、未来永劫のいのちあらしめたまえという深い一念に、十人で百人でもみなともに浄土に生まれかわることができる。けっしてうたがっては

ならぬ。真宗が此の世にあらわれた存在理由をよく知った人を他力信心をえた当流の念佛行者という。このように真に決断した人は、ねてもさめても佛恩報謝のために称名念佛もうすがいい。

ただしそこに不審がある。それは何か。一念に弥陀をたのんだからには、強いて念佛申さなくともいいではないかという。しかし、注意すべきことには、すでにあさましい我らではあるが、なんのわずらいもなく、簡単に弥陀を一念にたのむ力で、報土に生まれかわることができるありがたさ尊さよと口に出していうのと南無阿弥陀佛と申すのとおなじ心だと知ってほしいものである。あなかしこ　あなかしこ。（明応六・十・十四　午前十時ごろに、これを書く。和歌はわかりやすいから省略する）。

解説

明応六年（一四九七）、時あたかも蓮如が親密であった細川政元の政敵畠山尚順が畠山義豊を河内高屋城に攻めて追放、十一月、筒井順盛が畠山尚順に応じて兵をあげ、古市澄胤を大和白毫寺に攻め、諸堂を焼く。十二月、古市のひきいる一揆は長谷寺に徳政を要求、山城南方の一揆は奈良に攻め入る。蓮如の最後の妻蓮能は能登の守護畠山氏の一族治部大夫政栄《まさひで》の娘である。すでに長享一揆（一四八八）の時には畠山氏と一揆とのあいだで板ばさみになり、蓮如とのあいだに五男二女をもうけ十三年間の結婚生活をおくったが、上人の没後、畠山氏と細川氏の相剋にまきこまれ、不気に乏しく生真面目な実如と不仲になり、不遇のうちに永正十五年（一五一八）九月三日、五十四歳で没した。このような近畿・北陸にわたる土一揆のはげしい攻防のただなかで、老いて病むきざしの見えはじめた蓮如はやや小康をえて、前の年十月に建立しながらまだ完全に整備できない石山御坊で、これを書いている。

ちなみに僧伽とは本来和合衆《わごうしゅう》、帰依三宝《きえさんぼう》の一つである。聖徳太子の『十七条憲法』にあるように、和をもって貴としとなす帰依三宝のないところ、無用の戦乱はやむことがないであろう。

『教行信証』真佛土巻に親鸞はつぎの『大般涅槃経』北本巻五を引用している。「すべての衆生は生死をおそれるので三宝に帰することを求める。この帰依三宝によって佛性《ぶっしょう》と決定《けつじょう》と涅槃《ねはん》を知るのである。・・・佛を覚というなら、法は不覚、僧は和合である。・・・如来は無為《むい》である。無為《い》は常である。常は法である。法は僧である」と。最後には佛から法を通して僧伽《さんが》がそのまま展開する（浄法界等流《じょうほっかいとうる》する）ことを述べている。また『大智度論』巻三に「僧伽とは何か。僧伽とは衆である。多くの比丘が一つのところに和合することをいう。たとえば樹がたくさん集まっているのを森林というようなものである。一本一本の樹を森林とはいわないが、一本一本の樹がなければ森林もない。このように一人一人の比丘《びく》を僧とはいわないが、一人一人の比丘《びく》がいなければ、僧伽はない。だからたくさんの比丘《びく》があつまって和合するのを僧伽という」とある。

本願念仏の僧伽のないところに、真の仏法はないのである。

七十六　133　第七十五章とほぼ同文、同日の作だから、これを略す。

七十七　133　十月十五日の作、第七十五・七十六章とほぼ変わらないから、これを略す。

七十八　133　明応六年十一月中旬の作、文の趣は前章とほぼ変わらないから、これを略す。ちなみにこの章のみに、つぎの詠歌がそえられている。

なきあとに　われをわすれぬ人もあらば　なお弥陀たのむ　こころおこせよ

七十九　133　明応六年十一月廿日の作、文の趣は前章とほぼ変わらないから、これを略す。

八十　134　明応六年山科の報恩講に大坂から上洛しなかったわけを示し、聖人の一義は他の浄土宗に異なり平生業成をむねとすることを説き、信後の称名が肝要であることをのべる。

そもそも報恩講のこと、当年より毎朝六ツ時より夕の六ツ時において、みなことごとく退散あるべし。このむねをあいそむかんともがらは、門徒たるべからざるものなり。

それ当流開山の一義は余の浄土宗にはおおきに義理各別《かくべつ》にしてあいかわりたりとしるべし。されば当流の義は、わが身の罪障《ざいしょう》のふかきにはこころをかけずして、ただもろもろの雑行のこころをふりすてて、阿弥陀如来を一心一向にたのみたてまつりて、後生たすけたまえ、ともうす人をばかならず十人も百人もみなともにたすけたまうべし。これすなわち、弥陀如来のちかいましますの正覚の一念といえるはこのこころなり、としるべし。このこころを当流には一念発起　平生業成とはもうし候なり。しかればみな人の本願をばたのむとはいえども、さらにおもいいれて弥陀をばたのむ人なきがゆえに、往生をとぐることまれなり。このゆえに、今日今夜より一心に弥陀如来今度の後生たすけたまえとひしとたのみまいらせん人は、のこらず浄土に往生すべきこと、さらにもてそのうたがいあるべからず、としるべし。このうえには、行住座臥に称名念佛すべきものなり。これについて不審あり。

そのいわれいかんというに、一念に弥陀をたのむところにて、往生さだまるときは、あながちに念佛もうさずとも、ときこえたり。さりながら、これをこころうべきようは、かかる罪障のあさましき身なれども、一念に弥陀をたのむ力ばかりにて、やすく報土に往生すべきことの、身にあまるありがたさ尊さよ、とくちにいだしていくたびももうすべきことなれども、ただ南無阿弥陀佛　南無阿弥陀佛ともうせば、すなわち佛恩報尽のこころにあいあたれり、とこころうべきものなり。あなかしこ　あなかしこ。

明応六年　丁巳　十一月廿一日

現代意訳

山科本願寺の報恩講は、今年から毎朝六時より夕の六時までで、すべての人々は退散すること。このむねを守らないものは、門徒ではありえない。当流開山の一義は他の浄土宗とは教えが大いにちがっていることを知らなくてはならぬ。当流の義は、わが身の罪障の深さにかかわらず、もろもろの雑行をふりすてて、阿弥陀佛を一心一向にたのみ、未来永劫のいのちあらしめたまえと申す人をかならず十人も百人もみな共にたすけたまう。弥陀如来が誓われた正覚の一念とはこれである。この心を当流では一念発起　平生業成という。人はみな本願をたのみながら、さらにつっこんで弥陀をたのむ人がないから、生まれかわるのがまれだ。だから、今日今夜より一心に弥陀如来にこのたびの未来永劫のいのちあらしめたまえとひしとたのむ人はすべて、浄土に生まれかわる。それはまったくうたがいない事実だ、と知るがいい。この上には行住座臥に称名念佛をすべきものだ。

そこに不審がある。というのも弥陀をたのむ一念に往生が定まるのなら、強いて念佛しなくともという。しかし、こんな罪障のあさましい身にもかかわらず、一念に弥陀をたのんだぐらいで、たやすく報土に往生できることの身にあまるありがたさ、尊さよ、と口にだして何度もお礼をいうべきところを、ただ南無阿弥陀佛　南無阿弥陀佛と申せば、ご恩がえしになる、とこころえてほしいものである。あなかしこ　あなかしこ。(明応六・十一・二十一)

解説

『聞書』四二に、明応六年十一月の報恩講には上洛されそうにない。実如上人が法敬坊を使いとして「今年は山科へおいでにならないようですが、報恩講をどのようにしたらよろしいでしょうか」とたずられると「(世情がなお混迷のおりから遠慮して)今年は朝の六つ時から夕べの六つ時にかぎっておつとめをして、あとはみな退散せよ」という十一月二十一日付けのお文をつくって、このようにせよというお返事であった。阿弥陀堂の夜の泊まり衆もその日の当番だけでよいとのことであった。蓮如上人は七日間の報恩講のうち、摂津《せっつ》富田《とんだ》の教行寺で三日、二十四日には大坂殿へ行かれておつとめなさった、とある。これがその御文である。

それにしても、蓮如はもう八十三歳になった。ようやく自らの身に老衰を感じはじめている、そのなかから残り火のような渾身《こんしん》の力をふりしぼって、石山御坊でしたためているのである。

冬ざれや　南無六字のみ　おわします

八十一　135　明応六年報恩講に大坂の坊舎完成を喜び宗要を説く。

そもそもこの在所大坂において、いかなる往昔《おうじゃく》の宿縁《しゅうえん》ありてか、すでに去ぬる明応第五の秋のころより、かりそめながらかたのごとく一宇の坊舎を建立せしめ、また当年明応六年の中冬下旬の冬にいたり、かつがつ周備満足のていたらく、まことに法力《ほうりき》のいたりか、また念佛得堅固《とくけんご》のいわれか、これしかしながら聖人のご用にあらずや。これによりて、門徒のともがら一同に普請造作にこころをつくして粉骨《ふんこつ》をいたさしむる條、真実々々往生浄土ののぞみ、これあるかのいわれか、殊勝におぼえはべりぬ。しかれば、当年聖人の報恩講より来集の門徒中、一向に往生極楽の他力信心をとらしめて、今度の一大事の報土往生をとげしめたまわば、これしかしながら、今月廿八日の聖人のご本源にあいかなうべきものをや、信ずべし、よろこぶべし。それ当流聖人のご勧化の安心というは、あながちに罪障の軽重をいわず、ただ一念に弥陀如来、後生たすけたまえ、と帰命せしともがら、一人としても報土往生をとげずということあるべからず、と各々こころうべし。このほかにはさらに別の子細あるべからずとおもうべきものなり。あなかしこ　あなかしこ。

明応六年　十一月廿五日

現代意訳

さてもこの大坂にどのような昔の宿縁があったのか、去る明応五年秋のころから、かりに形ばかりの一宇の坊舎を建立し、今年明応六年の中冬下旬ぎりぎりに整備満足ができた。まこと法力のおかげか、また念佛得堅固の道理であろうか、しかしもともと、これは聖人のご用ではないか。だからこそ、門徒一同が普請造作に懸命になり骨をくだいたのであって、実に往生浄土ののぞみあればこそと、けなげに思われる。そこで今年聖人の報恩講に参集した門徒中が、一向に往生極楽の他力信心をえて、このたびの一大事の報土往生をとげられるなら、それこそ聖人のご本源にかなうであろう。信ずべし、喜ぶべし。聖人がすすめられる安心とは、罪障の軽い重いにはかかわらず、ただ一念に弥陀如来に未来永劫のいのちあらしめたまえと帰命したものは、だれ一人として報土往生をとげないということはありえない。そうこころえるがいい。このほかになんの子細があろうはずがない。あなかしこ　あなかしこ。(明応六・十一・二十五)

解説

これも石山御坊でしたためられている。あくる七年に病臥し、八年三月に没する上人蓮如にとってこれが最後の報恩講の御文である。石山御坊といっても四間と二間の持仏堂と二間の納戸からなる小さな隠居所にすぎなかった。天文元年(一五三二)八月、近江守護六角定頼の軍勢が法華宗徒とともに山科本願寺を焼いたので、本願寺十代証如《しょうにょ》が大坂に移り、数次にわたって寺内を拡張し石山本願寺と名のって難攻不落《なんこうふらく》といわれるような堅固な法城を築いた。

天正四年（一五七六）四月、十一代顕如《けんにょ》のとき、織田信長がこれを攻撃、以後数十万の大軍を引き受けて死闘をつづけ、同八年四月、ついに顕如が祖像を奉じて紀伊鷺森に至り、八月、十二代教《きょう》如《にょ》も石山を退去し、本願寺は炎上した。この年四月、金沢坊も陥落している。南無六字は永遠に滅びないが、枯れない花は造花にすぎぬ。難攻不落の城など、此の世にはありえないのである。

聖徳太子の死後、法隆寺《ほうりゅうじ》が焼かれ、太子一族が全滅したように、蓮如の三宝紹隆の拠点であった山科本願寺は五十五年しかたもたず、石山本願寺は百年もたたないうちに圧倒的な軍事的政治権力によって希有《けう》に帰した。しかし、考えようによっては、戦雲ただならぬ時代で、これだけのあいだ本願寺が護持《ごじ》できたのは、さすがに仏法不思議のなせるわざであろう。

思うに、五濁の世・無佛の時における三宝の紹隆それ自体が、悲劇といわなければならない。

八十二　129　南無阿弥陀佛の六字は機法一体であるという。第百二十九章と同じ趣である。帖内四の十一に通ず。

南無阿弥陀佛と申すはいかなるこころにて候や、またなにと弥陀をたのみて報土往生をとぐべく候やらむ、これを心得べきようは、まず南無阿弥陀佛の六字のすがたをよくよくこころえて、弥陀をたのむべし。そもそも南無阿弥陀佛の体は、すなわち我ら衆生の後生たすけたまえとたのみたてまつるこころなり。すなわちそのたのむ衆生を阿弥陀佛のしろしめして、すでに無上大利《むじょうだいり》の功徳をあたえましますなり。これすなわち衆生に廻向したまえる、といえるは、このこころなり。これによりて弥陀をたのむ機を、阿弥陀佛のたすけましますす法なるがゆえに、機法一体の南無阿弥陀佛といえるは、このこころなり。

明応七年　戊午　十一月五日　これを書く。

老らくの　立ち居につきての　くるしみは　ただねがわしきは　報土往生

現代意訳

南無阿弥陀佛とはどんな心か。どう弥陀をたのんで報土往生をとげるのか。それにはまず南無六字のすがたを身にきざみつけて弥陀をたのむ。南無阿弥陀佛の体は、我ら衆生が未来永劫のいのちあらしめたまえとたのむ心である。たのむ衆生を弥陀が見とおされて、いち早く無上大利の功徳をあたえる。衆生に廻向するとはこのことである。弥陀をたのむ機をたすける法だから、機法一体の南無阿弥陀佛という。（明応七・十一・五　わかりやすい和歌だから訳を略する）。

解説

ここで、『教行信証』行巻の南無の字訓を引いておく。

南無というのは帰命である。帰るとは至ることである。また帰説、よりたのむことである。説は悦（よろこぶ）の音、またよりかかることである。説は税の音で、悦税の二音で告げるとか述べることであり、ひとの意を宣述することである。命は業である。招引、まねきひくことである。使、道、信、計、召である。だから、帰命は本願召還の勅命である。

したがって、蓮如の弥陀をたのむというのは、雑行を捨てて弥陀の本願に帰すること、すなわち本願召還の勅命にかなうことである。

ありがたし　ただ木枯らしの声を　聞く

八十三　152　**毎朝参集の人々に宗要を説く。**

そもそも毎朝この道場へ来集《らいじゅ》の人数においては、あいかまえて心にしかとおもいたもつようはいかんというに、すでに弥陀如来の本願と申すことは、我ら一切衆生を平等に極楽に往生せしめんがためにおこしたまえる誓願なりと信じて、さて一念に弥陀をふかくたのみ、このたび後生あやまたずたすけたまえ、と信じたてまつるほかには、さらに別のことあるべからず、と信ずべきものなり。これすなわち、真実の信心をえたる人ぞ、とおもいさだめてよりのちは、たといいかなる人の申しさまたぐることありというとも、これを信用すべからず。

このうえには、行住座臥　時処諸縁《じしょしょえん》をきらわず、ありがたく尊くおもうこころあらん時は、称名念佛もうすべきばかりなり。このほかには少々のことをば、あながちに耳に聞きいるべからず。これすなわち、当流の信心を獲得したる念佛の行者とは名づくべきものなり。あなかしこ　あなかしこ。

明応七年　九月　日

現代意訳

毎朝この道場へ来集する人々が油断なく心に堅持すべきことは何か。弥陀如来の本願とは我ら一切衆生を平等に極楽に生まれかわらすためにおこされた誓願だと信じて、一念に弥陀を深くたのみ、このたびあやまたず未来永劫のいのちあらしめたまえと信ずるほかにはない。これが真実の信心をえた人ぞ、と思い知ってのちは、たとえどんな人がさまたげても、これを信用してはならぬ。

それからは、行住座臥、時とところをいとわず、ありがたく尊く思う気持があれば、称名念佛申すのみである。このほかに些末なことをむやみに耳にして迷ってはならない。これが当流の信心をえた念佛の行者というのである。あなかしこ　あなかしこ。（明応七・九）

解説

「たといいかなる人の申しさまたぐることありというとも」という言葉には異様に力がこもっている。目前の土一揆と一緒になってさわいではならぬ。それは現にさしせまっている社会の矛盾葛藤の真の解決にはならない、といいたげである。善導の『般舟讃《はんじゅさん》』に「『瓔珞経《ようらくきょう》』のなかには漸《ぜん》教《きょう》を説く、万劫《まんごう》の功徳を修めて、不退をさとる。弥陀経などの説は、すなわち頓教《とんきょう》であって菩薩道を蔵している」という。頓はもと頭を下げて大地を叩くようにする敬礼の意だが、とみに、きゅうに、にわかにの意。漸はようやく、だんだん、きざし、うるおすの意がある。当流たる本願一乗は信心決定の一瞬をいうのだから、頓中の頓、専中の専、真中の真、円中の円である。漸教によれば、自分の力でいろいろな修行に長い年月をかけるのだから、どたん場になってくつがえされ不退をさとることができないこともある。頓は確実だが、漸は不確実で信じがたい。武士でもない土一揆の人々が勝敗の定まらない弓矢なんかにたよって、なぜこのたしかな手ごたえのある教え（頓中の頓）にすがろうとはしないのか。愚老の悲嘆はいっそう深いものがある。

八十四　152　毎夜参集の人々に宗要を説く。

そもそもただいま、このあなたのひろ縁にきたりあつまる人々は、なにの用ありてよなよなにかぎりあつまるぞとおもうに、おおよそ佛法の次第聴聞のこころざしか。そのほかはなにの所用ぞや。

そのこころざしならば、安心の肝要のこころえのようをかたるべし。それをよくよく耳にたもちて、われわれの家々へかえるべし。それ当流の安心というは、なにのようもなく一向に弥陀如来このたびの後生御たすけ候え、とひしとたのまん人々は、みなともに極楽に往生すべきことうたがいなし、ただしもろもろの雑行のこころをふりすてて、一心にかたまりて、弥陀をたのまば、十人も百人もことごとく報土に往生せんこと一定にてあるべし。この分をよくよくこころえわけて、みなみなかえりたまうべし。あなかしこ　あなかしこ。

明応七年　九月　日

現代意訳

ただ今、本堂の広縁にまいられた人々は、なんの用で夜な夜なにかぎり集まるのかと思う。そんなところで、およそ佛法の次第を聴聞したいというほかになんの所用があろう。

そのような志なら、安心の大切なこころえを話そう。よく耳にたもって、それぞれの家々へ帰るがよい。当流の安心とは、なんのようもなく一向に弥陀如来にこのたびの未来永劫のいのちあらしめたまえとひしとたのむ人々なら、みなともに極楽に生まれることはうたがいない。ただし、もろもろの雑行をすて一心にかたく弥陀をたのめば、十人でも百人でもすべて報土に生まれるのは必定

だ。この点をよくなっとくした上で早くかえるがよい。あなかしこ　あなかしこ。（明応七・九）

解説

「このあなたのひろ縁にきたりあつまる人々」とは一体、何者であろうか。なんの目的で集まっているのであろうか。蓮如はあえて呼びかける。外を見れば不満は絶えない。しかし、人間は現にそこに存在する、それが一大事、それがありがたい。しかも、それを忘れてはいないか。『無量寿《むりょうじゅ》荘厳経《しょうごんきょう》』巻中に「我もし正覚を成らば、名を無量寿と立てん。衆生この名を聞かば、倶に我が刹《せっ》中《ちゅう》に来たらん」という。正覚は阿耨多羅三藐三菩提《あのくたらさんみゃくさんぼだい》の略である。阿《あ》は無、耨多羅《のくたら》は上、三藐《さんみゃく》は正、三《さん》は遍（すべてものをととのえひとしくする意）、菩提《ぼだい》は道（覚）と漢訳されている。正は今日の社会的正義をいうのではなく、八正道を八聖道ともいうから、正は聖、聖智を意味し、現にある存在そのものの智慧といったほうがよいであろう。大悲は大地の愛である。存在そのものの愛、いつくしみにほかならない。まこと大悲無倦《だいひむけん》の御文というべきか。

八十五　141　罪障のものも弥陀をたのめば、往生一定だという。第九十・百三・百八・百九・百十章とほぼ同じ趣である。

そもそも十悪・五逆という罪のふかき人も、また五障・三従の女人も万事をなげすてて、一心に阿弥陀如来このたびの後生たすけたまえ、とひしとたのまん人は、十人も百人もみなともに極楽世界に往生すべきこと、さらにうたがう心、つゆちりほどもあるべからず。このほかには、ただねてもさめても南無阿弥陀佛　南無阿弥陀佛と申すこころは、ただ一念に阿弥陀如来をたのみたてまつるところに、なにのようもなくたすけましますす、弥陀如来のご恩のありがたさ尊さをおもいまいらせて、念佛申すなり。これすなわち、弥陀のご恩を報じ申すこころなり、とおもうべきものなり。あなかしこ　あなかしこ。

明応七年　十月廿八日（極月上旬第八日）　八十四歳　これを書く。　御判

現代意訳

十悪・五逆という罪の深い人も五障・三従の女人も、すべてをなげうって、一心に阿弥陀如来このたびの未来永劫のいのちあらしめたまえとひしとたのむならば、十人でも百人でもみなともに極楽世界に生まれかわりうる。それは一点のうたがいもいれることができない。それからねてもさめても南無阿弥陀佛と申すのは、ただ阿弥陀如来をたのむ一念に、なんのようもなくたすかる弥陀如来のご恩のありがたさ尊さを思うからである。これが弥陀への恩がえしだと思うがよい。あなかしこ　あなかしこ。（明応七・十・二十八〈極月上旬第八日〉　八十四歳）

解説

ほとんど説明をこころみない単刀直入の御文、それはまるで急病患者を医者が有無をいわさずに手当てをするようである。事態が自他ともにあらゆる意味で切迫しているからである。各地の土一揆は泡をかんで立ち上がり、制止しようもない。しかも、蓮如の命は旦夕《たんせき》にせまっている。

八十六　154　桑畠の支岐大夫が帰依したことをのべる。

そもそも去ぬるころ不思議なりしことのありける。和泉國鳥取という在所に、桑畑の志岐大夫といいし男の、年五十余なりしが、成仁の子にはなれたるきざみ、あまりのかなしさに所詮小河の観音にまいりて後生のことをいのり申すところに、示現《じげん》あらたにこうむりけるは、なんじ後生を一大事とおもいて我にいのるあいだ、まことにありがたきことなり。しかれば、紀伊の國に長尾の権守《ごんのもり》というものあり。その所にゆきて、後生の次第をあいたずぬべし、とおおせられけるあいだ、示現《しげん》の旨にまかせて、かの権守の在所へゆきてあいたずぬるに、権守申しけるは、我らはくわしく佛法の次第存知せざるあいだ、所詮、和泉國海生寺の了真《りょうしん》の所へゆきて、くわしくたずぬべし、といいけるあいだ、かの了真の所へまいりて佛法の次第たずね申すところに、了真のいわく、なにのようもなくただ弥陀をふかくたのむべし、とくわしくかたりたまうところに、たちまちに尊く思いまいらせて、一向に往生決定つかまつり候いぬ。そののち、あまりに一心の往生決定せしめ候尊さのあまり、鳥取の面々どもにかたり候ところに、みなみな信心決定つかまつり候いき。さるほどに、あまりのありがたさに、当年明応七年閏十月十九日に、ふとおもいたちて大坂殿へ、すすめおき候いつる人数のうち、まず尼一人、女三人、男四人あいともない、参詣申し候いけり。さるほどにこのことを八十あまりの人のききてかたりたまうあいだ、佛法不思議とは申しながら、かかる殊勝なることは、さらになし、これについてもおもうようは、諸国において、さても佛法の棟梁をもちたまう坊主分の人は、おおくお入り候うべきなれども、はじめて人をすすめたまうということを、我らも八十余りにまかりなり候えども、うけたまわりおよばず候。あさましあさまし。まことに宿善とは申しながらも、かようの殊勝のことをば、今日はじめてうけたまわりはじめてこそ候え。これにつけても、みなみな他力の信心いそぎ決定めされ候うて、今度の一大事の報土往生をとげましまし候わば、自身得度《とくど》のためと申し、または報恩謝徳の道理にもあいかないましまし候うべきなり。よくよくお心をしずめてご思案どもあるべく候うものなり。あなかしこ　あなかしこ。

明応七年　閏十月下旬

現代意訳

先日、おもしろいことがあった。和泉國鳥取という在所に、桑畑の志岐大夫という歳は五十あまりの男がいた。成人したわが子に死にわかれた悲しさのあまり小河の観音にまいり未来永劫のいのちを祈ったら、示現あらたかにこうむって、なんじ未来永劫の命が一大事と思って私に祈ったのは、まことにけなげである。紀伊の國に長尾の権守というものがいる。そこに行き未来永劫の命のことをたずねよと仰せられたので、示現のままに、かの権守の所へ行ってたずねると、私は佛法について知らないから、和泉國海生寺の了真の所へ行き、くわしくたずねるがよいといった。そこで、かの了真の所へ参って佛法についてたずねると、了真は、なんのようもなくただ弥陀を深くたのむべきことを、くわしく話された。その時すぐに尊く思い一向に往生決定した。それから、一心の往生決定できた尊さのあまり、鳥取の人々に話すと、それぞれみな信心決定することができた。あまりに有りがたいので、今年明応七年閏十月十九日に、思いたって大坂殿へ、さそっていた人数のうち、まず尼一人、女三人、男四人と共に参りにきた。とそう八十あまりの老人が聞いて話す。

佛法不思議とはいいながら、こんなすばらしいことはまたとない。地方に佛法の棟梁たる坊主分は多くいるが、はじめて人を教化された例である。私も八十歳あまりになるまで、こんなことを聞いたことがない。あさましいかぎりだ。宿善とはいえ、こんなすてきなことは今日はじめて聞く。これにつけてみな他力の信心をいそいで決定し、今度の一大事の報土往生をとげたなら、自身のすくいとはいいながら、報謝の道理にもかなうことである。よく心を静めて思案なさるべきであろう。あなかしこ　あなかしこ。(明応七・閏十・下旬)

解説

僧伽のコミュニケーションがかくあれかしと蓮如が願っていたとおりになったことを手ばなしで喜んでいる御文である。他力の信心を決定して教人信の実をあげた和泉國海生寺の了真にすべての坊主分へのひたすらな期待をこめて、この御文はしたためられている。

八十七　199　十一月廿六日付けの六日講中への礼状だから、これを略す。

八十八　**157**　**女人をたすけようと修行成就された弥陀だから、これに帰して後生がたすかるようにすすめる。**

それ五障・三従の女人たらん身は阿弥陀如来をふかくたのみて後生たすけたまえとおもうべし。されば、阿弥陀如来よりほかの諸佛は、一切の女人をば、わが力にてはたすくべからずといいて、すでにすてたまえり。しかれば、阿弥陀佛御おせられけるは、諸佛のすてられたらん女人をば我たすけずんば、いずれの佛かたすけたまわん、とおぼしめして、かたじけなくも無上の大願をおこして、われ諸佛にすぐれて一切の女人をたすけんとて五劫があいだ思惟し永劫があいだ修行して、三世の諸佛にすてられたる女人の成佛すべき、といえる大願をおこしましまして、我をたのまん女人をば、かならずたすくべし、とちかいたまいて、阿弥陀佛とはなりたまえり。

これによりて一切の女人たらん身は、ふかく弥陀如来をたのみまいらせて、後生たすけたまえ、と一念にふかくたのまん女人は、かならずみな極楽に往生すべきこと、さらにそのうたがいあるべからず。よくよくこの道理をふかく信じて、一心一向に弥陀如来をたのみたてまつるべし。このほかには、なお奥ふかきこと、あるべからざるものなり。あなかしこ　あなかしこ。

明応七年　戊午　十二月　日

現代意訳

五障・三従の女人の身は阿弥陀如来を深くたのみ未来永劫のいのちあらしめたまえと思うがよい。阿弥陀如来以外の諸佛は、一切の女人を自分の力ではたすけることができないといって、捨ててしまわれた。そこで阿弥陀佛は、諸佛の捨てた女人を私がたすけなければ、外のどの佛がたすけようかと思われて、かたじけなくも無上の大願をおこし、諸佛にすぐれて一切の女人をたすけようと五劫のあいだ思惟し永劫のあいだ修行して、三世の諸佛に捨てられた女人の成佛できる大願をおこし私をたのむ女人をかならずたすけよう、と誓って阿弥陀佛となられたのである。

したがって一切の女人たる身であっても深く弥陀如来をたのみ未来永劫のいのちあらしめたまえと一念にたのむなら、かならずみな極楽に生まれかわることができる。うたがうことはない。よくこの道理を信じ、一心一向に弥陀如来をたのむがいい。これ以外になお奥深いことなど、すこしもないのである。あなかしこ　あなかしこ。（明応七・十二）

解説

女性はとりわけ苦痛に敏感だから、女々しい。愚痴っぽい。それにくらべたら男性は雄々しい。いさぎよい。だが、その雄々しさ、そのいさぎよさが何になる。それで戦場にでて勇ましく討ち死にしたところで、無意味ではないか。本居宣長は処女作『排路小船』で人情というものは、はかない女々しいものであり、男らしく正しくきりりっとするものではない。男性的なものは真実でない、虚偽である、それは「みな世間の風にならい、あるいは書物に化せられ、人のつきあい世のまじわりなどにつきて、おのずから出来、または心を制してこしらえたるつけ物」である。これが近世武士の気象であろうが、聖人であろうと凡人であろうと人情の本然はみなつたなく、しどけないものである、と宣長は書いている。親鸞聖人でも笠間の念仏者あての最後のご消息はまことに女々しい哭かんばかりの手紙であった。そんなことは先刻承知だったはずの蓮如ではあるが、命の最後のともしびが消えるぎりぎりまで、最後の内室蓮能とともに現世の愚痴と悲哀に哭かなければならなかった。蓮如遺文のしめくくりの一通が女性に贈られていることは意義深い。

八十九　158　十二月になって空善と法敬坊が山科から蓮如の病床伺いにきたので、願行具足・機法一体の義をのべてあたえる。

南無阿弥陀佛の体は、すなわちこれ願行具足のいわれなりとしるべし。また機法一体ともこれをもうすなり。それ衆生ありて南無と帰命すれば、すなわちこれ願のこころなり。そもそも帰命というは、衆生の阿弥陀佛をたのみ後生たすけたまえ、ともうすこころなり。すでに南無と帰命するところにおいて、やがて願も行も、機も法も一体に具足する、いわれなるがゆえなればなり。これにより善導大師は、南無というはすなわちこれ帰命なり。またこれ発願廻向の義なり、と釈す。されば、南無と帰命するところに、すなわち願も行も具足せしむる道理なり、とこころうべきものなり。されば、衆生の阿弥陀佛に後生たすけたまえ、ともうすこころは、われらもおなじく阿弥陀佛とならんとねがいもうすこころなり、とおもうべきものなり。あなかしこ　あなかしこ。

予が身体によそえて、かくのごとくおかしきことをつらねはべれり。

老いが身は　六字のすがたに　なりやせん願行具足の　南無阿弥陀佛なり

右　今度寒中に法敬坊・空善の両人来臨のあいだ、そのために願行具足《がんぎょうぐそく》のいわれ、これを書き記すものなり。よくよくこれを知るべし。

明応七年　戊午　十二月十五日　　八十四歳　御判

法敬坊

空　善　両人中へ

現代意訳

南無阿弥陀佛の体には願行具足の道理がある。またこれを機法一体ともいうのである。

衆生が南無と帰命するのは願である。帰命とは、衆生の阿弥陀佛をたのみ未来永劫のいのちあらしめたまえと申すこころである。南無と帰命する一念に、やがて願も行も機も法も一体にそなわる道理があるからである。善導大師は、南無というはすなわちこれ帰命なり。またこれ発願廻向の義なり、と釈された。南無と帰命する一念に、願も行もそなわる道理だと了解すべきである。

衆生の阿弥陀佛に未来永劫のいのちあらしめたまえと申すこころは、我らもおなじく阿弥陀佛たろうと願うことである、と思わなければなるまい。あなかしこ　あなかしこ。

私の身を譬喩《ひゆ》として、このようなおかしいことを書きつらねた。

老いが身は　六字のすがたに　なりやせん　願行具足の　南無阿弥陀佛なり

右このたび寒中に法敬坊・空善の両人が見舞いに来たので、願行具足の道理を書きしるした。よくこれを了解せよ。（明応七・十二・十五　八十四歳御判　法敬坊・　空善両人中へ）

解説

帖内の四帖目第十五通の日付は明応七年十一月二十一日になっているから、さきの女人往生とこの見舞いにきた法敬・空善にむかって、八十四年の間、寧日《ねいじつ》もなかった険しい星霜を閲《けみ》し、万感の思いをこめてしたためたこの御文が上人最後の御文となる。善導の『観経疏玄義分《かんぎょうしょげんぎぶん》』にしたがって願行具足の道理を解きあかし「私の身を譬喩として、このようなおかしいことを書きつらねた。

老いが身は　六字のすがたに　なりやせん　願行具足の　南無阿弥陀佛なり」とはすべての御文の跋《ばつ》として、うけとってもよいであろう。「人間はなにごともはやこれなり」。そのほかに何もない。それで十分であろう。『願行具足御遺訓の御書』といわれる所以である。

蓮如上人はあくる年の二月、山科へ帰って、三月二十五日正午ごろに入滅した。

九十　141　第八十五・百三・百八・百九・百十章とほぼ同じ趣だから、これを略する。

明応七年二月　八十四歳　これを書く。　御判

現代、親鸞聖人を重んじて蓮如上人をかろんずる風潮はいまだやまない。蓮如上人自身からすれば、それもまたよしといわれることであろう。いかなる非難・批判も甘んじてうけとられることであろう。そして、それはよしとするけれども、お前はどうかな、と反問されるにちがいない。お前は他力の信心を獲得しているのかな、と。親鸞没後七百有余年、上人蓮如のほかに信心第一主義にたって親鸞聖人の教えを一生かけて仰いだものがあるであろうか。気がむけば、たまには親鸞を仰いだものがいるかもしれないが、油断もなく懈怠もなく、これほどまでに毎日毎日、他力の信心のみをいいつづけたものがいるであろうか。「末代の道俗　おのれが分を思量せよ」と親鸞はいった。おのれの身のほども知らぬ外道が、蓮如上人に対して、とやかくいうのは潜上のいたりでなく

てなんであろうか。といって、なにも蓮如一辺倒になれといっているのではない。たしかに、蓮如上人は室町末期に生きた人である。時代の子であることをまぬがれがたい。現代からいえば、とかくの非難が正当でないとはいえまい。それなら、上人蓮如の屍を乗り越えて、真宗の新機軸をわれとわが手でうちだせばよい、新しい真宗の僧伽を創建すればよい。それが出来れば、蓮如上人ももって瞑すべきであろうが、それが出来なければ、あわれというも愚かなり、というほかはないのである。思うに、師の道よりも弟子の道がはるかに厳しく困難なのである。

蓮如が機の深信について御文にあまり触れないのは、御文を読む相手の人の罪悪をいまさら責めたてないのが機の深信そのものだからである。善導はいう。「決定して〈自身は現にこれ罪悪生死の凡夫、曠却よりこのかた常に没し常に流転して出離の縁あることなし〉と深信すべし」と。罪悪生死はあくまで深信、「自身」の深い自覚の問題であって、断じて他人についてあげつらうべきではないのである。いついかなる場合でも、他人の機を責めるのは大きなまちがいである。

第六部　常楽の都より　三十三章

九十一　181　もろもろの聖教も廃立も人々を信心に本づかせようとするためである。信をとるのは宿習のおかげであるという。

それ当流の安心のおもむきというは、あながちに捨家棄欲《しゃけきよく》の心を表せず、また出家発心《しゅっけほっしん》のすがたをあらわさず、ただもろもろの雑行をすてて、一向に阿弥陀佛に帰命して、今度の一大事の後生たすけたまえ、と一心に阿弥陀如来をひしとたのみたてまつらん衆生は、みなことごとく報土往生すべきこと、さらさらうたがうべからざるものなり。されば、この心にみな人をもとづけんとてこそ、いろいろ廃立をたて、またもろもろの聖教なんどいうこともいできたり。かようにこころえたる人こそ、正覚の一念に帰したる人ともいうなり。さるほどに、この道理を一念聞きて信をとる人もあり、また宿習ということなき人は、いくたび聞きても、さらに信をばとらぬ人もあり。かくのごとくよくこころえたる人を、一念発起《いちねんほっき》　住正定聚《じゅうしょうじょうじゅ》とも無上覚を証す、となづくるなり。

現代意訳

当流の安心の趣旨は、強いて捨家棄欲の心をあらわさず、出家発心の姿もとらず、ただもろもろの雑行をすてて一向に阿弥陀佛に帰命し、このたびの一大事の未来永劫のいのちあらしめたまえと一心に阿弥陀如来をひしとたのむ衆生は、みなことごとく報土往生できる事実を金輪際うたがってはなるまい。この心にすべての人を根をおろさせようと、いろいろの廃立をたて、もろもろの聖教もでてきた。このようにわきまえた人が正覚の一念に帰した人という。だが、この道理を一念に聞いて信をうる人もあり、宿習がなくて何度聞いても、実際信がえられぬ人もある。このようにころえた人を一念発起して正定聚に住するとも無上覚を証すともいうのである。

解説

土一揆の指導者ならいうであろう。

世の中の現実はそんなに甘くはない。蓮如は＜弥陀の本願＞とか＜みなことごとく＞とか＜正定聚不退転＞とかというが、それは他人に説いて他人に心得させる分にはよいかもしれないが、自分にはなんのたしにもならず、かえって念仏行者というだけで他人には白い目でみられ、自分の都合にはあまりよいものではなさそうである。

実際、一心一向に弥陀をたのむような正直ものが馬鹿を見るのがこの世のならいであって、策略にたけて権力や金をにぎった守護や地頭が、はるかに莫大な利益をかすめとっているではないか。これを講というせっかく組織された団結の力によってうちたおさなければ、われわれの幸福は永遠にやってこない、それがわれわれの利益に直接つながるのである、と。

それに対して、蓮如はこの世のものはあてにならないと説く。あてにしてはならないとさえいう。他によって絶望させられない前にこちらから現世そのものに絶望することを教えるのだ。それはすくなくとも権謀術数をあやつる単なる見せかけの実のない名目を暴露し否定することになる。

むろん、それだけでは、なんの問題解決にもならないであろう。しかし、それはべつに真実なものを絶対肯定するためである。馬鹿を見ざるをえない正直ものが、ただあきらめはてて忍ぶために忍ぶのではない。ほかに生きることのできる別天地、つまり弥陀の浄土があるからである。厭うべきはこの世界、ただ願うべきは安楽の浄土である。一心一向に本願を信ずる蓮如のすみずみまで徹底した明るさは、このような未来永劫のいのちの根源からたえずあふれでてくる光なのである。この光に浴さない悲壮な覚悟などすでに敗北を予見する意志ではないか。

九十二　100　当流門徒こころえ五ヶ条。（箇条書のところのみ漢文）

当流門人の中に存知すべき次第。

一　一切の神明ならびに佛・菩薩等あやまりてこれを軽んずべからざること。
一　外に王法をもてこれを先とし、佛法をもてこれを内となすべきこと。
一　大・小乗の諸法において、これを誹謗すべからざること。
一　国所に在りて、守護地頭を専らにすべきこと。
一　信心決定せしめたる人、他人に対してその法義のすがた、これをあらわすべからざること。

右これらのおもむきをもて、当宗念佛者はこれを存知すべし。このゆえに、聖人の『教行証』序にいわく「愚禿《ぐとく》釈親鸞　慶《よろこ》ばしき哉　西蕃月氏《さいばんげっし》の聖典　東夏日域《とうかじちいき》の師釈、もうあいがたくして今もうあうことをえたり。聞きがたくしてすでに聞くことをえたり。真宗の教行証を敬信して、ことに如来の恩徳《おんどく》のふかきことをしりぬ。ここをもて聞くところをよろこび、うるところを嘆ずるなり」といえり。かくのごとくあいがたき無上大利の名願力《みょうがんりき》に帰する身の上において、いよいよ佛法氣色《けしき》のふるまいこそ、まことに祖師のご遺訓にもふかくあいそむくべきものなり。あなかしこ　あなかしこ。

（文明十歳　戊戌　二月四日）

現代意訳

当流門人の中で身につけるべきこと。

一　すべての神明や佛・菩薩などをあやまって軽んじてはならない。

一　外面では王法を先とし、佛法を内となすべし。

一　大・小乗の諸法を誹謗してはならない。

一　国所では、守護地頭にまじめに奉公すること。

一　信心決定した人は、他人に対してその法義のすがたをあらわしてはならない。

右これらの趣旨を当宗念佛者は身につけよ。聖人の『教行信証』序にいう。「愚禿《ぐとく》釈の親鸞　慶《よろこ》ばしきかな　西蕃月氏《さいばんげっし》の聖典や東夏日域《とうかじちいき》の師釈に遇いがたくして今遇うことができた。聞きがたくしてすでに聞くことができた。真宗の教行証を敬信して、ことに如来の恩徳の深いことを知った。そこで聞くところをよろこび、うるところを嘆ずるのである」と。このように遇いがたい無上大利の名願力《みょうがんりき》に帰する身でありながら、つけあがって佛法者氣どりのふるまいをするなど、まことに祖師のご遺訓に深くそむくものである。あなかしこ　あなかしこ。（文明十・二・四）

解説

　蓮如の制法がほとんど人間の言葉に関していることをあらためて注意していただきたい。言葉が主人で行為が従者であるとすれば、その主人である言葉が軽蔑《けいべつ》・誹謗《ひぼう》・宣伝《せんでん》・偽瞞《ぎまん》に満ち満ちていたら、人間社会の倫理も道徳もあったものではない。人は一枚の辞令でくびになる。言葉によって地獄におちる。同時に、南無阿弥陀仏というたった六字の名号ですくわれる。そこには仏教の真実の全重量がかかっているからだ。曇鸞のいう重者先牽《じゅうしゃせんけん》の理はそこにある。

九十三　182　『大経』の「無蓋の大悲をもて」と「大利を得となす」とを解釈する。

　それ浄土真宗とは顕浄土のなかよりえらびいだしたまうところの元祖聖人のご一流なり。ゆえいかんとなれば、『大経』（巻上）にいわく「如来無蓋《むがい》の大悲をもて三界《さんかい》を矜哀《こうあい》し、世に出興せる所以《ゆえん》は、道教を光闡《こうせん》し、恵むに真実の利をもってせんと欲《おぼ》してなり」といえり。こころは如来無尽の大悲をもて三界の衆生をあわれみて世にいでたまうゆえは、ひろくまことのみちのおしえをひらきあらわして、愚縛《ぐばく》の凡衆《ぼんしゅ》をすくわんとおぼして、智慧のひかりをもて真実の利をおしえたまえり。その真実の利というは無上の大利なり。同じき経（巻下）にいわく「乃至一念《ないしいちねん》当《まさ》に知るべし　この人は大利を得るとなす」といえり。大利を得るというは、名号を聞きて信心歓喜するもの、往生決定の人なり。往生うたがわず。されば、無上大利の功徳をえて、無上の人となるなり。無上真実の大利は他力本願なり。その他力というはいかんとなれば、凡夫としてははからざることなり。

　弥陀如来のおこころよりおこりて、我等が往生はしたためたまうなり。われらがこころとして、三毒《さんどく》の煩悩を眷《けん》属《ぞく》として、朝夕のことわざには、殺倫淫毒《さつりんいんどく》のはげみおこたることなし。このこころにては、いかでか佛道にのぞまん、なんぞ極楽にいたらん。しかるに、弥陀は難化難入の衆生に心安く往生をえしめんとて、一念発起の信心をすすめて、その身を摂取してすてたまわず。これひとえに、われとしておこさざる信心なり、弥陀如来よりさづけたまえる信心なり、とこころうべし。これを他力をえたる信心とはいうなり。あなかしこ　あなかしこ。

現代意訳

　浄土真宗とは真実の浄土を顕彰するなかからえらばれた元祖法然聖人のご一流である。なぜなら『大経』巻上に「如来無蓋の大悲をもって　三界を矜哀し　世に出興せる所以は　道教を光闡し恵むに真実の利をもってせんと欲してなり」という。この意味は「如来無尽の大悲によって、三界に流転する衆生をあわれみ、この世にいでたまう理由は、ひろく真の道の教えをひらきあらわして、愚縛の凡衆をすくおうと思い、智慧の光をはなって真実の利に導かれた」ということである。真実の利とは無上の大利である。おなじく『大経』巻下に「乃至一念　まさに知るべし　この人は大利を得るとなす」という。大利を得るとは、名号を聞いて信心歓喜するものは往生決定の人である。往生をうたがわぬ。だから、無上大利の功徳をえて無上の人となる。無上真実の大利とは他力本願である。他力とは何か。凡夫の心ではからわないことである。

弥陀如来の心よりおこって、我らが往生を定められる。我らの心は三毒の煩悩をひきしたがえ、朝夕の諺に「飽きることもなく殺倫淫毒にはげむ」とある。こんな心でどうして佛道にのぞみえよう。どうして極楽に往くことができようか。弥陀はこのような教化しにくく仏法に入りがたい衆生に心やすく往生をえさせようとして一念発起の信心をすすめる。その身をおさめとって捨てない。これは到底我らからおこしえない信心である。弥陀如来がさづけた信心である。そう心得よ。これを他力をえたる信心というのである。あなかしこ　あなかしこ。

解説

われわれの存在は本願念仏なくしてはありえない。本願念仏による存在である。この世で美しくすぐれたものを見るとき、だれでも深く感動し、その真実をうたがうことができない。この世のさまざまな権力者たちがマス・コミの宣伝や官僚の法的暴力によってどれだけ名目のみの虚偽をつたえても、われわれはなんのようもなく素朴な信心の言葉に耳をかたむけ、美しい単純な佛の名号をおのずから信ずることができる。土一揆の人々のはげしい敵意、おびただしい警戒心、身を焼く嫉妬、泡を噛む怨恨、義理と人情のとるにたりない相剋にゆがめられた現実認識を深刻だとうけとるのは、あさはかな感傷にすぎないであろう。

他力の信心を得ようとするものは、あくまで如来の本願にあい、本願に帰すべきであって、お慈悲中毒患者のように、うっとりとして本願の面影などを追いすがってはなるまい。

九十四 168 帖内五の二十一に通ずるから　これを略す。

九十五 168 第九十四章とほぼ同じ趣だから、これを略する。

九十六 169 第九十四・九十五章とほぼ同じ趣だから、これを略する。

九十七 159 **罪悪の人を救う本願だから、弥陀をたのめば摂取が決定する。この法を聞くのは次第相承のご恩であるという。**

そもそも当流にすすめましますところの信心をとるというは、すなわちわが身のうえの罪とがのふかきことをば、まずうちすてて、それ弥陀如来ともうすは、その機をいえば十悪・五逆、五障・三従のあさましき女人までも、ことごとくすくいまします不思議の本願なりとふかく知りて、さてそのうえに阿弥陀如来の本願をば、なにとようにたのみ、いかようにこころねをもちて信じまいらせて、後生をばたすかるべきぞ、というに、なにのわずらいもなく、こころをひとつにして、阿弥陀佛をたのみたてまつりて、うたがう心なくば、弥陀如来はかならず摂取の光明をはなちて、そのひかりのうちにおさめおきたまうべきこと決定なり。かくのごとく、こころえたらん人は、すなわちこれ真実信心の行者なるべし。このうえになおこころうべきようは、かかる弥陀如来の我らをやすくたすけましましたるご恩のふかきことをつねにおもいたてまつりて、佛恩報謝のためには、ねてもおきてもただ念佛をもうすばかりなり。あらありがたの弥陀如来の本願や。これによりて、かたじけなくも、この法を三國の祖師・先徳の次第相承《しだいそうじょう》して、われら凡夫において、ねんごろにときかしめたまうは、まことに曠劫多生《こうごうたしょう》の宿縁のもよおすところなり。これすなわち、別して開山聖人のこの法を説きひろめたまわずば、われら迷倒《めいとう》の凡夫、道法までも、このたびの報土往生の本意をたやすくとぐべきや、とおもうべきものなり。あなかしこ　あなかしこ。

現代意訳

当流がすすめる信心をとるには、まずわが身の罪とがの深いことを思いすてることである。弥陀如来は、その機ときたら十悪・五逆の男子、五障・三従のあさましい女人まですべてを、すくう不思議な本願だと深く知ることだ。そこでさらに阿弥陀如来の本願をどうたのみ、どんな気持で信じたら未来永劫のいのちがさづかるのかといえば、なにもむつかしいことはない。心を一つにして阿弥陀佛をたのみ、一点の疑いがなければ、弥陀如来はかならず摂取の光明をはなち、その光のうちにおさめおくことを決定される。このようにこころえた人が真実信心の行者である。その上なおわきまえておかねばならないことは、こんな我らをたやすくたすけられる弥陀如来のご恩の深さをつねに思って、そのご恩がえしに寝てもおきてもただ念佛を申すのみであろう。ああ、ありがたい弥陀如来の本願！　かたじけなくもこの法を三國の祖師・先徳が次第をうけついで、我ら凡夫に対して、ていねいにお説きになってくださったとは！　まこと曠劫多生の宿縁のもよおしによるのである。とりわけ、開山聖人がこの法を説きひろめられなかったら、我ら迷倒の凡夫は道法にいたりつけないで、どうしてこのたびの報土往生の本意をたやすくとげることができようか、と思われてならない。あなかしこ　あなかしこ。

解説

蓮如はいつも他力の信心を決定しているものがないとなげくけれども、鰯の頭も信心からというように、民衆は案外信じやすく素直に熱中し、あたえられたものを無上のものとし、すぐに絶対化したがるものである。それを詐欺師《さぎし》たちがうまく利用する。佛と凡夫のあいだにたつ僧侶や善知識に帰依するのもそこからくる。蓮如もまたそのような善知識の一人たらざるをえなかった。しかし、その信心を固定化せず、つねに純化し吟味しなければ、おそろしい錯倒・迷信を生むことになるのである。

だからといって、宗門僧侶の施物だのみや秘事法門の善知識だのみの否定が、ただちに本願念仏の真実の否定にはつながらない。ここで大切なのは機と法との峻別である。さらに真・仮の別をはっきりとわきまえることである。機法一体を即身成仏のような神秘体験と考えてはならない。われわれはこの世のいたるところで、いろいろなものに如来のおかげをみとめることができる。いわゆる冥加、冥慮、冥祐である。しかし、親鸞は「真仮を知らざるによって如来広大の恩徳を迷失す」という。冥加であろうとおかげさまであろうと、それはご真影といわれるように、あくまでも真実の〈陰影・映像〉なのであって、それを真実そのものと混同してはならない。仏教において、とかくおちいりがちな偶像崇拝《ぐうぞうすうはい》と神秘主義と汎神論《はんしんろん》はいつでもどこでもだれでも徹底して、これを吟味し否定しなければならない。

真と仮・真佛土と化身土の混同は、人生でもっとも危険なものであって、人間のあらゆる善根や功徳が愚劣《ぐれつ》で卑賎なものの犠牲になるような不幸も、みなここから生れるのである。

曇鸞は『浄土論註』のはじめに五濁の世、無佛の時において阿毘跋致《あびばっち》（未来への確実な地平を開く）にいたる困難さについて、つぎのようにのべている。

一　さまざまなイデオロギーの偽善は、大乗菩薩の法を乱す。

二　小乗的利己主義は、大いなる慈悲をさまたげる。

三　悪を悪とも思わない凶暴さが、人間の尊厳な無邪気さを破壊する。

四　わけもわからないままに目先の利益に血眼になっていては、聖なる行を見失ってしまう。

五　人は自分の努力や意見のみをたのみ、佛の力、他力に目覚めようとはしない。

こんなことは日常茶飯事、いくらでも目に触れることができ、毎日、テレビ報道や新聞記事をにぎわしていることである。つまり、真実《しんじつ》と仮構《けこう》との区別をわきまえないことからくる悲・喜劇は、この世に依然として絶えることがないのである。

如来の真実・未来永劫のいのちは、どこまでも三界のあらゆる現実を超えすぐれていることを、こころえないものの悲惨な運命を、曇鸞がここで指摘しているといってよいであろう。

九十八　168　第九十四・九十五章と同じ趣だから、これを略する。

九十九　170　**当流の安心は一向に弥陀をたのみたてまつるのみ。**

当流の安心ともうすは、一向に弥陀如来をたのみまいらせて、ふたごころのなきを本願信ずる人とはもうすなり。かようにこころえ候う人は、かならず十は十ながら百は百ながら、極楽に往生し、佛になり候うべきなり。このうえにはたとい念佛もうすとも、わが往生のためとはおもうべからず候うなり。されば、弥陀如来の、かたじけなくもかかる悪人・女人を、たやすくたすけましします弥陀のご恩を、報じたてまつる念佛なり、とこころえたまうべきなり。このごとくに、こころえをもち候わぬひとをば、千がなかにも万がなかにもひとりも極楽に往生せず、とときおきたまい候うなり。このこころをよくよくしらせたまい候う人をば、信心決定したる人とこそ申し候うなり。あなかしこ　あなかしこ。

現代意訳

当流の安心とは、一向に弥陀如来をたのんで二心のないのを本願を信ずる人という。このようにこころえた人は、かならず十人でも百人でも共に極楽に生まれかわって佛になることができる。このうえに、たとえ念佛申すとも、自分の往生のためと思ってはいけない。かたじけなくも弥陀如来がこんな悪人・女人をたやすくたすけられる弥陀のご恩に報いる念佛である。このようにこころえない人は千人・万人のなかでひとりも極楽に往生できない、と説かれている。この心をよく思い知った人を信心決定した人というのである。あなかしこ　あなかしこ。

解説

五濁の世・無佛の時という不信・無能の時代では、その場かぎりの交信や和解の形だけがいろいろと人目につくように編みだされてくる。「わかった　わかった」というような外見だけの了解と親近は、かえって深く地縁や血縁にひそむ憎悪や欲望の炎をますます燃えあがらせるだけである。信心のない不安は無間地獄を現に生みだす。信心とは自分自身の生死に安らかに落ちついた心である。ほめられてもうぬぼれず、非難されてもおそれない心である。

百　183　当流の義は他と異なり一念発起　平生業成とたて、本願を信ずるのは宿習によるという。

およそ当流の義、浄土一家の義には大いに相違すべきなり。当時はみな他力流の義をもち、親鸞聖人一流と号すと云々以外の次第なり。まず親鸞聖人の意は一念発起　平生業成とたてて、臨終《りんじゅう》を期《ご》せず来迎《らいごう》をたのまざるなり。されば来迎方便《らいごうほうべん》　得生真実《とくしょうしんじつ》と沙汰するなり。よって一念帰命の信心決定してのちの称名をば、自身往生になおいのる心あらば、それは自力なり。ひたすら往生は一念に決定とこころえて、佛恩報謝の称名と思うべきなり。これすなわち当流の信心発得の行者というなり。この上には来迎というも臨終というも、さらにあるまじきものなり。

一　宿善《しゅくぜん》によりて本願をば信ずるなり、宿習なくば、無上の本願もいたづらごとなるべきなり。

そもそも当流聖人のさだめおかるるところの一義はいかんというに、十悪・五逆の罪人、五障・三従の女人たらん身は、ただなにのわずらいもなく、一心一向に弥陀如来を余念もなく、ふかくたのみたてまつりて、後生たすけたまえと申さんともがらは、十人は十人ながら百人は百人ながら、ことごとくみな報土に往生すべきこと、さらさらうたがいあるべからざるものなり。これすなわち、他力真実の安心決定の行者といいつべし。かくのごとく、こころえたる人をなづけて、一念発起　平生業成の当流念佛の行人と号するものなり。このほかには、ことなる信心とても別の義、ゆめゆめあるべからず、とよくこころうべきものなり。あなかしこ　あなかしこ。

現代意訳

およそ当流の義は浄土一家の義とは大いにちがっている。このごろはみな他力をまねた義をたて親鸞聖人の一流と称するが、もってのほかである。まず親鸞聖人の意は一念発起　平生業成とたて、臨終をまたず来迎をたのまない。「来迎は真実に生まれることができるための方便」という。だから一念帰命の信心を決定してからの称名に、なお自身の往生を祈る心があるなら、それは自力だ。ひたすら往生は一念に決定するのだとしてご恩がえしの称名である。これを当流の信心発得の行者という。この上には来迎も臨終も、さらさら眼中にありえないことである。

一　宿善によって本願を信ずる。宿習がなければ無上の本願も無用であろう。さても当流聖人の定めおかれた一義とは、十悪・五逆の罪人、五障・三従の女人たる身は、なんのわずらいもなく、一心一向に弥陀如来をわきめもふらず深くたのみ未来永劫のいのちあらしめたまえと申すものは、十人でも百人でもみなことごとく報土に生まれかわることができる、というこの事実に一点のうたがいもない。これこそ他力真実の安心決定の行者といいえよう。このように心得た人を一念発起　平生業成の当流念佛の行人と称する。このほかに異なる信心とて別の義はけっしてありえないとわきまえるべきである。あなかしこ　あなかしこ。

解説

おそれや苦悩は予感されるおそれや苦悩である。突然あっというまに殺される人におそれも苦悩もあったものではない。死をおそれるのは、死がまだ来ないからである。死ぬのにまだすこし間があるからである。当流の現益が正定聚不退といわれるのは、まず凡夫の生死にまといつくあらゆる恐怖をとりさるところにある。この有限の世界、不安定な世界で「これが人生か　よしもう一度」となお生き抜く勇気をあたえるところにあるのである。

正定聚は居座るところではない。さとりすまして腰を下ろすところではない。こんな浮き世に居座り、さとりすまして腰を下ろすところなんてどこにもない。だから、不退《ふたい》の風航《ふうこう》というのである。

百一　165　弥陀の名号を二字と四字とに分けて、安心を説く。

それ他力の安心というは、南無と帰命すれば阿弥陀佛の御たすけある心なり。されば南無の二字は阿弥陀佛、後生たすけましませ、といえるこころなり。また、南無の二字は衆生の阿弥陀佛をたのむこころなり。また、阿弥陀佛の四字はたのむ衆生を、光明中に摂取したまう心なり。このゆえに、安心というは南無阿弥陀佛の六字なり、とこころうべきものなり。あなかしこ　あなかしこ。

現代意訳

他力の安心とは南無と帰命すれば阿弥陀佛のたすけられた心である。南無の二字は阿弥陀佛　未来永劫のいのちあらしめたまえという心である。南無の二字は衆生が阿弥陀佛をたのむ心である。阿弥陀佛の四字はたのむ衆生を光のなかにおさめとる心である。だから安心とは南無阿弥陀佛の六字だとなっとくすべきであろう。あなかしこ　あなかしこ。

解説

このような御文を読むと、人は実生活とはなれたきわめて抽象的な議論をしているように感じられるかもしれない。しかし、そういう人がはたしてしっかりとした、せめて人間らしい実生活をもっているかどうか、あらためて考えてみなくてはなるまい。ゆったりと考える暇もなくなにかに追いたてられているのがその人の日常のあり方ではなかろうか。

現代のような無能と不信の時代では、すべての人間の誓約など反故同然である。だいたい、右手ですることと左手ですることが、ちぐはぐでたがいに抹殺しあっている。その結果、われわれはついに自分自身の生活に行きつくことがない。なぜなら、われわれは無能と不信によって金縛《しば》りにされて身動きがとれなくなっているからである。金縛《しば》りにあっているわれわれが如来の光におさめとられてはじめて、自由自在になり、自分自身の生活の今現在に行きつくことができる。他力の信心のない生活は、もはや人間の生活といえるものではないのである。

百二　146　女人は罪が深いから、弥陀をたのんで後生たすかれと説く。

それ一切の女人の身は、上下をいわず罪のふかき身なり。それについて、佛法を信ずべきようは、もろもろの雑行をうちすてて、ただひとえに弥陀如来後生をたすけましませ、とひしとたのまん女人の身をば、よくよくしろしめして御たすけにあずかりて極楽に往生せんことは、つゆちりほどもうたがう心あるべからざるものなり。かようによくこころえて信ぜん女人は、ねてもさめてもこのありがたさ尊さをおもいまいらせて、つねづね念佛申すべきばかりなり。このほかには別のことあるべからざるものなり。あなかしこ　あなかしこ。

（明応七年　四月廿五日　これを書く。）

われなくば　だれも心を　ひとつにて　南無阿弥陀佛と　たのめみな人

現代意訳

一切の女人は上下を問わず罪深い身である。そこで佛法を信ずるには、もろもろの雑行をすて、ひとえに弥陀如来未来永劫のいのちあらしめたまえとひしとたのむ女人の身を、よく見とどけてたすけたまい、極楽に往生せしめることを、つゆちりほどもうたがってはいけない。

それをよくわきまえて信ずる女人は寝てもさめても、ありがたさ尊さを思いまいらせ、つねづね念佛申すのみ、このほかに別のことなどなにもありはしないのである。あなかしこ　あなかしこ。

（明応七・四・二十五、和歌を略す）

解説

女性は上下を問わず、愛されることを好む。しかし、愛されることは、ほんのひととき燃えあがることにすぎない。燃えあがってのち、愛は欲にかわる。だから、人間にのみ愛欲がある。それに反して、愛することは尽きることのない油で輝くことである。それは孤独な仕事の持続であろう。愛する力はどのような災難がふりかかろうと、持続することである。

尽きることのない油とは仏法を信ずることでなければならない。その安心がなければ、愛することは苦しむことであり、ただ重い物体のように男の腕に抱かれて、愛欲の広い海に沈んでいくのみであろう。だから、人間を愛するということの世でもっとも困難な仕事は、愛する相手への断念をとおした信心の力なくして、とうていもちこたえられるものではないのである。

親鸞の『曇鸞和讃』に「一者　信心あつからず　若存若亡《にゃくそんにゃくもう》（うわついておちつかない）するゆえに」「二者　信心一ならず　決定なきゆえなれば　三者　信心相続せず　余念間故（余念をはさむ）とのべたまう」「三信展転《てんでん》相成《そうじょう》す　行者心をとどむべし　信心あつからざるゆえに　決定《けつじょう》の信をえざるなり」「決定《けつじょう》の信をえざるゆえ　信心不淳《ふじゅん》とのべたまう　如実修行相応《にょじつしゅぎょうそうおう》は　信心一つにさだめたり」とある。これは曇鸞の三不三信（信不淳・信不決定・信不相続）の教えのみごとな要約である。人はみな愛の根源を身につけるべきであろう。

百三　第八十五・九十・百三・百八・百九・百十章にほぼ同じ趣だから、これを略する。

百四　第百三章などとほぼ同じ趣だから、これを略する。

百五　164　**六字釈の解説。**

南無阿弥陀佛

この文、善導釈していわく。言南無というは帰命というこころなり。帰命というは衆生の阿弥陀佛、後生たすけたまえとたのみ申すこころなり。阿弥陀佛というは、発願廻向というこころなり。発願廻向というは阿弥陀佛とたのむ衆生を摂取してすくいたまうこころなり。あなかしこ　あなかしこ。

現代意訳

南無阿弥陀佛　善導の釈によっていえば、佛が南無とおっしゃったのは凡夫が帰命するということである。帰命するとは衆生が阿弥陀佛　未来永劫のいのちあらしめたまえとたのむことである。阿弥陀佛とは願を発して廻向することである。願を発して廻向するとは阿弥陀佛とたのむ衆生をおさめとってすくいたまうこころである。あなかしこ　あなかしこ。

解説

念仏は称名憶念であって、観法・観念ではない。見るもの聞くものすべてうつろいゆき常在しないから、人はともすれば、自分の心の中にあるさまざまな観念のみが実在すると考えがちである。これを実体化という。もしこの善導の六字釈を観念的にうけとるなら、自分の思慮分別のなかにとりこむなら、いたずらに複雑怪奇なものになるであろう。南無阿弥陀仏という名言を思慮分別をやぶって実践的にうけとって、自分の心の中にひそむあらゆる観念をとりはらい捨てなくては、信心は、決定せず、すくいのあろうはずがない。

百六　180　『和讃』一首の解説。

煩悩具足と信知して　　本願力に乗ずれば
すなわち穢身すてはてて　　佛性常楽証せしむ（『高僧和讃』）

この『和讃』の意は、たとえばいかなる悪業煩悩おもき身なりとも、阿弥陀如来を一すじにたのみたてまつりて後生御たすけ候え、と申さん衆生をば、すなわち有漏の穢《けが》れをすてはてて弥陀の報土にまいり、佛身・佛果をえしめて、法性常楽といえるくらいにいたるべきものなり、としるべし。あなかしこ　あなかしこ。

現代意訳

煩悩具足と信知して　　本願力に乗ずれば
すなわち穢身《えしん》すてはてて　佛性《ぶっしょう》常楽《じょうらく》証せしむ（『高僧和讃』）

この『和讃』の意により、たとえどれほど悪業煩悩の重い身でも、弥陀を一すじにたのみ未来永劫のいのちあらしめたまえと申すものは、たちまち有漏《うろ》の穢《けが》れをすて弥陀の報土にまいり、佛身《ぶっしん》・佛果《ぶっか》をえて法性《ほっしょう》常楽の位にいたりうる、と知ることができる。あなかしこ　あなかしこ。

解説

蓮如がつかう＜こころえる＞ということは、存知することであり、信知することである。存知とは存在の智慧であり、信知とは信心の智慧である。現代の人は知識をあさることばかりが先走って、信を忘れているから、あじわいがない、たしなみがない、身につかない。つまり、自分のもっている知識が生きない。生かされない。情報の氾濫というのは、無用で生かされない知識情報が多すぎるということであろう。だからといって、知ることのない信は何事に対しても拒絶反応を示すのみで、純粋かもしれないが、かたくなで豊かではなく貧困である。また、いったい何が真に存在しているのかを知らないのは、迷惑至極であって、永遠に流転するほかないであろう。思うに、われわれは今日、依然として一文不知であり、不信・無能なのである。

百七　137　一念発起　住正定聚の略説。

当流の意は一念発起　住正定聚とたてて、もろもろの雑行をすてて弥陀を一心にたのむ機は正定聚のくらいなれば、このいわれをもて一念発起　平生業成とたてぬれば、これすなわちこの宗安心決定の行者とはなづくべきなり。あなかしこ　あなかしこ。

みだたのむ　こころばかりの　尊さに　なみだもよおす　すみぞめのそで
あけくれは　信心ひとつに　なぐさみて　佛のご恩を　ふかくおもえば

現代意訳

当流の意は一念発起　住正定聚とたてて、もろもろの雑行をすて弥陀を一心にたのむ機は正定聚の位だから、この趣旨によって一念発起　平生業成とたてれば、これがこの宗の安心決定の行者ということができる。あなかしこ　あなかしこ。

解説

信心を安心といったとて、死ぬるまで身にみつる楽しみはない。もしこの世での楽があれば、そこには安心がない。いまにも苦がおそいかかってきはしないかという不安があるのみである。だから、あまりに尊くてながす涙は喜びの涙である。人間の悲しみに喜びのなかにあり、喜びは悲しみのなかにある。単なる喜び、単なる悲しみは、浜辺に描いた砂文字のように、打ち寄せる波によって、すぐにもかき消されてしまうであろう。

百八　141　「そもそも十悪・五逆の罪人も五障・三従の女人も・・・・」以下、第百三章　などととほぼ同じ趣だから、これを略す。

百九　141　第百三章などととほぼ同じ趣だから、これを略す。

百十　141　第百三章などととほぼ同じ趣だから、これを略す。

百十一　**187**　**富田同行のために神佛ならび化する旨をのべ、弥陀の本願に帰するように説く。**

そもそも当所富田庄内の男女老少ともに安心のおもむきをこころうべきようは、まず一切の諸佛も一切の諸神もみなともに衆生の地獄におちんことをなげきかなしみたまいて、もろもろの佛たち御身を変じて三熱の苦をうけて、神とあらわれましまして、衆生に縁をむすびて、なにとしても佛道にひきいれしめんとおぼしめして、一切の神とはあらわれたまうものなり。このいわれをつねに「和光同塵《わこうどうじん》は結縁《けちえん》のはじめ　八相成道《はっそうじょうどう》は利物《りもつ》のおわり」といえるは、このこころなり。それ和光同塵というは一切の諸佛の、神とあらわれて、衆生に縁をむすびて、この力をもて結縁のはじめとしたまうこころなり。八相成道は利物のおわりというは、ついに、これを結縁のはじめとして佛道にひきいれんとしたまうこころなり。これもいまただちに佛になることにてはなきなり。ひさしき縁となるなり。かように神につかえて、ながく輪廻《りんね》せんよりは、いま弥陀如来を一心にたのみまいらせて、後生たすけたまえ、ともうさん衆生をば、みなことごとくたすけたまうべし。これほどにやすくたすけまします弥陀の本願をしらずして、むなしく死せんことは、愚痴のいたり、あさましきことにはあらずや。このむねをよくよくこころえて、ふかく弥陀をたのみて、浄土に往生すべきものなり。

現代意訳

ここ富田の庄内の男女老少がもろともに心得えなくてはならぬ安心の趣旨をのべよう。まず諸佛も諸神もすべて衆生が地獄に落ちることをなげき悲しんで、もろもろの佛たちは身を変えて三熱の苦をうけて衆生に縁をむすび、どうあっても佛道にさそいいれようとして、ありとあらゆる神々となってあらわれたまうたのである。「和光同塵は結縁のはじめ　八相成道は利物のおわり」(『摩訶止観』巻六下意)というのはこのことである。和光同塵とは一切の諸佛が神々としてあらわれて、その力で衆生に縁を結ぶはじめとされたという意味である。八相成道が利物のおわりとは、はじめに縁を結んでついに佛道にさそいいれようとされるという意味である。今すぐに佛になるのではない。神々は末ながい縁にすぎない。しかし、神々につかえて、いつまでも輪廻するくらいなら、いま弥陀如来を一心にたのめば、未来永劫のいのちあらしめたまえと申す衆生をことごとくたすけられるであろう。こんなにたやすくたすけられる弥陀の本願を知らないで、むなしく死ぬというのは、愚痴のきわみ、まったくなさけないことではなかろうか。この趣旨をよく心得て深く弥陀をたのみ浄土に生まれかわってほしいのである。

解説

三熱の苦とは、龍身にとってのがれられない苦、一つには熱風・熱沙に身を焼く苦、二つには暴風によって衣服をうばわれる苦、三つには金翅鳥に補食される苦である。それを経た神々への深い末永い縁というのは、煩悩熾盛《しじょう》・罪悪深重《じんじゅう》の自覚を常日ごろから呼びさます以外のものではない。それが弥陀一佛をたのむ心に転じなければ、すくいはない。

百十二　85　河内出口で空念と法住との問答の次第を記して、堅田の法住にあたえる。

それ今月廿八日は聖人のご恩徳のふかきこと、なかなか申せば、大海かえりてあさし。これによりていかなる卑夫のともがらまでも、かのご恩をわすれん人はまことにもて畜生にひとしからんか。しかれば、かたじけなくもせめてかの御影《ごえい》のご座所《ざしょ》をなりともたずねまいりて、恩顔をなりとも拝したてまつりてご恩徳をも一端《ひとはし》報謝申さばやと、いかなる遠国のものまでもこの志をはこばぬ人はなきところに、さいわいにご近所堅田と申すは、そのあいだ三里ばかりある大津に、しかも生身《しょうじん》の御影、眼前《がんぜん》にあらわれたまうところに、その御影をみすてまいらせて、はるかの河内の國において、しかも水辺ふかき葦《あし》わらのなかへたずねまいられて祗候《しこう》あるは、本意とも存ぜぬ由、空念、法住に対して申すところに、法住その返答にいわく、御影のことはいずくにましますも、ただおなじことなれば、あいかわるべからざる由を申さるるあいだ、しからば、なにとて江州堅田辺にも御影はたれだれも安置申さるることなれば、はるばるの遠路をしのぎ、これまでまいられんよりは、ただ御影はおなじことならば、そのまま江州堅田におわたり候べし、と申せば、かさねて返答もなくて、そのまままけたまいけり。あら勝事や、おふおふ。

現代意訳

さて今月も二十八日になる。親鸞聖人の恩徳の深さをいうなら、むしろ大海の底すらあさいであろう。どんな貧しい人もこれにすがって生きている。そのご恩を忘れるものは畜生にも劣る。そこでかたじけなくもあの御影のご座所にまでまいって、せめて恩顔を一目でも拝して恩徳の一端にふれたいものと、遠国のものもこの志をいだかないものはなかろう。さいわいほど遠くない堅田から法住がこともあろうに、ここ出口までやって来た。「堅田からほんの三里ばかりしかない大津に、それもほんとの聖人のご真影が眼前にあるのに、その御影をみすてて、はるか河内の國まで足をのばし、しかも、出口という水辺ふかい葦原のなかまでたずねておいでになったのは、あなたの本意とは思えませんが・・・」と空念が法住にたずねた。法住は答えて「ご影がどこにいらっしゃろうとおなじこと、かわりはしない」といったので「それなら江州堅田あたりにもご影はそれぞれ安置されているのだから、遠路はるばる、こんな出口まで参られるくらいなら、ご影がおなじことなら、そのまま江州堅田にいらしたらいいのに」というと、かさねて返答もなく、そのまま法住の方がいいまかされてしまった。空念が勝ったわけだ。うふ、ふ。

解説

報恩講はその年の本願成就である。成就してはじめて新しく出発できる。成就のない出発は流転にすぎない。今の仕事が不満だからといって、転職するのは無意味である。一つの仕事で何かが成就していなくてはならない。成就とは今までしてきたことが何一つムダでなかったという自覚である。その自覚が明日をひらく。わざわざ堅田から出口まで老いさらぼうた身をひきずって、この世の別れにきた法住の仏恩報謝の一念に理屈はない。空念の理屈には負けたが、負けてはじめて法住はきた甲斐があったと満足する。「おふ　おふ（うふ、ふ）」という蓮如の微笑はすべてがムダではなかった証明である。本願力にあいさえすれば、むなしく過ぎる人はないのである。

百十三　189　一益法門をいましめる。

その方にみなみな申され候なるは、信心をうるとき、はやほとけになり、さとりをひらきたるよし、うけたまわりおよび候。言語道断くせごとにて候。それはあさましくこそ候え。聖人ご一流には定聚・滅度とたてましまして、雑行をすてて一心に弥陀に帰したてまつるとき、摂取不捨の利益にあずかり正定聚のくらいにさだめたまう。これを平生業成となづく。さて今生の縁つきていのちおわらんとき、さとりをひらくべきものなり。これをすなわち大涅槃《ねはん》をさとるとも、滅度にいたるとも申すなり。かくこころうる人を信心決定の人とはもうすべし、と我々は聴聞申して候。されば『和讃』（『浄土和讃』）にいわく「如来すなわち涅槃なり　涅槃を佛性《ぶっしょう》となづけたり　凡地《ぼんち》にしてはさとられず　安養《あんにょう》にいたりて証すべし」とうけたまわり候。よくよくこのむねをおこころえあるべく候。

あなかしこ　あなかしこ。

現代意訳

その地方の皆々が信心をえた時すでに佛になり、悟りをひらく、というと聞いた。言語道断のまちがいだ。ひどい話だと思う。聖人の一流では定聚・滅度の二益をたてる。雑行をすて一心に弥陀に帰する時、摂取不捨の利益にあずかり、正定聚の位にさだめられる。これを平生業成という。今生の縁がつき命おわる時はじめて、悟りをひらくことができる。これを大涅槃をさとるとも、滅度にいたるともいう。かくこころえた人が信心決定の人というと我々は聞いている。『浄土和讃』には「如来すなわち涅槃なり　涅槃を佛性《ぶつしょう》となづけたり　凡地《ぼんち》にしてはさとられず　安養にいたりて証すべし」とある。この点をよく注意されたい。あなかしこ　あなかしこ。

解説

信心が決定したからといって、それは預流《よる》、当流に主体的に参加することができた、というだけであって、それで鬼の首でもとったように飛びあがって喜ぶのはまちがいである。どれだけ苦しくとも辛くとも、あくまで他力の信心を自分の胸ひとつにたたんで、あえて悟りを開かない、成仏しない。この世で悟りをひらくというのに、やはり人間性の喪失である。この人生のなかで、こんな時代に悟りなんかありえない、悟りすましているものは、まっ赤な偽者である。不退の風航といってても、ほんの一瞬でも気をゆるめたら、海に投げられた小石のように、生きたまま海中に転落してしまうであろう。報恩感謝の生活といっても、けっしてあまく考えてはならない。人生は感謝しようのないことの連続である。とすれば、まったく感謝する資格のないものの感謝なのである。

百十四　167　一念発起のうえの念佛は自力ではないという。

右親鸞聖人の一流の勧化のこころは、おおよそ一念発起　平生業成とたてて、もろもろの雑行雑修のこころをすてて、一向に弥陀如来の不思議の願力なりと信じて、一念に弥陀に帰命の心ふたごころなくば、これすなわち、一念発起の安心なり、やがて、平生業成のこころなり。このうえには、いよいよ弥陀如来の御かたより、われらが往生はさだめたまうなり、としらるるものなり。さては、佛恩のふかきことときわまりなきうえは念佛をもうし、かのご恩をつねに報じたてまつるべきものなり、としるべし。このうえに、念佛もうして弥陀のご恩を報じたてまつるは自力なり、といい、またわがはからいなりともうさんは、おおきなるあやまりなり。よくよくこころうべきことなり。あなかしこ　あなかしこ。

現代意訳

親鸞聖人の一流の教化は、およそ一念発起　平生業成とたてて、もろもろの雑行雑修のこころをすてて、一向に弥陀如来の不思議の願力だと信じ、一念に弥陀に帰命する心に二心がなければ、それが一念発起の安心であり、ひいては平生業成のこころである。それからやがて弥陀如来の方から我らの往生が定まったと知られるのである。さても佛恩の深さにかぎりなければ、ご恩がえしの念佛を申すのだと知るがいい。念佛して弥陀のご恩に報いるのは自力であり、わがはからいだというのは、大きなあやまりだ。よく心得なければならぬ。あなかしこ　あなかしこ。

解説

報恩謝徳が自力でできるというのはあきらかにあやまりだが、他力にすがって果報はねて待て式の念仏はやはり来迎を期する異義である。行住座臥、何を言えたにしても、何が出来たにしても、だれを愛することができたとしても、どんなに金がもうかったとしても、こんないたずらものの「力ではなかりけり」。すべて如来のお力である。人事をつくして天命を待つのではない。天命に安んじて命おわるまで従容として人事をつくすのが当流の報恩謝徳である。

百十五　198　礼状。

六日講《むいかこう》毎年の約束、いまたしかにうけとり候。かえすがえす、ありがたくこそ候らえ。それにつきても、老少不定の人間にて候うあいだ、早々信心決定し候いて、真実報土の往生をとげられべく候。なにのようもなく、一心一向に弥陀をたのみまいらせて、たすけたまえ、と一念信ずる人は、かならず極楽に往生すべし。かえすがえす、うたがいあるまじくて候。よくよくこころえられべく候。あなかしこ　あなかしこ。

十一月廿五日　　六日講中

たぐいなき　佛智の一念　うることは　弥陀のひかりの　もよおしとしる

正月一日におもいいづるままによむ。

現代意訳

六日講に毎年の約束のもの、今たしかにうけとりました。くれぐれもありがとう。それにつけて老少不定の人間ですから、一日も早く信心を決定し真実報土の往生をとげていただきたい。なんのようもなく一心一向に弥陀をたのみ、たすけたまえと一念に信ずる人はかならず極楽に往生できます。けっしてうたがってはなりません。よくよく心得てくださるように。あなかしこ　あなかしこ。（十一・二十五　六日講中、和歌は略す）

正月一日におもいうかぶままに詠む。

百十六　207　礼状。

馬黒・月毛二疋のぼらせ候。かえすがえす、よろこびいり候。さりながら、わずらいのいたりに候。それにつきて、人間は老少不定の界《さかい》にて候うあいだ、世間は一旦《いったん》の浮生《ふしょう》、後生は永生《ようしょう》の楽果《らっか》なれば、今生はひさしくあるべきことにもあらず候。後生ということはながき世まで、地獄のおつることなれば、いかにもいそぎ後生の一大事を思いとりて、弥陀の本願をたのみ、他力の信心を決定すべし。

されば信心をとるというも、なにのわずらいもなく南無と一心に弥陀をたのめば、阿弥陀佛のやがて御たすけあることなれば、また信心をとるということも、この南無阿弥陀佛の六字のこころなり。このゆえに、一心一向に弥陀をたのみまいらせて、行住座臥に念佛を臨終まで退転なく申すべきものなり。あなかしこ　あなかしこ。

現代意訳

馬黒と月毛の馬二疋贈っていただき、何よりも嬉しいのですが、わずらいの種にもなりました。それよりも人間は老少不定のさかいですから、世間は一旦の浮生にすぎず、後生は未来永劫のいのちの楽果です。今生にながく生きられるはずもなく、未来永遠に地獄に落ちるかもしれませんから、未来永生の一大事として、一日も早く弥陀の本願をたのみ他力の信心を決定すべきです。

信心をとるのに、なにもむつかしいことはない、南無と一心に弥陀をたのめば、阿弥陀佛がたすけられます。信心は南無阿弥陀佛の六字の心です。だから一心一向に弥陀をたのみ行住座臥、最後の一息まで、たゆみなく念佛申さねばなりませぬ。あなかしこ　あなかしこ。

解説

一一五・一一六章いずれも礼状である。ものをいただいたのはうれしくありがたいが、それはわずらいの種にもなる。よいにはわるいがついたものであり、わるいによいはついたものである。もうかったからといって、気まま放縦《ほうしょう》にながれるなら破滅のもと、幸福の絶頂とは空しいかぎりである。『貧乏物語』の著者は清貧は社会悪だといったが、現代では貧乏はむしろたましいのかがやきである。ひとからものをいただいて、かならずねんごろな礼状をしたためながら、あえて他力の信心をすすめる蓮如の心をまっ正面からうけとりたい。

百十七 201 十一月二十八日付けの四講中への礼状。第百十五章・第百十六章と大同小異であるから、これを略する。

百十八 200 おなじく四講中への礼状につき、これを略する。

百十九 204 四月二十五日付けの四講中への礼状につき、これを略する。

百二十 206 十二月二十八日付けの四講中への礼状につき、これを略する。

百二十一 202 十一月二十八日付けの四講中への礼状につき、これを略する。

百二十二 203 十一月二十八日付けの四講中への礼状につき、これを略する。

百二十三　205　十一月二十八日付けの四講中への礼状につき、これを略する。

百二十四　9　**第七章の俗人ののべた安心の一節を抜き出して独立せしめたもの。**

まず当流のご勧化のおもむきは、信心をもて本とせられ候。そのゆえは、もろもろ雑行をすてて一心に弥陀の本願はかかるあさましきわれらをたすけましまず不思議の願なり、と一向にふたごころなきかたを、信心えたる行者とはもうすなり。さ候うときは、あながちに行住座臥の称名も自身往生の業とはおもうまじきことにて候。ただ弥陀如来の御たすけそうろうご恩を報じもうす念佛なり、とこころうべきにて候。あなかしこ　あなかしこ。

現代意訳

当流がすすめる教えは信心が根本である。なぜなら、もろもろ雑行をすて一心に、弥陀の本願はこんなあさましい我らをたすける不思議の願だと、一向に二心のないのを信心をえた行者という。それからの行住座臥の称名も強いて自身往生の業と思ってはいけない。弥陀如来がたすけてくださったご恩がえしの念佛であるとこころえるがよい。あなかしこ　あなかしこ。

解説

これは名もない庶民の言葉を通して打てばひびくように出来上がった御文である。これほど短い文章に真宗のかなめをすべてつくしてムダのないみごとさは、さすがと驚嘆するほかはない。

百二十五　161　六字釈を引き一念の信によって摂取されるこの六字に諸神諸佛がみなこもっているから、誹謗してはならぬという。

その他力の信心というは、弥陀をたのむところの決定の一心なり。その帰命したてまつるという、そのほとけの御名《みな》をばなにともうすぞといえば、南無阿弥陀佛ともうすなり。されば、この南無阿弥陀佛の六字を善導釈していわく「南無というはすなわちこれ帰命なり。またこれ発願廻向の義なり。阿弥陀佛というは、すなわちこれその行なり。この義をもてのゆえに、かならず往生することをうるなり」といえり。そのこころはいかんとなれば、南無と帰命する衆生を阿弥陀佛の発願廻向とやすくたすけ、すくいたまえるこころなり。

このいわれあるがゆえに、いかなる十悪・五逆の衆生・罪人、五障・三従の女人も、一念の信心をおこして、ふかく弥陀如来に帰命したてまつれば、広大の慈悲をたれましまして、たのみたてまつるところの衆生をかたじけなくも摂取の光明のなかにてらしおきましますなり。この尊さの海・山のご恩をば、昼夜・朝暮には、南無阿弥陀佛南無阿弥陀佛とくちにまかせてとなえたてまつりて報尽《ほうじん》もうすばかりなり。

あら殊勝の本願や、あらありがたの念佛や、これによりてこころえやすき信心をば、はやく信じまいらするうえには、その信心のことわりをもて、他門のひとにあらわにもうすべきにあらず、また南無阿弥陀佛といえるうえには、一切の諸神・諸佛も、もろもろの功徳・善根も、のこるところもなく、みなことごとくこもれるがゆえに、おろそかにそしり謗すること、ゆめゆめあるべからず。このおもむきをよくこころえたらんひとは、まことにもて、当流のおもむきをまもれるすがたなり、とこころうべきものなり。あなかしこ　あなかしこ。

現代意訳

他力の信心とは弥陀をたのむ決定の一心である。帰命したてまつるその佛の名は何か。南無阿弥陀佛という。この南無阿弥陀佛の六字を善導が釈して「南無というはすなわちこれ帰命なり。またこれ発願廻向の義なり。阿弥陀佛というは、すなわちこれその行なり。この義をもてのゆえに、かならず往生することをうるなり」という。文には、南無と帰命する衆生を阿弥陀佛の発願廻向とたやすくすくいたまう心がある。

この趣旨で、十悪・五逆の衆生・罪人も五障・三従の女人も、一念の信心をおこし深く弥陀如来に帰命すれば、広大の慈悲をたれて、たのむ衆生をかたじけなくも摂取の光のなかに照らしおかれる。この尊い、海・山のご恩を昼夜・朝暮に南無阿弥陀佛と口にまかせて称して報いるのみ。

ああ　殊勝の本願！　ああ　かたじけない念佛！　こんな心得やすい信心を、はやくあたえられたからには、その信心の道理を他門の人々にあからさまに口外してはいけない。南無阿弥陀佛のなかに、一切の諸神・諸佛やもろもろの功徳・善根もみなつつまれているから、それらを粗末にあつかい断じて誹謗してはならぬ。この趣旨をよくわきまえたのを当流の心をまもる真のすがただと思わねばならぬ。あなかしこ　あなかしこ。

解説

他を誹謗《ひぼう》するのは人間社会でもっとも唾棄《だき》すべき醜行《スキャンダル》である。しかし、自己自身のよってたつ場所を吟味し、自己自身を批判することは人間にとって、もっとも高貴なことである。

百二十六　138　女人成仏の道は念仏のほかにないといい、宗要を説く。帖内四の十・五の　十九に通ずるから、これを略す。

百二十七　188　**二俣の勝如尼におくって施物だのみをいましめる。**

後生を一大事とおぼしめし候わば、ただ一すじに弥陀をたのみまいらせて、もろもろの雑行、物のいまわしき心などをふりすてて、一心にふたごころなくたのみまいらせ候うこそ、ほとけにはなり候わんずれ。さように、人に物をまいらせて、その力にてなどとうけたまわり候。なにともなきことにて候。よくよくおこころえあるべく候。後生ほどの一大事はあるまじく候。文をよくよくごらんじ候うべく候。かえすがえす、おこころえのとおりども、あさましく候。これよりのち、いよいよよくよくおこころえわけましまし候うべく候。

現代意訳

未来永劫のいのちが大切と思われるなら、ただ一すじに弥陀をたのまれて、もろもろの雑行や金品へのいまわしい計算をすてて、一心にたのみまいらせてこそ、佛になれましょう。そのように人に物をあげ、その功徳でなどとおっしゃるが、それはなんの益にもたちません。よくご承知くださるよう。未来永劫のいのちほど大事なものはありますまい。文をよくごらん下さい。あなたのお気持がいかにもあさはかなのです。これからは、よくご注意なさいますように。

解説

二俣本泉寺の開基蓮如の叔父宣祐（如乗）の妻が勝如尼である。蓮乗（蓮如の次男、兄弟中もっとも律儀で正直者といわれた兼鎮）を養子にむかえたが、如乗の死後、蓮乗の病気中、住持格としてなかなかのやり手で、人の世話をよくして威勢も無限、富貴自在、北陸道の仏法はこの尼公のおかげだと蓮如や実如を感心させた女性、いわば寺の坊守のかがみであった。にもかかわらず、文明にはいって蓮如は叔母である彼女を表彰するどころか、この御文をおくっているのである。本願寺にあまりに物をおくってくるというのがかえって空しいという、せっかくの好意を切ってすてるような蓮如の深い愛情を勝如尼ははたしてうけとられたであろうか。彼女が亡くなったのは、蓮如よりひとあし早く明応四年、六十八歳であった。

百二十八　129　南無六字釈の解説。帖内四の十一に通ずるから、これを略す。

百二十九　**129**　名号六字に無上甚深の功徳があることをのべ、六字釈を引き発願廻向の大善大功徳によって悪業煩悩が一時に消滅するいわれを説く。第百三十・百三十一章もほぼ同じ趣であるから、これを略す。なおつけ加えられた和歌三首は左のとおり。

南無という二字の内には　弥陀をたのむ　こころありとは　たれもしるべし

ほれぼれと　弥陀をたのまん　人はみな　罪は佛に　まかすべきなり

罪ふかく　如来をたのむ　身になれば　法の力に　西へこそゆけ

百三十　162　帖内五の十三に通ずるから、これを略す。

百三十一　162　第百三十章とほぼ同じ趣だから、これを略す。

百三十二　179　**悪世の男女は雑行をすてて弥陀をたのめという。**

それ末代悪世の男女たらん身はなにのわずらいもなく、もろもろの雑行をうちすてて、一心に阿弥陀如来、後生たすけたまえ、とひしとたのみたてまつらん人は、たとえば、百人も千人も、のこらず極楽に往生すべきものなり。あなかしこ　あなかしこ。

現代意訳

末代悪世の男女である身になんのわずらわしいことはない。もろもろの雑行をすてて一心に阿弥陀如来、未来永劫のいのちあらしめたまえと、ひしとたのむ人は、百人でも千人でも、のこらず極楽に生まれかわることができるのである。あなかしこ　あなかしこ。

解説

こんな短い御文を読んでも、この世のわずらわしいすべてのものから遠ざけ、ひきはなしはじめる強い力が、われわれ自身のなかからわきおこってくる。おそるべき言葉の威力である。

百三十三　185　士・農・藝・商いずれも本願に帰するように説く。

侍・能・工・商のこと

一　奉公宮仕えをし、弓箭を帯して主命のために身命をもおしまず、

一　また耕作に身をまかせ、すきくわをひっさげて大地をほりうごかして、身に力をいれてほりつくりを本として身命をつぐ、

一　あるいは芸能をたしなみて人をたらし、狂言《きょうげん》・綺語《きご》を本として浮世《うきょ》をわたるたぐいのみなり。

一　朝夕は商《あき》ないに心をかけ、あるいは難度《なんど》の海の波の上にうかび、おそろしき難破にあえることをかえりみず、

かかる身なれども、弥陀如来の本願の不思議は諸佛の本願にすぐれて、我らまよいの凡夫をたすけんという大願をおこして、三世十方の諸佛にすてられたる悪人女人をすくいましますは、ただ阿弥陀如来ばかりなり。これを尊きこととおもわずして、朝夕は罪業煩悩にのみまとわれて、一すじに弥陀をたのむ心のなきは、あさましきことにはあらずや、ふかくつつしむべし。あなかしこ　あなかしこ。

現代意訳

侍・能・工・商のこと

一　奉公宮仕えをし、弓箭を帯びて主命のためには身命をもおしまず

一　耕作に身をまかせ、鋤・鍬をひっさげて大地を掘りうごかして、力いっぱい掘り耕すのを本分として生命をつなぐ

一　芸能をたしなんで人を誘い、狂言・綺語を本として浮世をわたるたぐい

一　朝夕は商売にいそしみ、あるいは難度の海の波の上にうかび、おそろしき難破に逢うのをものともしない

こんな身でも弥陀如来の本願の不思議は諸佛の本願にすぐれて、よろめきまよう我ら凡夫をたすけようという大願をおこし、三世十方の諸佛に捨てられた悪人や女人をすくうのは、ただ阿弥陀如来のみである。これを尊いと思わず、朝も夕も罪業煩悩にしばられ、一すじに弥陀をたのむ心のないのは、あさましいことではないか、深くつつしむように。あなかしこ　あなかしこ。

解説

士・農・工・商は徳川時代にはいってからの差別である。ここではなんの差別もわだかまりもない士・農・藝・商といったほうがよい。ともあれ、衆生難度海の荒涼たる風景は国を越え、時代を超えて、いつもいずこもおなじである。岸辺によせる欲望と憎悪の波も太古からかわることはない。

そのなかで蓮如の不思議な声が海鳴りのようにわが胸に響いてくる。

百三十四　186　専光寺門徒のあやまりを正す。

吉藤専光寺門徒中の面々、安心の次第大略推量せしむるに、念佛だに申して毎月道場寄合いにおいて、懈怠《けたい》なくば往生すべきなんどばかり存知候うか。ただしそれは今少しく不足におぼえ候。

そもそも当流聖人のさだめおかるるところの一義はいかんというに、十悪・五逆の罪人、五障・三従の女人たらん身は、ただなにのわずらいもなく、一心一向に弥陀如来を余念もなくふかくたのみたてまつりて、後生たすけたまえ、と申さんともがらは、十人は十人ながら百人は百人ながら、ことごとくみな報土に往生すべきこと、さらさらうたがいあるべからざるものなり。これすなわち、他力真実の安心決定の行者といいつべし。かくのごとく、こころえたる人をなづけて、一念発起　平生業成の当流念佛の行人と号するものなり。この外には、ことなる信心とても別の義ゆめゆめあるべからず、とよくよくこころうべきものなり。あなかしこ　あなかしこ。

現代意訳

吉藤専光寺門徒中の面々の安心の次第をほぼおしはかると、毎月道場の寄合いに念佛さえ申しておこたらなければ往生できるとでも思っておいでなのか。それではいささか不足に思われる。当流聖人の定められた一義はどうか。十悪・五逆の罪人、五障・三従の女人たる身は、ただなにのわずらいもなく一心一向に弥陀如来をわきめもふらず深くたのみ未来永劫のいのちあらしめたまえと申すものは、十人でも百人でもことごとくみな報土に往生できる。そこにうたがいをさしいれる余地はない。これこそ他力真実の安心決定の行者といえる。そうわきまえた人を一念発起　平生業成の当流念佛の行人といわれる。このほかに異なった信心などゆめゆめあってはならない。ご用心なされるように。あなかしこ　あなかしこ。

解説

専光寺は鎌倉幕府第七代将軍惟康《これやす》親王の子康忠が覚如に帰依し、志念と名のって元応二年（一三二〇）石川郡の大糠に建立し、のち大町如道門下の分裂にあたって、近隣の門末を掌握し本願寺の傘下に入って今日の大をなしたといわれる。第三世康教《やすのり》がすでに吉藤専光寺を名のり、その子慶心《けいしん》のとき、富樫の命で大野庄吉藤に寺基を移したらしい。そののち長享二年一向一揆をひきいて富樫政親一族を高雄で滅ぼしたが、寺につたわる蓮如の成敗御書はその時のものと推定されているが、史家によってはもっと早く蓮如の吉崎在住のころの御書とする。

この御文は多くの門徒をかかえ、ともすれば形式的にながれやすい悲喜劇を物語っている。

百三十五　178　田舎の男女後生がたすかるには弥陀をたのむほかに煩わしいことはないという。

今このごろのいなかの在家の男女たらん人は、もろもろの雑行をすてて、一心に弥陀如来にむかいたてまつりて、今度の一大事の後生御たすけ候え、とふかくたのみ申さん衆生をば、みなことごとく御たすけあるべきこと、さらにうたがう心すこしもあるべからざるものなり。このほかにはなにのわずらいもなきことなり。これを他力の信心をえたる人とはいうなり。このゆえには南無阿弥陀佛とねてもさめても申すべきものなり。このほかになにのわずらわしきこと、ゆめゆめあるべからずとおもうべきものなり。あなかしこ　あなかしこ。

現代意訳

このごろ、田舎にいる在家の男女の人々は、もろもろの雑行をすてて一心に弥陀如来に対し、このたびの一大事、未来永劫のいのちあらしめたまえと深くたのみ申す衆生を、みなことごとくおたすけになること、一点のうたがいがあってはならない。このほかにわずらわしいことは何もない。これを他力の信心をえた人という。だから、寝てもさめても南無阿弥陀佛と申すことである。このほかになんのわずらわしいことがあるものか。あなかしこ　あなかしこ。

解説

京の昼寝、田舎はそれに反して大自然のなかで念仏の明け暮れ。あたかも故郷にたよりするようになつかしい心のこもった御文である。

百三十六　191　藤島尼公？に答えて当流と浄花院流との安心の相違を説く。

信心のようたずねうけたまわり候。なにのわずらいもなく阿弥陀佛を一心にたのみまいらせて、そのほかはいずれの佛も神も阿弥陀一佛をたのみまいらするうちにこもりたることにて候うとおぼしめして一心一向に弥陀を信じまいらせたまい候わんずるが、すなわち他力の信心をよくこころえたる人にてあるべく候。このほかにはなにのようがましきことも候うまじく候。むかしは阿弥陀佛をも尊くおぼしめして、おろそかなるお心も候わねども、それは浄花院のおこころえどおりにて候うほどに、わろく候。いまは阿弥陀佛の御たすけによりて極楽に往生すべしとおぼしめしさだめ候うべく候。もとはわがお申し候う念佛の力にてほとけにならせたまい候わんずるようにおぼしめして候。それは自力にてわろきこころにて候。今は阿弥陀ほとけのお力にて御たすけありたりとおぼしめし候うべく候。

さるほどに、阿弥陀如来のお力にて御たすけありつる御うれしさをば念佛を申して報じたてまつるものなりとおこころえ候わんずるが、すなわち報謝の念佛と申すことにて候。弥陀如来の他力本願のことわりを信心をとると申すも、このことにて候。なにのようもなきことどもにて候。おこころやすくおぼしめし候うべく候。五障・三従の女人、十悪・五逆の罪人はこの弥陀如来の本願にあらずば、極楽に往生するということあるまじく候。かかる殊勝の本願にあいまいらせて候うこと、まことに宿縁のもよおすところとありがたくこそ候え、よくよくこのとおりをまこととおこころえ候いて報恩謝徳のためにお念佛候うべく候。あなかしこ　あなかしこ。

現代意訳

信心のあり方のおたずね、うけとりました。なんのわずらいもなく阿弥陀佛を一心におたのみなさい。そのほかの佛も神もすべて、阿弥陀一佛をたのむうちにつつまれているのです。そう思って一心一向に弥陀をお信じになるのが他力の信心をよくわきまえた人なのです。このほかに何も必要ではありません。むかしは阿弥陀佛を尊く思われて、おろそかにするお気持もなかったのに、このごろは浄花院のお心得のようになられたのがわるいのです。今はもう阿弥陀佛のおたすけによって極楽に生まれかわると思いさだめなさい。しかし、もとは自分自身が申す念佛の力で佛になると思っていられました。それは自力の悪い心です。今は阿弥陀佛の他力によってたすかるのだとお思いなさい。

阿弥陀如来の他力にてたすかったうれしさを念佛申して報いたてまつるのだとお心得になるのが、報謝の念佛です。弥陀如来の他力本願の道理を信ずるというのも、このことです。なにもむつかしいことはありません。なにとぞお心安くおすごしなさいませ。五障・三従の女人、十悪・五逆の罪人はこの弥陀如来の本願でなくては、極楽に生まれかわることはかないますまい。こんなすぐれた本願に遇うことができて、まこと宿縁のもよおしとありがたいことです。このままを真実とうけとり報恩謝徳のために念佛なさいますように。あなかしこ　あなかしこ。

解説

藤島尼公とは本蓮寺周恵の娘、超勝寺蓮超の妾妙意のことであろうか。彼女は明応六年に亡くなっている。本願寺に縁のある女性はたいてい浄土荘厳のみやびやかな美にうたれて、見秀尼の浄華院流の＜無信単称の異義＞にまどわされた人が多かったようである。

百三十七　（8）　欠損の残簡。以下の御文（章）は真偽のほどがまだわからないものである。

静かにおもんみれば、このごろは当山の内にも、そのほか往来の諸人等をみおよぶに、およそ後生には心を入れたる風情なり。しかれども、まことにとりつめては、その意不同なるようにみえたり。さればこのたび安心のとおり、もし真実に決定せずば、極楽往生は不定なり。一大事これにすぐべからず。よくよく至慮すべし。されば、上《じょう》古《こ》の賢哲《けんてつ》も、往生の一道にはまどえる子細あり。いわんや末代の我等においては・・・・・（以下写脱）

現代意訳

静かに思う。この頃は当山の内部や外部の往来の人々を見ると、だいたい未来永生を心にかけている様子である。しかしながら、さらに突っこんでみると、それぞれの思いがちがっているように見える。このたび真実の安心のとおりに、もし決定しなかったら極楽往生はさだまらない。これより一大事はないのだと、よくよく思慮するがよい。されば上古《じょうこ》の賢哲《けんてつ》も往生の一道には迷ったこともあるようだ。まして末代の我らならなおさら・・・・・（以下写脱）

解説

「上古の賢哲も往生の一道にはまどえる子細あり」などという御文はほかにない。このあとどうつづいていくのか、欠損して惜しい御文である。

百三十八　(7)　安心をやすいこころとよむ意を説くが、これは〈安い〉を〈易い〉ととりちがえている。

そもそも当流に沙汰するところの信心という二字をば、まことのこころとよむなり。また安心とかきてやすきこころとよむなり。これによりて不審あり。信心の二字をば、まことのこころとよむは弥陀如来の他力のまことおこころときこえたり。また安心という二字をやすきこころとよめるはさらにそのいわれきこえはんべらず。如来の他力のおこころなれば、大事のこころとこそよむべきに、やすきこころとよむは不審におぼえはんべり。

答えていわく、まことにこの不審は道理至極ときこえたり。まず無善造悪《むぜんぞうあく》のわれらが一念にもろもろの雑行をすてて、一心一向に弥陀如来にふたごころなく帰命する衆生が如来の佛心となりき、やすくたすけすくいたまうことは不思議なり。これをおもうときは、佛のおこころはまことのこころなり。無善の衆生がなにのようもなく一心にうたがいなくたのめば、かならずやすくたすけたまうこころなれば、安心とはやすきこころとよめるは、まことに道理にかなえりときこえたり。念々弥陀如来のまことのこころのとりやすの安心やといえるこころなり。あなかしこ　あなかしこ。

現代意訳

さて当流でいう信心の二字をまことのこころと読む。安心と書いてやすいこころと読む。そこで不審がある。信心をまことのこころと読むのは弥陀如来の他力の真実心だからとわかる。しかし、安心をやすいこころと読むわけがわからない。如来の他力のお心だから大事のこころと読むべきなのに、やすいこころと読むのは不審に思われる。

答えていう。その不審はもっともである。まず無善造悪の我らが一念にもろもろの雑行をすて一心一向に弥陀如来に帰命する衆生が如来の佛心をうけとり、やすくたすかることは不思議である。これを思えば、佛のお心は真実心である。無善の衆生がなんのようもなく一心にうたがいなくたのめば、かならずやすくたすける心なれば、安心をやすいこころと読むのは、まことに道理にかなっていると思われる。念々に弥陀如来の真実心をえやすいという安心だというのである。あなかしこあなかしこ。

解説

〈やすい〉というのは〈易い〉ではなく、〈安らかな〉である。その点どうも、うけとりかねる御文である。やはり、偽作かもしれない。

百三十九　(9)　九州での門徒と他家との争いをのべているが、日ごろ、蓮如のいわんとするところがよくあらわれている。

昔筑紫の方のことにてもありけるか。小里の一村ありつるところに道場をかまえ、念佛の一宗をたてたりしかば、そのあたりの人民おおくあつまりてこの法を修行しけるほどに、弥陀如来の他力本願の一すじに尊きことのみ沙汰し、あそびはべりけり。さるほどにこの人数にくわわるともがらどもの思うようは、この法にまさりて尊きことなしとて、ことにはまた、在家止住のたぐいにおいては、後生のたすかるべき法はこれより外にはさらにもてあるべからずと信じて朝夕はあつまりて信仰の志ふかきによりて、結句諸宗をば謗人《ぼうにん》と名づけて、佛法信ずる人ともなかなかおもわざるがゆえに、この人数のふるまいども、もてのほかに人目にたちてわるくのみ、みゆることかぎりなし。

しかるあいだ、諸山寺・山臥《やまぶし》・陰陽師《おんようじ》等にいたるまでも、これをそしりにくまぬ人はなし。このいわれによりて、諸宗一同に談合して、この宗をいかにもしてこの在所より、はらい失しなわんというはかりごとをたくみけり。かくのごときの悵行あるよしを、またかの宗の人につげしらせければ、もてのほかに腹立していうようは、無下にさようにせらるまじきものをとて、城郭をかまえ、ほりをほり、やぐらあげ、兵粮米をいれなんどして、敵を待ちければ、一方よりも、せめやぶらんとせしところを、散々にふせぎたたかいければ、敵にはおおく人そこばくうたれにけり。なおもこのままうちすてておくべからずといいて、諸方の人勢をあまたあいかたらいてせめけれども、さらに城の内には手おいなんどもなく、よせてばかり損じければ迷惑なりしところに

その在所には、七里ばかりあるところより、かの城内によき知人のありけるが、仲人となりて申すよう、かの弓矢のていたらく言語道断しかるべからざる次第なり。そのいわれをいかんというに、城内はよわる機はなけれども、不勢に多勢がまさるべき道理にてもなし。これは無益のことなり。すでにかの面々は後生一大事のために、この一法を興行すといえども、あまりに悪行をいたし諸宗をないがしろにするによりて、諸宗よりかくのごとくの退《たい》治《じ》をくわるるなり。

およそこの宗義のともがらは、ものふるまい天下にかくれなし。たとい念佛宗をたつというともさらに人にかかるべき義にもあらざるを、この宗の人ども、わが宗のその色を他宗にみすること、もてのほかのあやまりなり。弓

矢の仲人をこそ申し候わんずれ、かように佛法のおもむきはくわしく存知候わねども、たいがい佛法に相違候う部分をかたり申すべし、よくよく耳をすまして聴聞あるべし。まずこの面々の佛法方のこころえのおもむきは、仏法者とはみゆべからず、と勧化して、至極そのうらをはたらくなり。

されば『和讃』『正信偈』ばかりを肝要ぞというて、かりそめにも『本書』『選択集』等なんどをよむ人をば文沙汰と号してこれを偏執し、また『浄土三部経』なんどをかりそめにも道場におきたる人をばそしりて、ただかな聖教をつづりよみに、かたことまじりによむ人をもて本とし、おかしきことばをつかうをもて、これを聞きならいて、これをもて学問とす。されば今にいたるまでも随分に佛法の物語りをする人を聞くに、ことばのうちにおいて理にもあたらぬおかしきことばどもこれおおし。また念数をもつは名聞なりとて、一人にても念数《ねんじゅ》もつ人なし。今もようよう勤行の時ならではかりそめにも念数もつ人なし。このこころははや廻心してよくなりたる人というべしや。また親の命日なればとてあながちに一遍の念佛も申さず、また佛恩の不可思議なることをも思わず、ただ師匠の報謝の志ばかりなり。これはよき安心とはいいがたし。佛恩の深きことを思いてこそ、また師匠の恩の方をも思うべきに恩の方を無下にすてて、ただ師匠の恩が雨山の恩ということは佛法の本旨にそむけり。かえすがえす已前のこころえども、もてのほかに相違候うあいだ、自今已後はもちなおされ候うべし。諸宗を謗人というべし、ということをば、いかなる人の申しいだし候うぞ。されば、いずれの國いずれのところにも宗々同じくみなあることなれども、あまりにことの外に人数おおくあつまりて、よもすがら佛法の沙汰興成《こうじょう》なるによりて、わが宗のほかには後生のたすかるべき宗あるべからずといいて、諸宗を謗人といえること、もてのほかのあやまり、されば弥陀如来の本願にはあいつれ、すでに十八願には唯除五逆誹謗正法ときらい、龍樹の『智論』（巻一）には「自法に愛染《あいぜん》する故に　他人の法を毀呰《きし》すれば　持戒《じかい》の人といえども、地獄の苦を脱せず」とかたくいましめられたり。

これによりて、是非ともに弓矢をとることしかるべからず、と教訓するによりて、城内に大将ときこえし人まず退散しければ、そのまま弓矢もなくして東西の勢どもひきしりぞきけり。かくてその跡に炎をかけて炭になしけり。その里にありし人ども散りじりになりはてにけり。さてあるべきことならねばとて、わびごとをなして、三年ばかりすぎて、みなみな本地に還住《げんじゅ》しけり。

これによりて末代までも、かくのごときの一宗をたてて、わろきふるまいをせん人は、いくたびもかかる難にあうべきものなり。よくよくつつしむべし。しかれども、いまだその執心の者あるやらん、わろき心中をひきさげたるたぐいもこれありとつたえきくあいだ、もったいなくあさましきものなり。

現代意訳

むかし九州の方のことであったか。小里の一村に道場をかまえ、念佛の一宗をたてたら、そのあたりの人民が多く集まって、この法を修行したので弥陀如来の他力本願の一すじに尊いことのみたがいに話しあっていた。この集会に参加するものの思いでは、この法にまさる尊い法はないとして、とりわけ在家止住の人たちは後生のたすかる法はこれより以外にあるものかと信じて朝夕集まり深い信仰の念から、ついに諸宗を謗人と名づけ、けっして佛法を信ずる人と見なさなかったので、この人たちの言動は、ひどく人目にたち、悪業とのみ見えるほかなくなった。

だから、諸山寺・山伏・陰陽師などまでも、これをそしり憎まない人はなかった。こんなわけで諸宗一同が談合し、この宗をなんとかしてこの在所より追放しようという計画を企てた。こんな陰謀があるのをかの宗の人につげしらせたから、もってのほかと腹をたて、むやみに追放なんかされてたまるものかと、城郭をかまえ堀をうがち櫓をあげ兵粮米を貯えて敵を待ちうけた。そこを一方から攻めやぶろうとしたが、散々にふせぎ戦ったので、攻め手が多く何人も討たれてしまった。かといって、このままうちすてておくわけにもゆかぬ。いろんな方面の人たちがたくさん寄ってたかって攻めたてたけれど、城の内には手負いなどなく、寄せ手ばかり損傷するので、たいへんに手を焼いて、困りはててしまった。

さて、その在所から七里ほどはなれたところに、城内の人たちに親しい知人があった。その人は仲介人としていった。弓矢をとってあらそうなどとは言語道断の所行である。どうしたわけか。城内は弱る気配はないけれども、無勢が多勢にまさる道理はない。これは無益のことだ。彼らは後生の一大事と思って、この一法を興したわけだが、あまりの悪行をいたし諸宗をないがしろにするので諸宗がこれほどの退治をくわえるのである。

だいたい、この宗のもののふるまいが目にあまるのは天下にかくれもない。たとえ念佛の一宗をたてるといっても、人間の倫理にそむいてまでも、この宗の人たちが、わが宗の色あいを他宗にこれ見よがしにするのは、もってのほかのあやまりである。弓矢の争いの仲介人にとは思ったが、佛法のおもむきをくわしく知らないから、佛法以外のところで話すことにしよう。よく耳をすまして聴くがいい。まずこの面々の佛法の方のこころがまえは仏法者とは見えないようにとすすめながら、実際はその反対を平気でやる。

『和讃』『正信偈』ばかりを肝要だとして、すこしでも『教行信証』や『選択集』などを読む人があるとそれ学問沙汰だと称して非難し、『浄土三部経』などを一時でも道場におく人を誹謗し、ただかな聖教をとびとびに読み、かたことまじりに話す人を大事にし、奇妙な言葉をならいおぼえて、それが学問だとする。だから、これまで彼らから随分と佛法の物語を聞いたが、いう言葉に道理にかなわぬ矛盾したところが多い。また念珠をもつのは名聞にすぎないといって、だれ一人としてふだん念珠をもつものがない。今でもやっと勤行の時でなくては、まにあわせでも念珠をもたない。こんな心がもう廻心してよくなったとどうしていえようか。また親の命日だからといって、あえて一遍の念佛もとなえないし、佛恩の不可思議なことも思わず、ただ師匠への報謝のお布施ばかり。これをよい安心とはいいがたい。佛恩の深いことを思ってこそ師匠の恩も思えるはずなのに、仏恩の方はむやみにすてて、ただ師匠に雨山の恩があるというのは佛法の本旨にそむく。こんな心かまえはもってのほか本来のすがたとは大ちがいだ。これからは根性をいれかえなくてはならない。諸宗を謗人といえとは、いったい誰がいいだしたことか。どこの國どこの在所でも各宗さまざま同じようにあるが、人数があまりに多く集まって夜もすがら佛法の沙汰がさかんなので、わが宗旨のほかに未来のたすかる宗はありえないといって、諸宗を謗人というのは、もってのほかのあやまりである。弥陀如来の本願によれば、すでに第十八願に「ただ五逆と正法を誹謗するをば除く」と否定し、龍樹の『大智度論』（巻一）には「自からの法に愛染するからといって、他人の法を毀呰すれば　戒をたもっている人でも、地獄の苦をまぬがれない」ときびしくいましめていられる。

まして、よかれあしかれ弓矢をとってあらそってはいけないと教訓したので、城内で大将といわれた人がまず退散したから、そのまま双方が弓矢を捨てて引きあげた。かくて、その城跡に火をかけて灰にしたので、その里にいた人々は散りじりバラバラになってしまった。といって、いつまでもそのままにしてほっておくわけにもいかず、詫び状をいれ、三年ばかりすぎてから、みなみな郷里にかえったそうな。

こうして末代まで、このように一宗をたてて悪ふざけをする人たちは、何度でもこんな難儀に逢わなければならないだろう。よくよくつつしむことだ。しかし、いまだにこんな根性のものがたえない、ひねくれた根性をぶらさげている連中がいるとつたえ聞く。まったく、ぶざまでなさけない連中である。

解説

九州のはなしだが、現実をふまえた蓮如の基本的な考え方をよくあらわしている御文である。とかく蓮如を批判したがる理想主義者たちはとくに熟読玩味《じゅくどくがんみ》すべきではなかろうか。しかし、御文としてはあまりにまとまりすぎている。やはり、偽作ではなかろうか。

夏《げ》の御文

一 147 『安心決定鈔』の文を引き、凡夫の往生成就の姿が南無阿弥陀仏であるという。

そもそも、今日の聖教を聴聞のためにとて、皆々これへおより候ことは、信心の謂われをよくよくこころえられ候いて、今日よりは、おこころをうかうかとおもち候わで、ききわけられ候わでは、なにの所用もなきことにあるべく候。そのいわれをただいまもうすべく候。お耳をすましてよくよくきこしめし候うべし。

それ、安心と申すは、もろもろの雑行をすてて、一心に弥陀如来をたのみ、今度の我らが後生たすけたまえ、と申すをこそ、安心を決定したる行者とは申し候うなれ。この謂《い》われをしりてのうえの仏恩報謝の念仏とは申すことにて候うなり。されば、聖人の『(正像末)和讃』にも、「智慧の念仏うることは　法蔵願力のなせるなり」「信心の智慧にいりてこそ　仏恩報ずる身とはなれ」とおおせられたり。このこころをもってこころえられ候わんこと、肝要にて候。

それについては、まず、「念仏の行者、南無阿弥陀仏の名号をきかば、ああ、はやわが往生は成就しにけり。十方衆生往生成就せずば、正覚とらじとちかいたまいし法蔵菩薩の果なるがゆえに、とおもうべし」(『安心決定鈔』)といえり。また「極楽という名をきかば、ああ、我が往生すべきところを成就したまいけり。衆生往生せずば、正覚とらじとちかいたまいし法蔵比丘の成就したまえる極楽よ、とおもうべし」、また「本願を信じ、名号をとなうとも、余所なる仏の功徳とおもいて、名号に功をいれなば、などか往生をとげざらんなんどおもわんは、かなしかるべきことなり、ひしと、われらが往生成就せしすがたを、南無阿弥陀仏とはいいけるという信心おこりぬれば、仏体、すなわちわれらが往生の行なるがゆえに、一声のところに往生を決定するなり」。このこころは、安心をとりてのうえのことどもにてはべるなり、とこころえらるべきことなりと、おもうべきものなり。あなかしこ

あなかしこ。

明応七年　五月下旬

現代意訳

さて今日の聖教を読むのを聴聞するために、皆々ここへお寄りになったからには、今日からうかうかとした心をもたないで、信心の由来をよくなっとくし、聞きわけられなくては、なんの甲斐もないであろう。その由来をただ今申すから耳をすましてよくお聞きになるように。

安心とは何か。もろもろの雑行をすてて、一心に弥陀如来をたのみ、このたび我らに未来永劫のいのちあらしめたまえと申すのが、安心を決定した行者である。そのわけを知ってのちには仏恩報謝の念仏申すことである。聖人の『(正像末) 和讃』にも「智慧の念仏うることは　法蔵願力のなせるなり」「信心の智慧にいりてこそ　仏恩報ずる身とはなれ」といわれている。この意味をうけとるのが大切である。

それについてまず「念仏の行者は南無阿弥陀仏の名号を聞くなら、ああ、はやわが往生は成就したのだ、十方衆生の往生が成就しなければ正覚をとったとはいうまいと誓われた法蔵菩薩の果が南

無阿弥陀仏であるから、と思うがよい」(『安心決定鈔』)といわれている。また「極楽という名を聞くなら、ああわが往生できるところがもう完成している、衆生が往生しなければ正覚をとったとはいうまいと誓われた法蔵比丘が完成された極楽よ、と思うがよい」、また「本願を信じ名号をとなえても、何かよその仏の功徳だと思いこみ、名号に功徳を帰したりなんかしても、どうして往生をとげることができようかと考えるようでは、なさけない。ひしと、われらが往生が成就したすがたが南無阿弥陀仏なのだという信心がおこれば、仏の体がとりもなおさずわれらの往生の行だから、一声すればたちまち往生が定まる」。これは安心をえてから後にわかるのだとわきまえておかれるがよろしい。あなかしこ　あなかしこ。(明応七・五下旬)

二　148　聴聞の所詮をのべ、宗要を説く。

そもそも、今日、御影前へおまいり候う面々は、聖教をよみ候うをご聴聞のためにてぞお入り候らん。されば、いずれの所にても聖教を聴聞せられ候うときも、その義理をききわけらるる分も更に候わで、ただ人目ばかりのように、みなみなあつまられ候うことは、なにの篇目もなきようにおぼえ候。それ、聖教をよみ候うことも、他力の信心をとらしめんがためにこそ、よみ候うことにて候うに、さらにその謂われをききわけ候いて、わが信心のあさきをもなおされ候うことこそ、仏法の本意にてはあるべきに、毎日に聖教があるとては、しるもしらぬも、よられ候うことは、所詮もなきことにて候。今日よりしては、あいかまえて、そのいわれをききわけられ候いて、もとののわろきことをも人にたずねられ候いて、なおされ候わでは、かなうべからず候。その分をよくよくこころえられ候いて、聴聞候わば、自行化他《じぎょうけた》のため、然るべきことにて候。そのとおりを、あらまし、只今申しはべるべく候。お耳をすましてお聞き候え。

それ、安心と申すは、いかなる罪のふかき人も、もろもろの雑行をすてて、一心に弥陀如来をたのみ、今度の我らが後生たすけたまえともうすをこそ、安心を決定したる念仏の行者とは申すなり。この謂われをよく決定してのうえの仏恩報謝のためといえることにては候うなれ。されば、聖人の『(正像末)和讃』にも、このこころを、「智慧の念仏うることは　法蔵願力のなせるなり　信心の智慧なかりせば　いかでか涅槃をさとらまし」とおおせられたり。この信心をよくよく決定候わでは、仏恩報尽ともうすことはあるまじきことにて候。なにとおこころえ候、やらん。この分をよくよくおこころえ候いて、みなみなおかえり候わば、やがて、やどやどにても、信心のとおりをあいたがいに沙汰せられ候いて、信心決定候わば、今度の往生極楽は一定にてあるべきことにて候。あなかしこ

あなかしこ。

明応七年　五月下旬

現代意訳

さても今日、御影前へおまいりになった方々は、聖教《しょうぎょう》を拝読するのを聴聞するためであろう。たとえどこで聖教を聴聞せられても、その義理を聞きわけることを少しもしないで、ただ人の目ばかり気にして、皆が集まっているようでは、なんの意味もないと思われる。聖教《しょうぎょう》を読むのも、他力の信心をうるためなのだから、いっそう信心の由来を聞きわけて、自分の信心の浅薄さをなおす

ことこそ、仏法の本意であるはずなのに、毎日に聖《しょう》教《ぎょう》拝読があるからといって、わかってもわからなくても、寄り集まるだけのことなら、なんの甲斐もなかろう。今日からは、気をひきしめて信心のわけを聞きわけられて、これまでの信心の欠点も人に質問して正さなくてはならない。その分をよくよくわきまえて、聴聞されるなら、自ら行じ他を化すため、もっともなことである。信心の一とおりを、あらましただ今申しあげるから、耳をすましてお聞きになるように。

安心とは何か。どんな罪の深い人も、もろもろの雑行をすてて、一心に弥陀如来をたのみ、このたび我らに未来永劫のいのちあらしめたまえと申してこそ、安心を決定した念仏の行者である。このわけをよく決定してからあとは、仏恩報謝のために念仏するのである。聖人の『(正像末)和讃』にも、このこころを、「智慧の念仏うることは　法蔵願力のなせるなり　信心の智慧なかりせばいかでか涅槃をさとらまし」といわれている。この信心をよく決定せずに仏恩報尽があるはずがない。それをどうおこころえになっていることやら。そこをよくわきまえて、みなおかえりになれば、やがて、宿所でも信心のすじめを、たがいに対話されて、信心を決定されたなら、このたびの往生極楽はかならず定まったといえるであろう。あなかしこ　あなかしこ。(明応七・五下旬)

三　149　**前住存如上人の正忌にちなみ、信をすすめる。**

そもそも、今月は既に前住上人のご正忌にてわたらせおわしますあいだ、未安心の人々は信心をよくよくとらせたまい候わば、すなわち今月前住《ぜんじゅう》の報謝ともなるべく候。されば、この去んぬる夏ごろよりこの間にいたるまで、毎日に、形のごとく耳ぢかなる聖教のぬきがきなんどをえらびいだして、あらあらよみ申すように候うといえども、来臨《らいりん》の道俗男女を凡そみおよび申し候うに、いつも体にて、さらにそのいろもみえましまさずとおぼえ候。所詮それをいかんと申し候うに、毎日の聖教になにたることを、尊きとも、また殊勝なるとも申され候う人々の、一人もお入り候わぬ時は、なにの諸篇もなきことにて候。信心のとおりをもまたひとすじめをおききわけ候いてこそ、連々の聴聞の一かどにても候わんずるに、うかうかとお入り候う体たらく、言語道断しかるべからずおぼえ候。

たとえば、聖教をよみ候うと申すも、他力信心をとらしめんがためばかりのことにて候うあいだ、初心のかたがたは、あいかまえて、今日のこのご影前をおたちいで候わば、やがて不審なることをも申されて、人々にたずね申され候いて、信心決定せられ候わんずることこそ肝要たるべく候。その分よくよくおこころえあるべく候。それにつき候いては、なにまでも入り候うまじく候。弥陀をたのみ信心をおとりあるべく候。その安心のすがたを、ただいま、めずらしからず候えども、申すべく候。おこころをしずめ、ねむりをさましてねんごろに聴聞候え。

それ、親鸞聖人のすすめましまし候う他力の安心と申すは、なにのようもなく一心に弥陀如来をひしとたのみ、後生たすけたまえと申さん人々は、十人も百人も、のこらず極楽に往生すべきこと、さらにそのうたがいあるべからず候。この分を面々各々におこころえ候いて、みなみな本々へおかえりあるべく候。あなかしこ　あなかしこ。

明応七年　六月中旬

現代意訳

さて今月はもう前住上人のご正忌なのだから、まだ安心をえていない人々が信心をよくえられるなら、それが今月前住へのご恩がえしとなるであろう。そこで、この夏ごろから今日まで毎日、形のごとく耳に親しい聖教の抜き書きなどをえらびだしたのを、大体読んでいるようだが、お集まりの道俗男女を一わたり見たところ、いつもおなじ恰好で、全然熱がはいっていないように感じられる。いったいどういう状態かというと、毎日の聖教に何も問わず、尊いとか、またすばらしいとかいわれる人々が、一人もいらっしゃらない。これではなんの甲斐もないであろう。信心の道理のひとすじをお聞きわけられてこそ、うちつづく聴聞の意義もあろうけれど、うかうかと座っていられるていたらくは言語道断、あってはならぬことと思われる。

たとえば聖教を読むといっても他力の信心をうるためにのみである。初心の方々は、油断なく今日のこのご影前を来られた以上、不審な問題をだして人々にたずね、信心を決定されるのが肝要であろう。その点をよくこころえなくてはならない。前もって何を準備する必要もない。ただ弥陀をたのみ信心をうればそれでいいのだ。その安心のすがたを、ただ今めずらしくないかもしれないが、申そう。心をしずめ、眠気をさまして、ゆっくりと聴聞なさるように。

さて、親鸞聖人のすすめられる他力の安心とは何か。なにのようもなく一心に弥陀如来をひしとたのみ、未来永劫のいのちあらしめたまえと申す人々は、十人でも百人でも、のこらず極楽に生まれかわることができる。うたがうことはさらにない。この点をそれぞれがわきまえて、みな故郷へ

おかえりなさるように。あなかしこ　あなかしこ。（明応七・六中旬）

四　150　夏も終わりに近づいたからとて信をすすめる。本章は二文をあわせ、年期は後段に属する。

そもそも、今月十八日の前に、安心の次第、あらあら御ものがたり申し候うところに、面々聴聞のご人数のかたがた、いかがおこころえ候うや、御こころもとなくおぼえ候。いくたび申しても、ただおなじ体にお聞きなし候いて、毎日において、随分、勘文をよみ申し候うその甲斐もあるべからず、ただ一すじめの信心のとおりおこころえの分も候わでは、さらさら、所詮なきことにて候。されば、未安心のおすがた、ただ人目ばかりのご心中をおもち候うかたがたは、毎日の聖教には、中々、聴聞のことも無益かとおぼえ候。そのいわれはいかんと申し候うに、はやこの夏中もなかばはすぎて、二十四・五日の間のことにて候。また上来も、毎日聖教の勘文をえらびよみ申し候えども、たれにても一人として、今日の聖教になにと申したることの、とうときともまた不審なるとも、おおせられ候う人数、一人もお入り候わず、この夏中と申さんもいまのことにて候うあいだ、みなみな人目ばかり名聞のていたらく、言語道断あさましくおぼえ候。

これほどに毎日耳ぢかに聖教のなかをえらびだし申し候えども、つれなくおわたり候うこと、まことに、ことのたとえに、鹿の角をはちのさしたるように、みなみなおぼしめし候うあいだ、千万千万勿体なく候。一は無道心《むどうしん》、一は無興《むこう》隆《りゅう》ともおぼえ候。この聖教をよみ申し候わんも、今三十日の内のことにて候。いつまでのようにつれなくご心中もおなおり候わでは、真実真実無道心に候。まことに、たからのやまにいりて手をむなしくしてかえらんにひとしかるべく候。さればとて、当流の安心をとられ候わんにつけても、なにのわずらいかおわたり候わんや。今日よりして、ひしとみなみなおぼしめしたち候いて、信心を決定候いて、このたびの往生極楽をおぼしめしさだめられ候わば、まことに上人の御素意にも本意とおぼしめし候うべきものなり。

この夏の初めよりすでに百日のあいだ、かたのごとく安心のおもむき申し候うといえども、まことにお心におもいいれられ候うすがたも、さのみみえたまい候わずおぼえ候。すでに夏中と申すも、今日明日ばかりのことにて候。こののちも、この間のていたらくにてお入りあるべく候うや、あさましくおぼえ候。よくよく、安心の次第、人にあいたずねられ候いて、決定せらるべく候。はや明日までのことにて候うあいだ、かくのごとくかたく申し候うなり。よくよくおこころえあるべく候うなり。あなかしこ　あなかしこ。

明応七年　七月中旬

現代意訳

さて今月十八日までに、安心のゆくたてをほぼお話ししたが、それぞれ聴聞された方々はどのように心得たものやら、たよりなく思われてならない。どれだけいっても、ただおなじ恰好で聞いていては、毎日たんと大事な文章を読んだ甲斐もない。ただ一すじの信心の道理をかみしめなければ、無意味である。未安心のすがたはかわりなく、ただ人の目ばかりを気にしていては、毎日の聖教を読むのを聞くのもかえって無益《むやく》と思われる。なぜならば、はやこの夏も半ばはすぎて、あとのこすところ、二十四・五日のあいだである。これまで毎日聖教の大事な釈文をえらんで読んできはしたが、今日の聖教のここが尊いとか、ここが不審なとか、というものが誰一人として、でてこない。夏中といってもたった今のことである。みな人の目ばかり気にする恰好は言語道断、なさけないかぎりである。

これほど毎日耳に親しい聖教からえらびだしていっても、なんの感動もみせず座っていられる。たとえば鹿の角を蜂が刺したようにしか感じていないようでは、なんともかんとももったいない。一つには道心がないのか、一つには仏法がおとろえたか、と思われる。聖教を読むのは、この三十日間しかない。いつまでもと思う、そんなよそよそしい心をなくさなくては、それこそ道心がないというほかない。まこと宝の山に入りながら空手で帰るにひとしい。といって当流の安心をうるのに、なんのむつかしいことがあろう。今日からは、みなしっかりと道心をおこし信心を決定し、このたびの往生極楽を思いさだめるなら、聖人の素意にもかなない本意と思われることである。

この夏のはじめよりかれこれ百日間、例のように安心のすじめを申したが、それを心にしかとうけとった様子は全然見えない。夏ももう今日・明日をのこすだけである。これからもこんなありさまでいるのかな。実になさけない。安心の次第を質問し、決定してほしい。はや明日がかぎりだから、あえてきびしくいうのだ。よくかみしめよ。あなかしこ　あなかしこ。（明応七・七中旬）

解説

夏の御文は蓮如のもよおした教学研修会に対する諸注意がていねいにのべられている。「物をい

え　物をいえ」といわれても実際蓮如の前で物をいうことはむつかしかったであろう。しかし、一歩下がって自分をかえりみれば、いくらでもいえるものである。これまで、五帖・帖外とずうっと御文を読んできた私だが、いまさらながら何もわかってはいない自分の愚痴闇鈍におどろくほかはないのである。

わからぬことがわかっただけでもよいのではないか、となぐさめてくれるものがいる。しかし、それはいやしい自己弁明であって、わからないのなら、どこがわからない、これはどういう意味であろうか、それは何かという問いのかたちになるのがほんとうであろう。それが謙虚というものである。蓮如の前で恐縮してだまって首をうなだれているのは、むしろ傲慢といいたいくらいである。

そもそも、人間とは何か。それ自体が問いではないか。なんの手ごたえもないこの問いに、人間というものを知り抜いている老巧きわまる蓮如上人自身が、手をこまぬいて蒼茫と佇んでいるのである。

蓮如上人の遺文である『五帖御文』『御一代記聞書』『帖外御文』その他を読みきってみて、他力の信心がえられたかというと、私自身がなんともこころもとない次第である。信楽を受持することにかえすがえすも難中の難といわなければならない。

ただ私の胸に深くきざみつけられた文字は在家止住と一念帰命である。両句とも蓮如上人のつくった言葉であるが、続ければ、在家止住のものが一念帰命すれば正定聚に住する、というのが浄土真宗の安心であることを、御文はくりかえしくりかえしのべているように思われる。

どれもこれも似たりよったりなので、御文をとおして読む人はまたかと思われるかもしれないが、これをしたためた本人からすれば、ひとつひとつしたためた状況がちがっており、もう一度読みなおせば、それぞれ当時の状況がまのあたりになつかしく浮かんでくるであろう。

解説を書いてみて、そぞろそんな思いにふける私であった。

いつもぢりぢりしているのはの物笑いのたね　あてもない空頼みは一番むなしいこと
もっともむつかしいのはこの秘密だ　瞬間　すなわち最高神

——ゲオルゲ——

末代無智の在家止住

不思議な『お文』　蓮如にはいまだに意味の解しかねる不思議な『お文』が初期に一つございます。私はこれが蓮如の回心を示すのだと思っています。（本文十三頁参照）

かきおきし　筆のあとこそ　あわれなれ　むかしを思う　今日の夕暮

このごろの信心がおの行者たち、あらあさましや、真宗の法をえたるしるしには、学匠沙汰のえせ法門、わが身のほかは信心のくらいをしりたるものなし、と思うこころは、驕慢のすがたではなきかとよ、その心むきはよきとおもう安心か、これよく経釈をしりたるふたつの勘文かや　応仁二年四月二十二日夜、予が夢にみるよう、たとえばある俗人二人あり狂気の沙汰が、そのすがたきわめていやしげなるが、一人の俗人にたいしてかくのごとく文を二三返ばかりしければ、かの俗人この文の心をうちききて申すよう、あらあさましや、さては年ごろわれらがこころえのおもむきはあしかりけり、とおもうなり、といいはんべるとおぼえて、夢さめおわりぬ。この文をたしかにそらにおぼえけるままにかきしるしおわりぬ。不思議なりしことなり、と云々。

かきとむる　筆のあとこそ　あわれなれ　わがなからんのちの　かたみともなれ

応仁二年の蓮如　一四六七年、応仁の乱がはじまった正月、蓮如は世話になった河内久宝寺の法円に『口伝鈔』を書写して付与、二月、親鸞の影像を堅田に移し、堅田衆は山徒に礼銭を納めて一応の話をつけます。そして、十一月、報恩講を堅田で行います。応仁二年にはいって正月早々、奈良の大乗院門跡経覚を訪れた頃、山徒は堅田攻撃を評定、二月、情報をえた蓮如は素早く祖像と共に法住門徒の大津浜道覚の外戸の小坊に身を隠し、三月、堅田が大責されて、蓮如はわずか十一歳の実如に譲り状をしたため、堅田衆は死にものぐるいになって抵抗しますが、火矢攻めにされて、堅田は焦土と化し、やむなく一時、難を湖中の沖の島にしのぎます。五月、関東へ行脚、九月、近江に帰り、十月、吉野・高野へ教化の旅に立ちます。すべて死を覚悟した蓮如のめざましい軌跡です。

応仁二年といえば、蓮如五十四歳。本願寺を継職して十一年目。この間に内室蓮祐が生んだ子はなんと九人。ひそかにも逃亡の日々をおくる夫につきしたがって出産と子育てに心身ともに疲れ果てた蓮祐が死んだのは文明二年（一四七〇）のことでした。まるで生きているというあかしを閨房に求めるようなはげしい女犯です。応仁元年には第十五子了如が、二年には第十六子蓮悟があいついで生まれています。してみると、応仁二年四月二十二日の夜は、道覚の小坊でひそかに、といっても赤子がぎゃあぎゃあ泣くなかで、山徒に追われる流浪の身をしばし横たえていたのでした。

歴史家の限界

これは岩波書店の日本思想大系のなかの『蓮如　一向一揆』によりますが、『金森日記抜』では祖像が大津に移ったのは、文明元年（一四六九）二月十三日夜半になっています。蓮如が移って住持したのは「其後」とあるのみです。歴史は年譜によりますが、応仁二年四月二十二日の夜、蓮如がどこに寝ていたのか、薄気味の悪い話です。もしわかったとしても、後世の私どもは、えらく精力的に生きたんだな、と感心するぐらいがせきの山でしょう。いずれは「昔々……あったとさ」で片づけられる、所詮はお伽噺です。

およそ佛教はそれではすまない。教えというものは「お前はどうか」と、一人一人に問いかける、きびしい要求を孕んでおります。実証的な歴史主義は蓮如を応仁の乱前後の歴史にうまく填めこめばすみます。歴史家が事実に価値判断を下すのは臆見です。ウエーバーがいうように、むつかしいことですが、歴史家にはあくまでも没価値性が求められます。しかし、佛教はそこからはじまる。なぜか。佛教は人間の現存在から出発するからです。たしかに歴史は波瀾万丈ではある、にもかかわらず、つねに現存在にたちかえる、この「にもかかわらず」という強かな意志こそが蓮如なのです。そして、この人間の現存在に奉仕するかぎりにおいてのみ、歴史は生きることでありましょう。

回心の『お文』　くだんの『お文』です。これは『末灯鈔』第六にもとづき、親鸞の寛喜の内省といわれる『恵信尼消息』の内容と軌を一にしているように思われます。寛喜三年四月十四日より風邪気味で伏した善信は、かつて三部経千部読誦を志した自分自身に対していいます。「これは何事ぞ」と。蓮如は「このごろの信心がおの行者たち」の中にいる自己自身を徹底的に呵責するのです。他を叱っているのではありません。むしろ、自分が自分自身を叱っているのです。夢にあらわれる二人の俗人とはまぎれもなく蓮如を指します。ニーチェがいうように、「私が」と「私を」(「私に」)とは二つの異なる人格なのです。その意味で人間はみな二重人格でしょう。親鸞もまた親鸞と善信という二重の人格をもっていました。『正像末浄土和讃』は愚禿釈善信集、十一月十二日付けの最後のご消息にはぜんしんの署名があり、内室恵信尼は殿もしくは善信の御坊とよびならわし、覚如のはじめの伝繪は『善信上人繪』となっています。『御伝鈔』が『本願寺聖人親鸞伝繪』という名になったのはあとからです。その上、覚如の本願寺は蓮如の本願寺ではない、蓮如が風呂場で焼き捨てた本願寺です。本願寺を創建したのはあとにもさきにも蓮如たった一人です。

「私が」と「私を」

としますと、「私が」を指すある俗人が「私を」を指すもう一人の俗人に読んで聞かすと、聞いていた俗人が「あらあさましや、さては年ごろわれらがこころえのおもむきはあしかりけり、とおもうなり、といいはんべるとおぼえて、夢さめおわりぬ」ということになります。しかし、寝ていたのはどこか。その『お文』が何を指すのか、二つの勘文とは何か、じかに蓮如に聞かないとわかりません。しかし聞いてみたとしても、はっきりお答えくださるかどうか、わかりません。所詮、真実は暴風駛雨のなかの永遠の謎、厚いヴェールに覆われています。

無知と無智と不知

末代無智とは何か。末代という言葉は『往生要集』に濁世末代とあり、末法の世をあらわします。けれど、無智という言葉は無知でもなく不知でもありません。蓮如がよく読んでいるはずの『論註』では『肇論』の用法を使い、かえって諸佛無知、聖心無知、聖智無知といいます。唯識系の『浄土論』の「同地水火風　虚空無分別」の「無分別」を解釈するのに、曇鸞は空観系の『肇論』を使うのです。「無知なるが故に能く知らざることなし」といえば、無知は不知ではありません。それと厳密に区別して親鸞も蓮如も無智という。もともと、末代無智の『お文』は『末灯鈔』第六に裏打ちされているのでありまして、そこでは愚痴無智とあります。無智はこの『論註』の文脈からいえば、不知ですから、一文不知の尼入道という方に近いでしょうが、無智と不知とではまったくニュアンスがちがいます。一文不知は文字も知らず読み書きがままならないという消極的・ネガティヴな意味しかありませんが、末代無智となると、強くたくましい意志のような積極的・ポジティヴなものが底に感じられます。

不知と無智

『唯信鈔文意』の後書きに「いなかのひとびとの、文字のこころもしらず、あさましき愚痴きわまりなきゆへに、やすくこころえさせむとて」「ひとすじにおろかなるものをこころえやすからむとてしるせるなり」とあるような親鸞の態度とはまったく趣を異にしています。これなら一文不知があてはまりましょう。いってみれば、不知は知の欠如態にすぎません。しかし、末代無智の在家止住と続くときの末代無智には「学匠沙汰のえせ法門」をはねつける厳しさがあります。親鸞は「こころあらんひとはおかしくおもうべし」と「おほかたのそしりをかへりみず」とかといいながらも、気にしています。ここでの親鸞はなぜか「智」を気にしながらしたためている。『末灯鈔』第六の親鸞や蓮如はそうでない。蓮如は真っ正面からお前たちしかいない、お前たちにこそしたためるのだ、というすざましい気迫にあふれている。そこが大きなちがいです。これはくだんの『お文』が示すように自分自身を末代無智の在家止住にたたき落とす以外には出来ない姿勢です。これは法然の「浄土宗のひとは愚者になりて往生す」の金言にもとづいています。

無智はどこにどのようにして現われるか　「我　疑う故に我あり」といったデカルトのテーゼをモンテーニュは「我（自らを）欺くが故に我あり」と言い換えました。となれば、欺かれた自我は無智だったにちがいない。したがって「我　無智なるが故に我あり」といわなければなりません。モンテーニュの言い換えは単なる冷やかしのもじりではありません。モンテーニュの「我　欺くが故に　我あり」というテーゼは神の存在証明をかならずしも必要とはしない。自己貫徹的なテーゼだからです。自己貫徹的とは、キリスト教の神から完全に独立できたということなのです。だから、カソリック神学者R・ガルディーニはリルケ研究書で、いっています。中世の近代的突破のはじめはモンテーニュだと。「神は死んだ」といったニーチェも神を天上の墓地に葬った詩人リルケもこの線に立つ。これが人間として神という親から離れて成人した近代であり、その延長が現代だというのがガルディーニの見解です。

無智こそ住の存在理由　蓮如はあの夜、学匠沙汰のえせ法門を排し、我が身以外に信心のくらいを知っているものはないという驕慢の心も捨てた。であれば、残るのは末代無智しかない。末代においては無智であること、それが存在するということの最大のあかしであり、無智が在家止住の存在理由です。無智の故に自己を欺く。自己欺瞞の故に理性は一切を疑う。しかし、理性は疑う自己自身を疑うことができない。故に我という名の理性は存在する。これがデカルト的合理主義です。

曽我先生ははじめこの合理主義にのっとって親鸞教学を再構築しようとしました。その論理構成に唯識法相が使われたのは、偶然ではありません。しかし、法蔵菩薩がアラヤ識だというテーゼは唯識法相からも、カント認識論からもはみ出しています。むろん、真宗学からもはみ出した言明です。なぜはみ出すのか。それは人間の大地に忠実であろうとする思惟だったからにほかなりません。曽我先生の教学的思惟のすべてを煮つめたのが「法蔵菩薩はアラヤ識なり」というテーゼだといって過言ではないでしょう。

マナの有智　アラヤの無智　デカルトのいう「われ」は唯識でいえば、マナ識です。マナ識は自我意識です。アラヤ識を自我と見なす識です。それはすべてを疑うことができるほどに賢明な意識です。しかし、すべてを疑っても自己自身を疑うことはできません。その中を超えて、無智ともいうべきアラヤ識があらわれなくてはなりません。法蔵菩薩はこのアラヤ識だと先生はおっしゃるのです。ひるがえって、蓮如の生の光学の基礎は「われ思う故にわれあり」ではない。その裏をかえし、その根元にかえって「われ無智なるが故にわれあり」であります。蓮如のみならず、彼をとりまく御同行御同朋、つまり同志の鉄の結束は、まさしくこの一点に絞られます。そして、曽我先生のいわれるように真に「法蔵菩薩がアラヤ識」であるならば、蓮如が自他共に呼びかけた末代無智の在家止住の男女たらん輩こそ、法蔵菩薩にてましますということができるのではないでしょうか。聞法の分かれ道は、到底わからないことがはっきりするのか、それともわかったような顔をして通りすぎるのか、です。わかったこととして通りすぎれば、ザルから水が洩れ滴るようにすぐ忘れてしまいます。そのザルを水に漬けよと蓮如上人がいわれるのは、おのれの無智に徹せよということです。無智なればこそ、その水の底からあらためての問いが泉のように湧いてくるでしょう。問いのない無智は不知であり、問いのなかに答えを見いだすのが聖心の無知です。無知故無不知とは、まさしくそのことです。

われ無智なるが故にわれあり　俗に「知らぬが花」というように、わからないからこそ人間は生きています。シラーは『カッサンドラ』（女予言者の名）という詩でいいました。

迷いあるところにのみ人生がある　知ることは死ぬことだ

と。迷謬という。迷は無智であり、謬は誤解です。何もわからないから、人生はある。人間は「無智なるが故に存在する」。このテーゼがすくなくとも蓮如のそれからの一生を決定します。結果的にいえば、蓮如の回心とは、法然の「愚者になりて往生す」という伝統への帰命だったのでした。とすれば、二つの勘文のなかには『末灯鈔』第六がはいっていたと推定できるでしょう。ともあれ、あの永遠の謎に包まれた応仁二年四月二十二日夜の夢想は蓮如一人の心を大きく翻したばかりでなく、叡山山徒の攻撃をはねかえす鋼鉄よりもさらに強い門徒衆の願力は、まさにここから生じたのでした。末代無智に徹する結集、これほど強いものはない。これが法然以来、幾十たびかの法難に処して鍛えて鍛えて鍛えぬかれた、おそれを知らないたくましい真宗僧伽の伝統です。

寛正六年（一四六五）正月の大谷破却から吉崎までの蓮如は、あたかも本願寺という家の宿業を一個の祖像に託して、ピンと張られた綱の上を一気に走り抜けるかのようです。絶望と不安の逃走につぐ逃走。悲しくも荒ぶ夜半の嵐を巻いて琵琶湖の白い波濤をけたてて進む一艘の舟。もとより不退の風航とはいえ、板底一枚下が奈落です。湖上孤舟在奈落といわねばなりません。

虚無にさしかけられて

しかしながら、蓮如のみならず、すべての在家止住という名の現在は刻一刻、虚無にさしかけられているのです。たしかに、人間は現にこの世に在家として住んでいます。住んでいない虚無ではない。しかし、曇鸞がいうように「在って在ることを守るにあらず」家にいてもいない所在なさもあれば、巨万の富を得ても「得て得ることを作すにあらず」餓死をまぬがれない例もある。虚無は「住む」ということに相対する何かではありません。虚無は自らを無化するのみであって、在家止住を根こそぎ否定することはないのです。

虚無は否定ではない。むしろ、現存在がこの世にひり出されて以来、つまり生まれてこのかた、虚無は存在とともに生じている、といわねばなりません。だから、在家止住は不安住なのです。不安住だから、家に深く固執する。「得て得ることを作すにあらず」だから、金に強く愛着する。むろん、虚無を意識の対象として把握することはできません。不安という気分として現れます。不安は認識論によって把握できない、つかみようがないからこそ、不安なのでしょう。ハイデガーによれば、在家止住という「現存在は虚無のなかにさしかけられてある。さしかけられていなければ、まわりに存在する物や人たちを見ることもできず、自己自身と関係することもできない」のです。

人間は常に流動的過渡期にある

現に存在する、家に住むといいましても、固定的に在り、不動の家にじっと住んでいるわけではありません。不動産といいますが、台風や地震や火災が直撃すればたちまち崩壊します。崩壊しないのは台風や地震、さらに運命がしばらく手を控えていてくれるだけのことであって、不動産の上にどっかとあぐらをかくように人間が自力で建立しているわけではけっしてありません。諸行は無常なのです。あの阪神・淡路大震災も住専問題も不動産が不動でなかったことを示してあまりありましょう。人間という一条の綱がどこからどこへ張りわたされてあるかは、わかりませんが、人間の現存在とは流動的・過渡的なあるものであることだけは確かです。だから、天気予報ばかりでなく、すべては確率でいわなくてはなりません。これが推測統計学なのです。蓮如はいいました。「滅度のさとりのかたは、御たすけあろうずることのありがたさよともうすこころなり」と。「御たすけあろうずること」というこの「必至」との弥陀の御約束によって、かろやかに人は此の世に住むことができます。おそらくという約束手形を軽々しく信ずるのではない、不退転に住する。それが念佛往生の姿勢です。

死して成る還相回向

ちなみに、正定聚不退転は色即是空、往相の回向ですが、滅度のさとりとは空即是色、還相の回向です。そもそも、信ずるとは無智だということです。親鸞も『歎異抄』で念佛が浄土に生まれる種か地獄に堕ちる業かはまったく無智なるが故に、よきひとの仰せを「信ずる」ほかにない、といっています。滅度のさとり、空即是色のさとりの内容をいってみれば、菩提即煩悩、涅槃即生死です。吉崎が炎上したときの『お文』は「人間ははやこれ」までといったその口で、最後にいいます。（本文一二七頁参照）

ただいそぎてもねがうべきは弥陀の浄土なり。……いそぎ信心を決定（無智だから決定という）して、極楽にまいる身になりなば、これこそ真実々ながき世の宝をもうけ、ながき生をえて、やけもうせもせぬ安養の浄土へまいりて、命は無量無辺にして、老せず、死せざるたのしみをうけて、あまつさえまた穢国にたちかえりて、神通自在をもて、こころざすところの六親眷属をこころにまかせてたすくべきものなり。これすなわち還来穢国　度人天というる釈文のこころこれなり。

と。ソクラテスは霊魂不滅を信じて毒杯を仰ぎました。しかし、そんな信仰などクソクラエです。燃え上がる火の海のなかで信に死し願に生きた蓮如の還来穢国とは何か。念佛者は死んだらどうなるか。佛になる。神通自在の佛になってどうするか。ヘラクレイトスがいったように、予期もしない思いもかけないことがはじまります。往きはよいよい還りはこわい、こわいのは予断を許さない、わからないからでしょう。「安らかに眠って」といわれてみたとて、そんないとまは到底ない。だから「浄土に往ったら一日も早くここへ遊びに来て」というべきです。遊戯とは共苦の義です。念佛者は娑婆を片脇にひっ抱えて浄土に往生し、その浄土をまたひっ抱えて出てきます。浄土にどれだけ多くの人が往生しようと、浄土は常に虚空のようにひっそり閑としています。浄土往生者は「還来穢国　度人天」という阿弥陀佛の大事業に菩薩として参加してみな出払っているからです。「あまつさえまた」と蓮如は当益を信じて疑いません。当益を説く人でもここまでいいきる人はない。還相の秘義に触れて親鸞はたった一言しかいいません。『論註』を披《ひら》くべし、と。そういわれても、いまだかって、『論註』を披いたためしがない、だから、死ぬのが恐ろしい。恐ろしく、怖い、怖いながらも、信心あれば、通りゃんせ。これが念佛者のみが往って還ることのできる、白道四五寸の細道です。これがティーリッヒのいう信心のダイナミクスなのです。

出火の際、親鸞聖人真筆の『教行信証』を持ち出したが、「証の巻」だけを取り落とした。それを本向坊了顕が燃えさかる火中に飛びこみ危険が迫ったと見るや、腹十文字にかっさばいて腸をとりだし、そこへ「証の巻」をおしこみ、ガバと伏して息絶えた。それで無事「証の巻」が助かったというエピソードを『真宗回顧録』が伝えています。「証の巻」には還相回向があります。生死を超えた信心のダイナミクスも話がこうまでうまく出来すぎると、かえって真偽のほどが疑わしいのですが、三月末に焼け、四月には仮御堂と仮御殿が眼前に建ったという、当時の念佛者のたくましい心意気にかえってこの『お文』を読みなおしますと、新たな感動がよみがえってまいります。

決断における無智

末代無智は学匠沙汰のえせ法門を断固として切って捨てるのみではあり

ません。なぜ生まれながらにして人間の現存在は虚無にさしかけられているか、に身をもって答えます。たとえばあの了顕の決断は一切の判断の忘却、すなわち分別を失うことによって成り立つ。未来の出来事はあらかじめわからないというところに、決断の飛躍性があり、行為本来の特性がある。理性、いわば合理主義の分別から見れば、了顕の行為は過誤・狂気の沙汰に見えるかもしれません。しかし、行為者の決断における無智・無分別が、人間を行為にかりたてる。ゲーテが円熟期の豊かな智慧の結晶『格言と反省』のなかで「行為するものには常に良心がない。眺めているもの以外はだれも良心をもたない」といったのに付け加えて、ニーチェは「行為するものは常に没良心 gewissenlos であるとともに、いつでも無智 wissenlos である」といいました。

願とは夢みることである　「本願を信じ念佛申さば佛になる　そのほか、なんの学問かは往生の要なるべきや」といわれる。本願を信ずとはギリシア語のモルフェー（夢、ラテン語は逆になってフォルム）浄土を夢見ることです。姿なきものの姿を見、形なきものの形を描くことです。願を信ずれば念佛申すは行だ。行は念佛申さんと思い立つ信心決定にある。この決定には雑行雑修の忘却がなければならぬ、おれは捨てたものではないという学匠沙汰のえせ学問をかなぐり捨てなくてはなりません。狂気の沙汰といわれようが、騙されているといわれようが、末代無智こそが念佛の行をして行たらしめるものなのです。

深淵に到達するのはたれか　「行為の本質は深淵なり」とは『バガバット・ギーター』の言葉です。深淵とは何か。Ab-grund 根拠を逸脱することです。楽譜は音楽ではありません。演奏してはじめて音楽になります。泳がなくては水泳はできません。泳ぐということは、大地 Grund から離れる ab（脱落・離脱）ということでしょう。大地・根拠とは根づいて立つ地盤です。この深淵の底なき底にまっ先にいたりつくのは、南都北嶺のゆゆしい学匠たちではありません。文字のこころもしらず、あさましい愚痴きわまりない無智な田舎の人々です。「浄土宗のひとは愚者となりて往生す」。彼らが、よく文字のこころを知り、愚痴一つない幸福そのもののような天上の人たちよりも先に、深淵にいたりつきます。ヘルダーリンは未完成の讃歌「ムネーモシュネー」で

天上のものたちも　すべてをよくするわけではない。
奈落の底（深淵）にいたりつくのは、すなわち死すべきものが先だ。
だから　事態は　このものたちと共に一変する（裏がえす）のだ。
その歳月は永い、けれども真実のものは成就するのである。

と歌っています。末代無智は単なる不知ではない。だれよりも先に深淵を行為的に直観します。それというのも、此の世に生まれること自体が、生まれ落ちるというように、根拠、大地、母胎からの脱落です。このように人間の営為で深淵にさしかけられていないものはひとつもない。この深淵の底なき底にいたりついてはじめて、事態は逆になります。末代においてなお回心が許されますならば、その時に大きな転換が行われるのであります。

行はドラマである　真宗は解学（文献学的解釈学）ではなく行学（実践哲学）だと善導はい

いました。行とは、ギリシア語でいえば、ドラマ δρᾶμα です。夢と無智とが織りなす悲劇です。易行道といっても、いずれの行も及びがたき身なればといっても、何もせずに寝ていればよいというものではありません。易行道が真に現実として具体化するには、『観経』序分にある王舎城の悲劇というドラマが介在していることを忘れてはなりますまい。その悲劇を孕みながら、還相の菩薩（善知識）によって、未来を先取し、未来が現在に立って、そこから自分を動かしていくのが念佛の一道でしょう。あえて特別の修行をしなくともよい、自分の前にあるはずの究極の目的が自分の背後にまわって、自身をかりたてることが「行」であれば、末代の在家止住にとって、行住坐臥の日常生活が生む悲劇そのものが出離解脱への「行」だということなのです。

往還二回向の行

「往相回向の大慈より還相回向の大悲をう」といわれますように回向の行において、時間は円環をえがきます。しかし、未来の先取は、すなわち現在の根拠からの離脱である。未来が現在に立つのは未来の根拠からの脱離です。何もかもがはみ出ているのです。この回向に遇えない身は「流転輪廻きわもなし」。輪廻の円環では時間は過去・現在・未来へ、昨日から今日、今日から明日へと逆に流れるように見えます。しかし、この流れは見せかけであって、そういうことは『中論』観時品第十九によって観破されましたように、ありえないことです。過去の延長線上に現在はなく、現在の延長線上に未来はない。昨日と今日とは異なり、まして明日になれば今日であって、明日ではない。つまり不連続であって、そのような時の連続した流れは存在しません。

人間の生死に人間が無智であること

なぜこのように生死が深淵たらざるをえないのでしょうか。それは生死がどのようにしても根拠づけることができない不連続の連続だからです。諸行無常だからです。いわゆる在家止住には安住がない。人間の本質はいつでも流動し、人生はつねに過渡期です。その都度その都度、これが人間か、これが人生かという苦い悲しい確認はできますが、人間とは、人生とはという問いに答えはありません。この一点について、しかも、人間にとって窮極の関心事である、このもっとも根本的な問題についてすべての在家止住はまったく無智であり、無分別である。だから、不安住なのです。そして、これが蓮如のいう「末代無智」の根本的な意味なのであり、そこに心身徹到したのが応仁二年四月二十二日夜の、あの不思議な『お文』でした。

上人とは何ぞや？

蓮如上人という。天は人の上に人を作らず、人の下に人を作らずという福沢諭吉の有名な言葉はアメリカ独立宣言の「神の前にはすべての人は平等である」という文の日本語版にすぎません。『金森日記抜』では、蓮如のことを「上様」とよんでいます。近代民主主義からいえば、上人とか上様といえば、ただちに封建的な言い方だと非難し、蓮如の造った本願寺を封建教団という烙印を押してしまいます。しかし、人の上に人を作らぬ、その人とは何か。はたして福沢諭吉に「人」が見えていたのでしょうか。福沢に見えていたのは、人間の力で自然を克服する技術的人間であって、真の人ではありません。真の「人」とは、むしろ真実からはみ出して仮象にたち、流動的、過渡的、不安定な人間です。さればこそ、「人」は自己自身を超克できなければなりません。それをハイデガーは「遥かなる本質」といいました。上人とか上様とかという「上」は、その「遥かなる本質」をあらわしています。独立宣言は「神の前」といいますが、そんな荒唐無稽な生き物がまだアメリカにいるのでしょうか。独立宣言にもかかわらず、黒人への差別感は一向に払拭されていないではありませんか。「天は」と福沢はいいましたが、そんな天を今日の日本人のだれが信じているのでしょうか。ニーチェ・ドイセンの報告によれば、天とか神とかという存在は古代インドの佛教以前のバラモンたちの間で論じつくされ、とっくに清算済みで、片が付いていていました。

自己超克の師

されぱこそ、釈尊は神にも天にもたよらず無師独悟・自己超克の師として、此の世に現われたのです。『大無量寿経』序分に「吾まさに世において無上尊となるべし」とのすばらしい独立宣言は、正にそれをあらわしております。この「無上」(佛)の「上」が上人(菩薩)の「上」です。「遥かなる本質」であればこそ、もっと高く、いやが上にも上へと超克されるべきものとしての人の存在理由があります。上を志向するものは下降する、下により深く潜行しなくてはなりません。親鸞が山を降りたように「下へ登る」のです。叡山山徒の無理難題の下、金森の道西はじめ、蓮如をとりまく門徒衆はその目標を「自分自身を超えた彼方」においていました。これが唯一佛道です。その象徴こそ蓮如上人でした。何も蓮如をお上とよんだからといって封建時代の殿様あつかいしたわけではありません。このごろの女将(おかみ)なら、どこかそこらの料亭にいくらでもいます。だが、これは内面如夜叉です。家にいるのはうちのかみさんと刑事コロンボは呼んでいます。これは「いろは歌」で山の字の前に奥の字があるから、奥さんのことを山のかみともじったにすぎません。刑事コロンボはそれをこころえて、いっているのでしょうか。

蓮如自身より卒塔婆を拝め

蓮如は自分をたてまつろうとした門徒に対して、俺みたいなしわくちゃ爺さんを拝むのより、飢饉で死んだものの卒塔婆を拝んだほうがよほどましだといいはなっております。蓮如の頬に多くの餓死者へのあふれる涙がキラリと光るのを忘れないで、お聞き下さい。文明六年正月二十日の『帖外お文』（本文一〇九頁参照）にいいます。

そもそも予がまえにへきたりて見参対面をとげたりというとも、さらにわが力にて後生をたすくべきむねなし。……わがまえへきたらんずるよりは、山野の墓原へゆきて、五輪卒塔婆をおがみたらんずるは、まことにもてその利益もあるべし。……かえすがえす、当山へなにのこころえもなき人きたりて、予に対面して、手をあわせおがめること、もてのほか、なげきおもうところなり。さらにもて尊きすがたもなし。ただ朝夕はいたづらにねふせるばかりにて、不法・懈怠にして、不浄きわまりなく、しわらくさき身にてありけるを、おがみぬること、真実々々かたはらいたきふぜいなり。あさまし、あさまし。

と。この昂然たる『お文』を読むたびに、みごとに貴人信仰を突き破った、まことに胸のすく上人蓮如の自信満々たるツラダマシイを感じて、ひとりほくそ笑むのでございます。そこに共感した末代無智の在家止住の男女たらんものが続々と蓮如の周囲に集まったのでした。これが「ただ天下、破れば破れよ　世間、滅ばは滅びよ」（『応仁記』）といわれた時代の出来事なのです。もはや吉崎も山科も石山も滅びてありません。人間ははやこれなりです。にもかかわらず、蓮如が遺してくれた凡夫往生の鏡たる『お文』は焼けも失せもせずに、今、眼の前にある。取るか、捨てるか、面々の御はからいでありましょう。

生きている間の救い　真宗が生きているあいだの救済を説かなくなったのは、石山合戦の敗北以後のことです。蓮如によって創建された真宗の僧伽は、織田信長によって「生きている間の救済」という牙を根こそぎ抜かれてしまったのでございます。教団はその後、東西両本願寺に分かれますが、これも勢力を分断する徳川幕府の宗教政策にまんまと乗った歴史的汚点でありました。もし今日、教団の改革を断行しようとするなら、蓮如の僧伽にこそ帰るべきであります。親鸞に帰れといったとて、親鸞にはまだ僧伽といえるものがありませんでした。出来なかったのです。その僧伽をこの地上にはじめてもたらしたのが蓮如です。

人間の現存在を問う　『お文』の「在家止住」という言葉が蓮如教学を解く鍵であります。上人蓮如にとって、人間とは何か。人間とは在家止住、つまり「家という世界にとどまって住んでいる」ものである。これが人間にとって原体験で析してみましょう。分析とは主語の中にあるものを分けてとり出すことであって、ほかから何かを主語に付け加える綜合ではないのです。たとえば、「物質は拡がりをもつ」は分析判断、「物質は重い」は総合判断です。軽い物質もあるのですから。二十世紀は綜合ではなくて、分析の時代といわれます。分析には科学分析と実存分析がありますが、これから用いる分析は実存分析が主になります。

家とは？　家は一種の型であり、絆（きずな）であり、枠なのです。その特性をあげれば、まず共通の神である氏神をあがめていること。第二にカマド（台所）があるが、そこから何か分けあうことになれば、醜態といってよいくらいに自分の分け前が少ないこと、第三に家族のもの一人一人が家族すべての共有物であるかのように、真実と虚偽の区別がきわめてあいまいであって、一つの暗黙のテンポにあわせなくてはならないこと、そういうものが家なのです。

氏神について　蓮如の時代が親鸞の生きた時代とはちがうのは、「家」が確立したという一点にしぼることができます。蓮如が僧侶の衣よりも紋つきの和服を好んだというのも、そのあらわれでありましょう。「家」は蜂や鳥の巣、熊や狐の塒《ねぐら》ではありません。私は歴史学者ではありませんから、あまり詳しいことは申せませんが、最近は室町時代の歴史研究がとても盛んで、昔とちがっていろいろなことがわかってきました。

室町時代になって、農業技術の進歩による生産力が著しく発展しました。農業の集約化にともない、土地の占有権も強められ、明銭による貨幣経済が浸透しました。この権利の上に「家」が確立し、祖先崇拝がさかんになりました。「家」は村落共同体の基本単位になり、親族共同体の守護神である屋敷神は惣村の守護神に昇華します。家の氏神が村の鎮守の神さまになるのです。そこでは、日常の物忌みをはじめ、無病息災・富貴息災・雨乞い・五穀豊穣を祈る祭りが行われております。のみならず、越中なら立山、加賀なら白山、越前なら平泉寺・豊原寺の諸佛諸神がずらりとならび立っておいでになります。村落ばかりではない。各地に市がたつ。そこに市場在家というのがいる。これはあきらかに商家です。手工業者は水運業者・漁師などのワタリ・鉱山採掘者のカナコ・鉱石や木材を水路運搬するタイシがいる。商人は恵比寿・大黒、五穀豊穣はお稲荷さん、病気平癒は薬師堂といったふうに、すでに神さまの世界も分業が進んでいました。吉崎でも山科でもあっという間に寺内町ができますが、これはおそらくワタリやタイシから出た商家の集まりが主だったのでしょう。したがって、今日のような人間日常の家庭生活がはじまったのは、実に蓮如の時代だったのです。

王法を額にあてて　この民衆の日常生活の慣習と体質を改めさせることは不可能です。親鸞は神祇不拝、弥陀一佛に帰すれば神さまなんて拝む必要がないとおっしゃいましたが、その底にあるものは権力不拝です。神祇不拝の旗印をかかげて、民衆の切ない現世利益の祈りを奪うことはまちがいですし、出来ることではありません。もし蓮如がそんなことをやれば、北陸路は大混乱に陥ってたちまち蓮如は追い出されたでしょう。これが在家止住のあり方だという蓮如の現実認識は、「王法を額にあてて、佛法を内心深くたくわえよ」という掟となってあらわれてきます。それは妥協ではありません。王法よりも佛法がより高度な宗教性と普遍性があるのだという自信教人信にあふれた蓮如の断固たる決定でした。

はたして太陽は赤いのか？　テンポを合わせるというのは、日本では太陽は赤いにきまっており、フランスの太陽は黄色にきまっているということ、それればかりではない、めでたい元旦はめでたいのであり、悲しいというレッテルがはられているかぎり、悲しいにきまっているという何かあらかじめ暗黙の了解が家の中でかわされているという次第なのです。もしテンポを合わせなければ、型かわり、わがまま、偏屈もの、村八分などといわれて排斥されるようになります。家の宿業はその地方の人間の本能そのものだといってよいでしょう。

むろん、止住だからといって、家の中ばかりにひきこもっていなければならないわけではなく、家には出たり入ったりする門なり玄関がかならずあります。勤めに出る人も買い物に行く人も、この門なり玄関から出て、かならず不思議にまちがいなく帰ってきます。人間の営みはすべてここから出発し、ここへ帰ります。帰らなければどうなるか。それは ホームレスといわれます。ホームレスは単に生きてはいるが、住んではいない。ですから、在家止住の欠如態といわねばなりません。彼らとて人間であるかぎり、本能的といってよいほどに段ボールで自分の家を作ろうとする、この本能は宿業です。しかも、家に住むかぎり、悲劇は必然的に起こらざるをえないのです。

住むと生きると？　ここで根元的な事実は、生きていることか、それとも住んでいることなのか。佛教では「生」は生まれるという意味で生滅といったように滅に対します。ところが、此の世に生きて存在するということは家という世界にとどまって住んでいることである。日本語の「存じ」は自動詞として、存在する　存続する　生存するという意味に使います。『正法眼蔵随聞記』にある「ただしばらくも存じたるほど、いささかの事につけても人のためによく」といったようにです。存ずるとか生きるというのは、きわめてあいまいな言葉でありまして、大抵の場合、それは「動物の生」を意味しています。道元のこの言葉も、他の動物と同じようにただ生きるのではなく、よく生きることをすすめているのです。したがって、「生きる」は、在家止住という実存構造を欠落して、ただもう、かろうじてわずかに「生きている」というだけの存在様式になったのです。フランス革命の嵐が去ったあとで、ある人がさる政治家に聞きました。「お前は革命のあいだ、何をしていたのかね」と。政治家は答えました。「生きていました」と。革命のギロチンが光る下で、かろうじて生きることはもっとも難しいことだった、というわけです。だが、彼はどこにも住んではいなかった。住んでいたら、とっくに殺されていたでしょう。

存じています　「存じ」はまた他動詞として、存知（これは当て字です）存置　たもつの意味で、心に保つ意から、「存じています」といったように謙譲語として、思う　考える　知るという意味にも使います。人間は在家止住であることを誰に教えられなくとも先刻承知している、親密熟知的に存じています。家という世界に親密熟知的に住み、そこを耕し整え世話し愛着し滞在しています。だからこそ、蓮如は世界の人類よとか生きとし生けるもの（諸有の衆生）よと呼びかけないで、ズバリと一言、「末代無智の在家止住の男女たらんもの」と呼びかけたのでした。

積み重ね方式で人間が規定できるか　これは古代ギリシアの人間規定、たとえば「人間はロゴスをもった動物である」といったように、理性的とか言葉とか価値とかの種差を加えて人間を定義するという積み重ね方式とはまったく逆です。たとえば、人間は理性をもった動物だといわれる。しかし、いつでも理性をもっているわけではない、理性をもたない時はどうなるか、それは単なる動物にかえってしまう、いや動物以下のことさえやりかねない。だから、このような積み重ね方式の人間規定は所詮人間が動物だといっているにすぎません。人間は羽根のない二本脚で立っている動物だといったら、その教室の窓から羽根をむしりとった小鳥を投げこんで、これが人間か、といったというエピソードが古代ギリシアに残っています。これは、積み重ね方式への痛烈な皮肉です。

能楽と歌舞伎　在家止住という人間存在への蓮如の具体的な洞察は、いわばお能の表現のようにして見いだされたものです。蓮如の時代にはもう能狂言や猿楽がはやっていました。蓮如も門徒と一緒にこれを見ていることが『お文』に出ています。在家止住ばかりではなく、『お文』全体が能楽の表現に似ています。能楽の表現は絵の具をナイフで削りとっていくような仕事であります。それに反して、日本の歌舞伎やヨーロッパのオペラは効果を十分に計算に入れた上で、極彩色に塗りこめていくやり方です。蓮如は意識して能楽のような表現をとっています。はじめに書いた『お文』は長たらしく、あとに書いた『お文』ほど簡潔になる。末代無智の『お文』でも、単刀直入に本題に切りこんでいく。そっけないといえば、蓮如の『お文』ほど、そっけないものはない。面白くないといえば、蓮如の『お文』ほど面白くないものはない。けれど、歌舞伎役者のような表情たっぷりなしぐさやふるまいを『お文』に期待することは、きわめて難しいでしょう。末代無智の『お文』に、蓮如の生活を思い浮かべることは不可能です。いってみれば、あの『お文』全体にみなぎっているのが余人ならぬ蓮如の顔なのです。蓮如の全身全霊なのです。そして、いかなるふるまいも切り捨てた蓮如の眼だけがキラリと光っていることを断じて見逃してはなりません。これを私は蓮如の生の光学と申したいのです。

あるがままに

人間があるがままになるのは「念佛申さんと思い立つ心の起こる時」のみでありますます。それほど、あるがままになるということは難中至難無過此なのです。あるがままの自分と今の自分との距離は無限といっていい。十劫の昔なんて、まったく気も遠くなるほどの距離です。この距離の感覚が阿弥陀さまに自ずから頭が下がる尊信の情になります。阿弥陀さまのお顔もろくに知らないで、えらくなれなれしくなった人が念佛申さんと思い立つ心を軽んずるのでしょう。阿弥陀さまどころか、ふつう、あるがままの自分なんか夢にも見たことがないのが凡夫です。鏡に映る自分、あれは自分の顔ではありません。面子とかプライドというううぬぼれのお化けです。「末代の道俗　おのが分を思量せよ」という親鸞の鉄槌が、百雷の一時に落ちたように、このお化けを退治してしまいます。それにしても、一切の振る舞いを切り捨て、あるがままにかえるとはどういうことでしょうか。あるとは明らかに現存在を示します。「在家止住」という人間の根元的表現において、蓮如の利刀で削りとられたものは何であったか。それはまず積み重ね方式の人間規定であったことは、すでに申しのべました。それればかりではありません。人間を根本的に意識的存在・主観者とする見方を否定します。むろん、主観と客観の相関関係を否定するともいえますが、問題の焦点はやはり主観・認識主体にあるからです。

主観的存在者という前提

意識的主観的存在とは安田理深・仲野良俊両師の教学の出発点でありました。私は安田先生に「先生はなぜ唯識を何十年もご講義なさるのですか」と訊ねますと「わしにはどうしてもまだ人間の意識というものがわからないのだ」と答えられました。蓬茨先生が仲野先生に「意識の根元は何ですか」と問われますと、仲野先生はしばらく考えていられて「意識の根元はやはり意識です」とお答えになりました。これは同語反復です。おのが分を思量する立場からいえば「意識の根元は意識ではわかりません」と答えるのが正直だったのです。それにしても、蓬茨先生もなかなか意地悪なところがあります。

根元的に問わなくてはならないのは、存在 Seinそのもの、さらに人間が現に存在することそれ自体でありまして、人間の意識 Bewusstsein ではありません。人間の現存在のわからないものが、意識はかならず対象をもつ、何かの意識である、というのが物質の運動にはない意識作用の特色だ、しかもそれを人間が自覚していると安田先生はくりかえし力説されました。河上肇の『獄中記』を読みますと、やはり同じように宗教の自覚を意識の自照性・自覚性に求めています。このような認識論的観点から親鸞教学を解明なさったのが、安田先生でした。

法蔵菩薩はアラヤ識

曽我教学はもっと広く大きくて、その思索は唯識的厳密性によってはじまりますが、かならずしも唯識論にとらわれてはおりません。それにしても、曽我先生がカントについてお話になりたかったとすれば、カントの認識論についてであったろうと思います。曽我先生の人間への関心は主観ではなく主体的存在たる人間です。あの「法蔵菩薩はアラヤ識なり」

という独自のテーゼはまさにカントの認識論を内に超えるものでありました。その論理的展開はやや難しくなりますから、申しあげかねます。ただ、ここでいえますことは、曽我教学はこのテーゼによって唯識論からもカントからもはみ出ているということです。さすがに曽我先生です。

物それ自体という不気味な存在

曽我教学は宗学側からは一益法門のそしりをうけました。しかし、宗学が当益、つまり、死んでからの利益しか説かないとすれば、現益を明確に強調しないとすれば、これも一益法門のそしりをまぬがれないでしょう。唯識無境という。境は対象です。対象といえば、すでに主観にとりこまれてしまっています。意識の対象であって、対象そのものに独立性がない。つまり「蟹は自分の甲羅に似せて穴を掘る」というのが唯識無境の論であり、それは人間が主観的な存在だというところに成り立つ。唯識論は割りきれるようにしておいた上で、割りきっている合理主義でした。しかし、対象となる物それ自体 Ding an sich は認識できない、とカントはいいました。これは認識論が、ここが唯識論とカント認識論の大きなちがいです。その物それ自体の存在とは何か。これは認識論が、人間の主観が遠くかなたに追放した問いです。物それ自体は観念論の外に追い出されてしまった不気味な存在なのです。それなくしては認識論はなりたたないが、それがあっては認識論はなりたたないといったふうに……。

観念論と存在論

存在論は観点を大きく変えて、物の存在それ自体を問うことからはじめます。人間は観念のなかだけでは生きていけません。これまでの近代親鸞教学は現益を強調するかぎり、現代の心に相応して生きてきましたが、どうしても観念論を克服できませんでした。

マリー・アントワネットに民衆の一人がいいました。「俺たちにはその日に食うパンもないのだ」と。彼女は答えました。「パンがなかったらケーキになさったら」と。民衆の求めるパンは日々の糧、彼女のいうパンは観念でした。民衆は彼女を断罪しました。これがフランス革命です。革命とはつねに観念論を断罪して、人間をあるがままの現実に帰すことにほかなりません。これが親鸞の「雑行を棄てて本願に帰す」という姿勢です。

人間の現存在とは？

しかし、ここであらためて私たちは問わなくてはなりません。人間存在とは、物そのものの存在と同じだといってすまされるのか、ということを。タンスのなかの衣服、コップの中の水、社会を構成しているおのおの一単位として頭数を数え上げられる個人、それと同じように人間は此の世に存在しているのでしょうか。衣服はタンスの中に住んでいるとは申しません。水はコップの中で暮らしているなどとも申しません。よく十万の大軍を率いて、と申しますが、それは頭数が十万というだけで、一人一人の住み方、暮らし向きはいっさい問題にされません。軍隊というところは員数さえそろえばよいところです。多数決に支配される民主制もまた同じです。

死とは何か

人間はよきにつけあしきにつけ在家に止住しています。もとより、戒もない、ただ名ばかりの出家僧についていえば、戒がないということはどういうことか、名ばかりのとはどういうことか、を存在論的に問わなくてはなりません。仲野先生は死んだら一切がなくなるといつもおっしゃっていました。人間は意識をもった動物だというのが仲野先生の前提ですから、意識がなくなれば、何ものこらないのが当然です。しかし、何かがあるという存在が問題なら、何も残らない、何もないという虚無もまた同時に問われなければなりません。

現益と当益　現益は生の問題に、当益は死の問題に、それぞれ親鸞が答えたものでしょう。もとより生死というかぎり、生と死は切っても切れない、生花はかならず枯れます。枯れない花は造花にすぎません。キエルケゴールは『死に至る病』つまり絶望を精細に分析しています。その影響下にあるハイデガーの存在論ははじめから「死への存在」を問い、虚無を問題にする。在家止住の家の窓からは意識するとしないとにかかわらず、たえず死がのぞいています。安田先生は有るものも意識するが無いものも意識する、といわれました。しかし、無いものを意識する蟹の甲羅は存在しないでしょう。虚無を意識することはできないのです。たとえば、退屈になれば、見るもの聞くもの、すべてが退屈なのです。これを所在なさと申します。

虚無と不安から　虚無は断じて意識の対象ではありません。意識の対象は現象です、事象です。虚無は現象でも事象でもありません。虚無は自らを無化します。Das Nichis selbst nichtet. このハイデガーのテーゼは多くの人々に、とくに新実証主義の人々に嘲笑されましたが、そういうほかはないでしょう。この虚無が意識全体を不安にする。不安が人間の存在を孤独にする。虚無そのものを問題にしないで、現代の不安はわからない。不安のわからないものが、真宗の安心を現代でまともにうけとることができるでしょうか。

末代無智　蓮如に教学がもしあるといたしますならば、その精髄は人間は何を知ることができるかを問う認識論ではありません。むしろ、何が人間の現存在なのか、なぜ人間は現に存在し、存在しないのではないのかを問う存在論です。『お文』は諸行無常を通して、死を問題にしています。蓮如は末代無智の在家止住という人間の現存在を問うています。その問いはすべて、認識論によって閉めだされた問題ですが、閉めだされたところに、逆に認識論的立場をまったく遮断した無智の上に成りたつ問いなのです。末代無智という。唯識からどうして末代の時機・無智の現存在を切りだせましょうか。末代は五濁の世・無佛の時、無智は愚悪の凡夫でしょう。そこに、唯識無境という絶対的主観性のはいる余地はまったくありません。一文不知の尼入道というあの言葉が絶対的主観性を拒絶するのです。無智といい不知という。蓮如において、これはバカだという知の欠如態をさすのではありません。森の石松はみんながよってたかってバカにしたのであって、本来はバカではない正直一途の男でした。知ったかぶりをするものこそ、バカです。玄人なんか怖くない、怖いのは素人でしょう。ソクラテスは常に自分を素人の立場においた空とぼけの名人でした。

『因縁心論』　世親の教学は観念実在論であり、龍樹・曇鸞の教学は龍樹の真作とみとめられている『因縁心論』にありますように「仮名のみが存在する」というノミナリズム（唯名論）なのです。龍樹の『因縁心論』は宗門内の学者はだれもあまり注目しませんが、仏教学では龍樹の真作と認めています。これが『論註』論理の原典です。曇鸞の指す『十二門論』第六の観一異門には「仮名のほかは存在しない」というテーゼはありません。

蓮如がはっきりと切り捨てた出家発心の「かたち」、捨家棄欲の「すがた」という内実こそは観念論的抽象的思惟です。これを学匠沙汰のえせ法門という。一般の民衆にも、無意識ながらそれに傾く性向があります。これを雑行雑修という。寛正二年、金森の道西にあたえた、筆はじめの『お文』から「在家止住」の機が広く開かれているのであります。

現代における親鸞教学がもう一度このような観念論や認識論と絶縁するためには、一切の思慮分別を捨てて、蓮如のように一歩一歩この大地を踏みしめて歩きはじめねばなりません。人間が此の世に「現に住む」とは、「生きる」よりも、これ以上は分割できない individual ところから割り出された「個人」よりも、人間の「主観性」よりも、「自然」よりももっと根元的である。これが蓮如の存在論だということ、しかも、それは理性的といったような種差を加える足し算ではなく、消去法という引き算をしていった末の確固たる結論なのだ、ということを私たちはもう一度『お文』にかえって、よく噛みしめなくてはなりません。

それにしても、五百年も昔、蓮如が人間を「末代無智の在家止住の男女たらんともがらは」と呼びかけたということは、なんとゆかしくも不思議なめぐりあわせでしょうか。そして、ここから蓮如がみずからの教学を展開したというのは、なんとすばらしいことだったのでしょうか。

西山邦彦（にしやま　くにひこ）

1930年愛知県名古屋市に生まれる。京都大学文学部大学院博士課程（哲学専攻）修了。真宗大谷派教学研究所所員を経て、近畿大学教授を歴任。

主要な著書は、『親鸞の信証論－浄土と国家－』（法藏館 03）、『浄土について『教行信証』真仏土巻義讃』（同 04）、『愚禿釈の鸞『教行信証』化身土巻本論讃』（同 05）、『現代親鸞教学の先覚者たち』（同 05）、『親鸞の世界史観『教行信証』化身土巻末後序論讃』（同 06）、『親鸞ⅠⅡⅢ』（同 07）、『浄土真宗論』（同 07）など多数。

蓮如上人帖外御文ひもとき　改訂版

一九九六年一一年二〇日　初版第一刷発行
二〇一六年一二年二〇日　二版第一刷発行

著　者　西山邦彦
発行者　西村明高
発行所　株式会社 法藏館
京都市下京区正面通烏丸東入
郵便番号　六〇〇-八一五三
電話　〇七五-三四三-〇〇三〇（編集）
〇七五-三四三-五六五六（営業）

印刷・製本　株式会社デジタルパブリッシングサービス

ISBN 978-4-8318-6547-2 C1015